上海師範大學敦煌學研究所學術叢書

疑僞經研究與“文化匯流”

方廣錩　著

廣西師範大學出版社
· 桂林 ·

本書承上海市高校高峰高原學科建設計劃資助項目、國家社會科學基金重大項目“英國圖書館藏漢文敦煌遺書總目録”(15ZDB034)、上海市哲學社會科學規劃項目“敦煌遺書近現代流轉鑒賞資料匯考”、上海市教育委員會科研創新計劃項目“中華古籍數字化整理新模式”資助

目　録

自 序

本書收入筆者所寫關於佛教“疑僞經”及佛教發展中的“文化匯流”等兩個主題的論文十五篇。之所以將這兩個主題的文章彙集在一起，乃因它們雖可各自獨立，但又相互有著密切的聯繫。

任何一個歷史悠久的宗教，都有内在的“基要主義”或稱“原教旨主義”的衝動，佛教並不例外。任何一個宗教，祇要在社會中活動，必然會因社會的需求而有所變化，佛教也不例外。上述兩種因素交互作用，使得在現實社會中活動著的佛教内部出現發展方向上的兩極張力，這是疑僞經問題所以産生的根本原因。用佛教來解釋佛教，疑僞經的出現屬於佛教發展中的正常現象，所謂：“正法既往，久當像、末。定慧與福德異時，醇化與澆風殊運。”①用社會來解釋佛教，疑僞經的出現同樣屬於佛教發展中的正常現象，即所謂“社會存在決定社會意識”。

站在宗教立場上來觀察疑僞經現象，則疑僞經的出現與流通勢必會造成淆亂正法、謬種害人的惡果。所以，中國佛教史上凡屬正統的佛教僧人及護法者，出於護持正教的動機，無不主張應將疑僞經“秘寢以救世”，亦即應堅決禁絶疑僞經的流通。但兩千年來

---

① 《大乘大集地藏十輪經》卷十，CBETA(2016)，T13，no.411，p.777，a23～24。

的佛教史證明，疑僞經不但從來没有被真正禁絶過，反而隨著時代的發展，新的疑僞經依然在源源不斷地産生。就在前幾個月，我還收到數册最近這兩年剛剛編造出來的、印裝精美、用白話文撰寫的僞經。

2012年，廬山東林寺淨土文化研究會發行部工作人員，“爲防止非佛教經典流入本寺”，發布過一份《僞經目録》。對這份目録，有人支持，有人質疑。2014年7月8日，東林寺淨土文化研究會網絡部發布《關於“僞經目録”的説明》，稱該《僞經目録》“乃發行部日常工作文件，未經大安法師過目，東林祖庭官網也從未發布過此書目。由於此書目以‘僞經’命名，容易産生誤解，故本研究會已責令發行部從其博客中删除”①。可見“僞經”問題非常複雜，涉及方方面面，至今困擾著佛教。

站在學術立場上來觀察中國佛教史上從古至今的疑僞經現象，則可以把它們歸納爲如下三個研究課題：

第一，外來的異域文化，進入中華文化流傳區並與中華文化相互交匯、碰撞時，以什麽樣的方式與中華文化進行交流？中華文化又以何種方式接受、容納異域文化？兩者最終如何求得相互調適、共同發展？

第二，宗教如何隨著社會的發展而自我調適，以求取得當下的生存空間與更大的發展空間？

第三，中國佛教與儒、道等中國其他文化系統，乃至與各種各樣的民間信仰如何相互調適？

從事佛教研究數十年，疑僞經問題越來越引起我的興趣，並在研究疑僞經的過程中，提出“佛教發展中的‘文化匯流’”這一新的

① http://www.donglin.org/news/gonggao/2016/0708/10333.html.

命題。

“佛教發展中的‘文化匯流’”這一命題的基本定義是：

> 不同文化間的交流，特别在不同文化的發展水平或體量大體相當的情況下，其交流過程與結果是雙向的。佛教雖然産生於印度，但隨著佛教走出印度，在亞洲其他地區流傳、影響亞洲文化面貌的同時，它本身也受到亞洲其他地區文化的滋養。因此，佛教的産生固然得益於印度文化的孕育，而佛教的發展則得益於印度文化、中國文化乃至亞洲其他地區文化的匯流。

换言之，自從佛教走出南亞，佛教已經並非印度文化自我邏輯的演化，它已開始踏入與亞洲其他地區文化匯流的長河，成爲整個亞洲文化的代表之一。亞洲其他地區的佛教，固然起源於印度，都保存了印度文化的原始“基因”，却也藴含了當地文化乃至其他地區文化之交匯的元素。不承認這一點，既不能正確把握亞洲各地的佛教，也不能更好地把握印度佛教。二十世紀日本興起的“批判佛教”把佛教看作純而又純的印度文化自我邏輯的演化，這種觀點無論在理論上还是在現實中，都是錯誤的。

就印度佛教而言，“佛教發展中的‘文化匯流’”在承認印度文化影響了亞洲文化的同時，强調亞洲文化同樣也影響了印度佛教。就中國佛教而言，在承認印度佛教影響中國的同時，也主張中國文化也影響印度佛教。這裏的“影響”包含兩層含義：第一層，傳入中國的印度佛教接受了中國文化的影響，使自己成爲更適合中國這塊土地、更適合中國人根基的“中國佛教”；第二層，這種中國化了的佛教，又向西傳入中亞、傳入印度，對中亞佛教、印度佛教的發展産生影響。對於上述第一層含義，經過近百年來的學術研究，已經成爲學界乃至教界的共識。至於第二層含義，即受中國文化洗禮、承載了中國文化元素的中國佛教向西流傳影響中亞、影響印度佛教，至今質疑者多，贊同者少。很多人向我提出：你説中國文化影響中亞、影響印度佛教，中國人的佛教著作被翻譯爲梵文，有什麼證據？其實證據很多。

比如《高僧傳》載，東晋釋道安的影響就遠及西域，“什（指鳩摩羅什。——方按）亦遠聞安風，謂是‘東方聖人’，恒遥而禮之”①。

比如《洛陽伽藍記》載：“比丘曇謨最善於禪學。講《涅槃》《華嚴》，僧徒千人。天竺國胡沙門菩提流支見而禮之，號爲‘菩薩’。流支解佛義知名西土，諸夷號爲‘羅漢’。曉魏言及隸書，翻《十地》《楞伽》及諸經論二十三部。雖石室之寫金言，草堂之傳真教，不能過也。流支讀曇謨最《大乘義章》，每彈指贊嘆，唱言‘微妙’。即爲胡書寫之，傳於西域。西域沙門常東向遥禮之，號曇謨最爲‘東方聖人’。”②

比如《續高僧傳》載：“有王舍城沙門遠來謁帝，事如後傳。將還本國，請《舍利瑞圖經》及《國家祥瑞録》。勑又令琮（指彦琮。——方按）翻隋爲梵，合成十卷，賜諸西域。”③

比如《佛祖統紀》載：“洪覺範曰：‘梵僧覺稱謂：西竺目此歌爲《東土大乘經》。’”④這裏所説的“此歌”，指永嘉禪師的《證道歌》。

比如西域僧人遠來禮拜五臺山文殊菩薩，難道來華的這些梵僧僅遥聞空穴之風，未實睹神變之文便率爾成行？

---

① 《高僧傳》卷五，CBETA（2016），T50，no.2059，p.354，a2～3。

② 《洛陽伽藍記》卷四，CBETA（2016），T51，no.2092，p.1017，b10～18。據校記訂正文字。

③ 《續高僧傳》卷二，CBETA（2016），T50，no.2060，p.437，c5～8。

④ 《佛祖統紀》卷十，CBETA（2016），T49，no.2035，p.202，c1～2。

至於玄奘在印度撰寫《會宗論》,回國後又奉唐太宗勅令翻譯《老子》,送往印度,乃衆所周知。

又比如中國僧人曾在印度聚居,由此出現所謂“支那寺”。類似事情,甚至直到現代依然存在。金克木先生撰文稱,他在印度時,就遇到若干中國和尚,其中一位猶如“烏巢禪師”,住在樹上,受到附近印度村民的禮拜供養。

且不説强漢、盛唐,其實中國文化對西域一直保持著强大的影響,特别是狹義的西域(今新疆地區)與中亞一帶,中國文化的影響更大。當地有不少漢族居民,也有不少其他民族會使用漢語、漢文。這一帶又是不少佛教經典的産生區域。在這裏産生的佛教經典如含有中國文化元素,完全不值得奇怪。

如此等等。

如我在《關於漢、梵〈藥師經〉的若干問題》[①]一文中所説:目前在部分研究者的心目中,文化傳播的“單行道”模式堅不可破。“似乎西行的中國僧人一心衹求印度梵典,不可能同時將中國文化也帶到印度。絲綢之路上衹有向東傳播的印度文化,没有向西傳播的中國文化。即使有,也是絲綢、瓷器等器物文化,没有以儒、釋(中國佛教)、道乃至民間巫道爲表現形態的精神文化以及它們的載體——典籍。‘佛教發展中的“文化匯流”’説想要打破的正是這樣一種思維定式。”

佛教發展中的“文化匯流”問題涉及佛教發展的全局,是一個有待進一步研究的大問題。深入研究這一問題,對當今世界范圍的文化交流,乃至考察佛教走向世界,也有重要的借鑒意

① 方廣錩:《關於漢、梵〈藥師經〉的若干問題》,載《宗教學研究》2015年第2期。已收入本書。

義。但如我在《學術自述》[①]中所説：雖然佛教發展中的"文化匯流"關涉整個佛教研究的全局，如果重視這一問題，將可打開佛教研究的新局面。遺憾的是，我僅僅是"提出"這一問題而已，雖然做了一點研究，也僅限於論證這個學術創新點"立項"的合理性。人貴有自知之明，我將努力在有生之年將敦煌遺書的調查、編目做完，努力把重建中華古籍、整理佛教文獻的數字化平臺搭建起來，也算對培養我的老師、對一路走來諸多幫助過我的人有所交代。如果有可能把想寫的題目寫出若干，可算上天的額外眷顧。

對本書的幾點説明：

第一，收入本書的十五篇文章，最早的一篇發表在 1988 年，最晚的一篇剛剛完成，時間跨度約爲三十年。三十年間，自己的思想也在不斷變化。故這些文章收入本書時，基本觀點雖均未改變，但個别觀點有修訂，文字則不同程度有所修訂。有關情況，均在該文贅"附記"一篇，予以簡略交代。

第二，本書的十五篇文章，論述主題比較集中，於是難免有相互引證的情況。作爲單篇論文，這些引證無可厚非；作爲論文集，則顯得全書文字重複拖沓。故收入本書時儘量做了一些删略。但考慮到文章本身論述的完整性與文氣的連貫性，有些引證予以保留。望識者鑒之。

第三，此書原計劃用簡體字出版，後又改爲用繁體字出版。其間繁簡轉换，費工不少。承王招國（定源）協助檢索繁簡轉换，特表示衷心的感謝。

第四，對本書中標點符號使用不規範的地方，此次也按照責任

---

① 方廣錩：《學術自述》，參見《敦煌遺書散論》，上海古籍出版社，2012 年 10 月，第 3 頁。

編輯要求做了規範。其中如“文化匯流”這樣的詞彙,以往使用或加引號,或不加引號。此次概用引號括註。由此可能出現與以前發表的文本不一致處,还請讀者諒解。在此對責任編輯劉孝霞女士的仔細閱讀与辛勤勞動表示感謝。

第五,本書所引佛教典籍,凡屬CBETA(《中華電子佛典集成》)(2016)收入者,均據CBETA(2016)核校原文,並依據CBETA(2016)格式標引出處,但將佛典卷次改爲中文數字,將半角標點符號改爲全角。

方廣錩

2017年1月1日於文成天聖山

《淨度三昧經》的目録學考察

日本名古屋七寺古佚佛典的發現爲漢文佛教文獻學的研究開拓了新的領域。筆者於1994年秋至1995年春訪問日本期間,有機會參加牧田諦亮、落合俊典先生主持的七寺經典研究班,會讀《淨度三昧經》,受益匪淺。這裏想從中國歷代經録著録的角度考察一下《淨度三昧經》的情況。考察所用《淨度三昧經》爲大内文雄、齊藤隆信兩位先生利用日本七寺本及敦煌遺書[1]整理並發表在《藏外佛教文獻》第七輯的整理本。

一、僧祐時代的《淨度三昧經》

根據歷代經録,最早著録《淨度三昧經》之名稱的是梁僧祐撰《出三藏記集》卷四之"新集續撰失譯雜經録":

> 《淨度三昧經》,二卷。或云《淨度經》。[2]

---

① 敦煌遺書中存有《淨度三昧經》12號,爲北敦00902號、北敦03563號、北敦03565號、北敦03751號、北敦14445號、北敦15308號、斯02301號、斯02752號、斯04546號、斯05960號、斯07444號、斯07452號。

② 《出三藏記集》卷四,CBETA(2016),T55,no.2145,p.21,c25。

對在“新集續撰失譯雜經録”中著録的這些失譯典籍，僧祐作了如下説明：

> 尋此録失源，多有大經。詳其來也，豈天墜而地涌哉？將是漢、魏時來，歲久録亡；抑亦秦、凉宣梵，成文届止；或晋、宋近出，忽而未詳。譯人之闕，殆由斯歟！尋大法運流世移，六代撰注群録，獨見安公。以此無源，未足怪也。①

按照《出三藏記集》的體例，既然僧祐將《淨度三昧經》著録在自己所撰的“新集續撰失譯雜經録”中，可大體判定該經約出現於道安(314—385)之後，僧祐(445—518)之前，亦即公元五世紀前後。

又，在“新集續撰失譯雜經録”的序言中，僧祐稱：

> 其兩卷以上，凡二十六部，雖闕譯人，悉是全典。②

而《淨度三昧經》正是這“悉是全典”的二十六部經典之一。細翫上下語氣及僧祐的著録體例可知，僧祐當時乃親眼目睹《淨度三昧經》原本，然後對該經進行著録。那麽，僧祐著録的這部《淨度三昧經》是否即爲現今在七寺發現的《淨度三昧經》呢？結論是肯定的。

針對當時佛教界“法門常務月修而莫識其源，僧衆恒議日用而不知其始”③的現狀，僧祐曾經編撰過一部《法苑雜緣原始集目録序》，十卷，以供諸僧衆“辯始以驗末，明古以證今”④。原書雖佚，但

---

① 《出三藏記集》卷四，CBETA(2016)，T55，no.2145，p.21，c1～6。

② 同上，b23～24。

③ 《出三藏記集》卷一二，CBETA(2016)，T55，no.2145，p.90，b9～10。

④ 同上，b12～13。

在《出三藏記集》卷十二中保存有它的目録，該《法苑雜緣原始集目録序》卷二謂：

八王日齋緣記第十一。出《淨度三昧經》。①

而在七寺發現的《淨度三昧經》卷二中，正有論述八王日由來緣起，以及應於八王日持齋行善等相應内容。這證明僧祐當年著録的《淨度三昧經》正是七寺本所示的形態。另一方面，僧祐的這條記録也説明，在僧祐時代，追溯所謂"八王日齋"的緣起，衹能追溯到《淨度三昧經》。這對我們理解"八王日齋"的出現，無疑具有重大意義。但這不屬於本文論述的内容，此處從略。

《出三藏記集》設有疑經録，專門著録被道安與僧祐判爲僞經的經典。《淨度三昧經》既未被打入疑經録，又被僧祐摘引編入《法苑雜緣原始集目録序》中，可見僧祐對這部經典屬於真經，並無懷疑。

《出三藏記集》在卷五之"新集抄經録"中還曾提到兩種《淨度三昧經》的抄經：

(1) "《抄淨度三昧經》，四卷"②。對該經，僧祐註曰："齊竟陵文宣王所抄。"③從《出三藏記集》對蕭子良抄經的著録體例看，僧祐本人應當見到過這部抄經。

(2) "《淨度三昧抄》，一卷"④。對該經，僧祐註曰："是舊抄，今並闕本。"⑤説明僧祐本人並没有見到該《淨度三昧抄》。

---

① 《出三藏記集》卷一二，CBETA(2016)，T55，no.2145，p.91，a4。

② 《出三藏記集》卷五，CBETA(2016)，T55，no.2145，p.37，c15。

③ 《出三藏記集》卷五，CBETA(2016)，T55，no.2145，p.38，a17。

④ 同上，a24。

⑤ 同上，a29。

僧祐認爲:“抄經者,蓋撮舉義要也。”①對抄經這種方式有褒有貶,褒少貶多。從《祐録》看,僧祐並不否認他所著録的那批抄經所依據的原經的真實性,這大概是他對這批抄經褒多貶少的基石。

綜上所述,根據《出三藏記集》的著録,《淨度三昧經》約産生於五世紀,當時爲两卷。並有一卷本、四卷本等两種抄經傳世。僧祐的《出三藏記集》雖首次著録該經,判爲“失譯”,但未能考訂出該經的譯者。對其内容,僧祐没有表示任何懷疑,判爲真經。

梁僧旻、寶唱所編《經律異相》卷四十九有五條從《淨度三昧經》中摘出的引文:“閻羅王等爲獄司往緣一”“三十地獄及獄主名字五”“五官禁人作罪六”“應生天墮地獄臨終有迎見善惡處八”“八王使者於六齋日簡閲善惡九”。這五條引文都保存在今存之《淨度三昧經》中。僧旻,生於劉宋泰始三年(467),死於梁大通元年(527);寶唱,生卒年不詳,是僧祐的弟子。由此可見,在南北朝時期,無人對《淨度三昧經》的真實性産生過懷疑。當時流傳的《淨度三昧經》,正是在日本名古屋七寺發現的這種經本。

二、從《法經録》到《大周録》

其次著録《淨度三昧經》的是法經等人撰於隋開皇十四年(594)的《衆經目録》(以下簡稱《法經録》),該録卷一稱:

> 《淨度三昧經》三卷,晋世沙門寶雲於揚州譯。②

《法經録》卷一把《淨度三昧經》列在“大乘修多羅藏録第一”之

---

① 《出三藏記集》卷五,CBETA(2016),T55,no.2145,p.37,c1。

② 《衆經目録》卷一,CBETA(2016),T55,no.2146,p.115,b14。

"衆經一譯一"中,並稱在這裏著録的百餘部經典"並是原本一譯。其間非不分摘卷品,别譯獨行。而大本無虧,故宜定録"①。《法經録》在中國佛教文獻學史上的最大貢獻之一,便是嚴於真僞之鑒别。也就是説,直到《法經録》時代,嚴謹的佛教經録學者仍然認爲《淨度三昧經》是"大本無虧"的真經。《法經録》著録稱該經是"晋世沙門寶雲於揚州譯",譯人、時間、地點,言之鑿鑿。遺憾的是没有説明這種著録是依據什麽。

另外,《法經録》卷二的"衆經僞妄六"著録了四卷本的《淨度三昧經》,謂:"《淨度三昧經》,四卷。"②下註:該經"是南齊竟陵王蕭子良輕悉自心,於大本内,或增或損,斟酌成經。違反聖教,蕪亂真典。故附僞末,用誡後人。"③

由此,《出三藏記集》與《法經録》對《淨度三昧經》著録的差異,可歸納如下:

《出三藏記集》著録三種,其中真經一種二卷,抄經两種五卷,總計七卷。《法經録》著録亦爲七卷,但爲兩種:真經一種三卷,抄經一種四卷。《法經録》與《出三藏記集》相比,真經多了一卷,抄經少了一種一卷。總數則保持不變。由於《法經録》所少的一卷本抄經,正是僧祐本人没有看到原本的那種,所以兩者著録的差異甚堪吟味。關於這個問題,擬在下文討論。

對《淨度三昧經》的抄經,僧祐雖然並不很贊同抄經這種形式,却也没有斥之爲僞經。《法經録》則斥之爲"違反聖教,蕪亂真典",表現出比僧祐遠爲嚴格的態度,體現了前述《法經録》嚴於真僞之别的立場。對於《淨度三昧經》的真經,《出三藏記集》以爲失譯;

---

① 《衆經目録》卷一,CBETA(2016), T55, no.2146, p.116, c23～24。

② 《衆經目録》卷二,CBETA(2016), T55, no.2146, p.127, a16。

③ 同上,b5～8。

《法經録》則明確註明譯者，以及翻譯的時代、地點。

與《法經録》同時代的隋費長房所撰《歷代三寶紀》對該《淨度三昧經》的著録特别值得我們重視。

《歷代三寶紀》共有五處著録《淨度三昧經》：

（1）卷十宋世“智嚴録”中著録：“《淨度三昧經》，一卷。”[①]

“智嚴録”共著録智嚴譯經十四部三十六卷，稱智嚴“遂於西域遇得前經梵本，齎來達到楊都”，並稱這些經典“共寶雲出”。[②]

（2）緊接著“智嚴録”排列的卷十宋世“寶雲録”中稱：“《淨度三昧經》，二卷。法顯齎梵本來。見竺道祖《雜録》。”[③]

“寶雲録”共著録寶雲譯經四部十五卷，稱：“初與智嚴恒共同出。嚴既遷化，雲後獨[④]宣，故不多載。”[⑤]也就是説，寶雲除了與智嚴共同翻譯十四部三十六卷外，還獨自翻譯了四部十五卷。

如果上述著録是可信的，則似乎給人這麽一種印象：智嚴生前曾經與寶雲共同譯出《淨度三昧經》一卷，爲該經的第一譯，這個譯本的底本是智嚴在西域尋覓到的。或者是寶雲本人對這個譯本並不滿意，或者因爲智嚴逝世後，寶雲又得到著名赴西域求法高僧法顯帶來的新的梵本《淨度三昧經》，於是單獨譯出該經，勒爲二卷，爲該經的第二譯。但我們知道《歷代三寶紀》是費長房彙集多種經録及其他資料數十家纂成，資料雖然豐富，但缺少必要的考訂，其中的不少著録不能盡信。審視“智嚴録”，所著録的經典可以分爲

① 《歷代三寶紀》卷十，CBETA(2016)，T49，no.2034，p.89，c9。
② 同上，c11～13。
③ 同上，c18。
④ “獨”，《大正藏》本作“濁”，據文意改。
⑤ 《歷代三寶紀》卷十，CBETA(2016)，T49，no.2034，p.89，c25～26。

兩大部分:前部分註明出處,後部分没有註明出處。而《淨度三昧經》一卷恰好屬於没有註明出處的後部分。這是否説明費長房本人對這一著録也有所保留呢? 因此,不能排除這樣的可能性:該經實際爲寶雲所譯。但由於長期以來,寶雲一直與智嚴合作譯經,所以有的經録把這部經歸入智嚴名下,費長房則因襲而誤録之。當然,這衹是一種可能性。

(3) 卷十宋世"求那跋陀羅録"中稱:"《淨度三昧經》,三卷。見《李廓録》。"①

求那跋陀羅是南北朝時期著名佛教翻譯家。他初來中國時語言不通,主要依靠傳語從事經典翻譯。值得注意的是寶雲曾參加他的譯場並擔任傳語。因此,稱《淨度三昧經》爲寶雲譯或求那跋陀羅譯,是否與他們的這種關係有關呢?

(4) 卷九元魏世"曇曜録"中稱:"《淨度三昧經》,一卷。第二出,與寶雲譯二卷者同,廣略異耳。見《道祖録》。"②

"曇曜録"中並稱,北魏太武帝廢佛後,"昭③玄統沙門釋曇曜……於北臺石窟寺内集諸僧衆,譯斯傳經,流通後賢"④。也就是説,該經其實並非曇曜所譯,他衹是翻譯活動的組織者。

(5) 在卷十三"入藏録"之"大乘修多羅有譯"中,著録作:"《淨度三昧經》,二卷。"⑤

按照《歷代三寶紀》的上述著録,則《淨度三昧經》在南北朝時期曾經被譯出四次,即智嚴的一卷本、寶雲的二卷本、求那跋陀羅

---

① 《歷代三寶紀》卷十,CBETA(2016),T49,no.2034,p.91,b8。
② 《歷代三寶紀》卷九,CBETA(2016),T49,no.2034,p.85,a24。
③ "昭",《大正藏》本作"詔",據校記中《思溪藏》《普寧藏》《嘉興藏》等本改。
④ 《歷代三寶紀》卷九,CBETA(2016),T49,no.2034,p.85,b3～5。
⑤ 《歷代三寶紀》卷一三,CBETA(2016),T49,no.2034,p.110,a26。

的三卷本與曇曜的一卷本。由於費長房在“入藏録”中衹收入了二卷本《淨度三昧經》,且細玩費長房對上述四種經本的著録文字,我認爲事實或許如下:費長房雖然依據各種資料著録了上述四種《淨度三昧經》,但實際上並未得到曇曜譯本、智嚴譯本與求那跋陀羅譯本。由於他衹得到寶雲譯本,於是把寶雲的二卷本收歸入藏。

綜合上述三種經録的記載,我認爲,直到隋代,社會上流傳著的《淨度三昧經》大體還是僧祐著録的三種:第一種爲寶雲的二卷本,僧祐當時雖然未能考證出是何人所譯,但到了隋代,該經已經被公認爲是寶雲所譯。第二種是曇曜一卷本,僧祐未能見到,以爲是抄經,列爲闕本。費長房知道這個譯本,但未能得到,没有收歸入藏。上述兩個本子均在民間流傳。很可能在流傳過程中,有的地方把上述兩種經本合在一起,成爲三卷本。關於這一點,下文還會論及,這也就是《法經録》著録的所謂三卷本。第三種是蕭子良抄經,四卷本。情況比較明瞭。

至於《歷代三寶紀》中所謂智嚴的一卷本,費長房没有交代著録依據。如上所述,它最早由智嚴與寶雲共譯,其後寶雲得到法顯梵本,重新改譯。所以,這個一卷本實際上已經被寶雲二卷本取代,所以未能流傳。而求那跋陀羅的三卷本,其著録依據是《李廓録》。求那跋陀羅一直在南方譯經。南方的諸種經録都没有著録這部經,而北方的《李廓録》却予以著録,則這種著録的可信程度需要予以考察。我認爲這裏所謂的求那跋陀羅三卷本,實際可能是社會上流傳的寶雲本與曇曜本的合編本。因爲寶雲曾參加過求那跋陀羅譯場,所以出現上述誤解。當然,事實真相依然需要搜尋新材料來加以證明。

其後諸種經録的著録,大體不超出《歷代三寶紀》的著録範圍,衹是有的卷數略有參差。在此著重考察在當時有較大影響的《大唐内典録》與《大周刊定衆經目録》(以下簡稱《大周録》)。

《大唐内典録》對該經著録如下:

(1) 卷四"智嚴録"著録《淨度三昧經》一卷,内容與《歷代三寶紀》全同。①

(2) 卷四"寶雲録"著録《淨度三昧經》二卷,内容與《歷代三寶紀》全同。②

(3) 卷四"求那跋陀羅録"著録《淨度三昧經》三卷,内容與《歷代三寶紀》全同。③

(4) 卷四"曇曜録"著録《淨度三昧經》一卷,内容與《歷代三寶紀》全同。④

(5) 卷十"歷代道俗述作注解録第六"中著録蕭子良《抄淨度三昧經》四卷。⑤

由此可知,除了蕭子良抄經外,《大唐内典録》對於《淨度三昧經》的著録完全沿襲了《歷代三寶紀》。有意思的是,在《大唐内典録》中,道宣並没有把《淨度三昧經》列爲僞經,但在"入藏録"中却没有收入該經。原因是什麼?查道宣《四分律删繁補闕行事鈔》卷一,有謂:"又有愚師引《淨度經》三百福罰。此乃僞經,人造。智者共非。"⑥可見道宣對這部經的真僞有著自己的判斷,那麼,他爲什

① 《大唐内典録》卷四, CBETA(2016), T55, no.2149, p.258, a9。

② 同上,a19。

③ 同上,c24。

④ 《大唐内典録》卷四, CBETA(2016), T55, no.2149, p.268, b4。

⑤ 誤作"《抄淨土三昧經》,四卷"。《大唐内典録》卷一〇, CBETA(2016), T55, no.2149, p.331, a10。

⑥ 《四分律删繁補闕行事鈔》卷一, CBETA(2016), T40, no.1804, p.33, b29~c1。此資料承王侃示知,特致謝意。

麽不在《大唐内典録》中把這部經典明確列入僞經呢？或許與這部《淨度三昧經》在當時頗爲流行有關。與道宣同時代的著名僧人道世編纂的《法苑珠林》五次引用《淨度三昧經》，計有：

卷七，“六道篇·地獄部·典主部”，兩條；

卷二三，“慚愧篇·引證部”，一條；

卷六二，“祭祠篇·祭祠部”，一條；

卷九七，“送終篇·述意部”，一條。

道世在他編纂的《諸經要集》中又三次引用《淨度三昧經》，此不羅列。

《宋高僧傳》卷四有“唐京師西明寺道世傳”，稱：“時道宣律師當塗行律，世且旁敷。同驅五部之車，共導三乘之軌。人莫我及，道望芬然。”[①]亦即道世不僅與道宣同時同寺，還與道宣共同宣導佛法。因此，道宣何以不將這部《淨度三昧經》列爲疑僞經，其中意味，或可玩味。

《大周録》對《淨度三昧經》的著録依據主要出於《歷代三寶紀》。見該録卷五：

> 《淨度三昧經》，一卷，
>
> 右後魏和平三年釋曇曜譯，出《長房録》。
>
> 《淨度三昧經》，一卷，
>
> 右宋元嘉四年釋智嚴譯，出《長房録》。
>
> 《淨度三昧經》，一部二卷，
>
> 右宋代沙門寶雲於楊州譯，出《長房録》。
>
> 《淨度三昧經》，一部三卷，

① 《宋高僧傳》卷四，CBETA(2016)，T50，no.2061，p.726，c16～18。

右宋求那跋陀羅譯，出《長房録》。

以前四經，同本別譯。[①]

《大周録》卷一二還著録了一種一卷本闕本《淨度三昧經》[②]，未註出處，但它的著録依據顯然應是《出三藏記集》。如前所述，《出三藏記集》所謂的闕本《淨度三昧經》，實際應爲曇曜譯本，在《大周録》卷五中已經著録。所以《大周録》所謂的闕本《淨度三昧經》實際重出。

值得注意的是，《大周録》卷一三又將該《淨度三昧經》收歸入藏，所收爲三卷本。[③]如前所述，我認爲這個三卷本應該是曇曜本與寶雲本的合編本。關於這一點，從現存的三卷本《淨度三昧經》中也可以看出端倪。

《淨度三昧經》第一卷現有《續藏經》本與敦煌本存世。從現存第一卷的文字看，首先爲序分，這符合傳統佛教經典的形態。然後正宗分，爲舍利弗、文殊師利、法自在菩薩等三位先後請法，這也符合傳統佛教經典的形態。有意思的是，下面緊接著是一段標準的流通分，稱“佛説是時，坐中萬菩薩皆得阿惟顔……莫不歡喜，發於無上正真道音，皆禮佛足”[④]云云。流通分以後又接叙頻沙王請法，然後與第二卷相接，且在卷三末尾，又有一個流通分：

佛説經竟，諸天、阿須倫、鬼神、龍王、地獄官屬、國王、臣

① 《大周刊定衆經目録》卷五，CBETA(2016)，T55，no.2153，p.401，b3～11。

② 《大周刊定衆經目録》卷一二，CBETA(2016)，T55，no.2153，p.450，c9。

③ 《大周刊定衆經目録》卷一三，CBETA(2016)，T55，no.2153，p.465，a16。

④ 《淨度三昧經》卷一，CBETA(2016)，X01，no.15，pp.369(c20)～370(a11)//Z1：87，pp.296(d11)～297(a8)//R87，pp.592(b11)～593(a8)。CBETA(2016)，ZW07，no.63，pp.245(a9)～246(a8)。

民、四輩弟子、不可計菩薩衆莫不歡喜,作禮而去。①

一部佛經,包含兩個流通分,這是一種很奇異的現象,與傳統佛教經典的標準形態完全不符。如何解釋這個現象?我認爲,這説明第一卷的前半部分原來是一部三分具足的獨立經典,後來有人將它與二卷本合併,成爲三卷本。合併時,將一卷本放在首部,而將二卷本的序分删除。更可能的是,將二卷本的序分與一卷本的序分合而爲一,使得現存三卷本《淨度三昧經》的序分文字拖沓,篇幅特長。亦即如前所述,目前我們見到的三卷本,實際是一個一卷本(曇曜本)與一個二卷本(寶雲本)合併的結果。在其後的流傳過程中,卷次的分法也因調整卷軸的篇幅而出現不同。如現存日本七寺本與敦煌遺書本雖然均爲三卷,分卷位置却不同。在此爲節省篇幅,不做詳細對照,有興趣者可自行比較之。

需要指出的是,隋、唐、宋各代,在自己的著作中引用《淨度三昧經》的代不乏人。如隋智顗的《金光明經文句》,新羅憬興的《三彌勒經疏》,唐慧沼的《十一面神咒心經義疏》,唐善導的《觀念阿彌陀佛相海三昧功德法門》,宋延壽的《宗鏡録》《萬善同歸集》,宋從義的《止觀義例纂要》等。這説明該《淨度三昧經》一直在流傳,且被人們視爲真經。

三、智昇的立場

《淨度三昧經》從五世紀譯出直到八世紀止,雖然由於種種原因,經録的著録比較混亂,但其流傳形態一直比較清楚,也没有人

① 《淨度三昧經》卷三,CBETA(2016),ZW07,no.63,p.326,a3～5。

對它的真僞問題提出疑問。道宣或許有所保留,但僅在自己的著作中發表意見,在所編纂的經録中没有提出明確的意見。正式把它打爲"疑經"的,是八世紀著名佛教目録學家——《開元釋教録》的作者智昇。

實際上,智昇對該經的著録也没有超出《歷代三寶紀》的范圍,即仍然認爲該經有智嚴、寶雲、求那跋陀羅、曇曜等四種譯本。他除在"代録"中分别著録上述四種外,又在"别録中有譯無本録"中綜合著録如下:

《淨度三昧經》,一卷,

宋沙門釋智嚴譯,第一譯。

《淨度三昧經》,二卷,

宋代沙門釋寶雲譯,第二譯。

《淨度三昧經》,三卷,

宋天竺三藏求那跋陀羅譯,第三譯。

《淨度三昧經》,一卷,

元魏昭玄統釋曇曜譯,第四譯。

右四經同本異譯,並闕。①

智昇時代,該經明明在大藏經中存在著、流通著,智昇怎麽能説它"並闕"不存呢?《開元釋教録》解釋説:"《大周入藏録》中有《淨度三昧經》三卷。尋其文詞疏淺,義理差違,事涉人謀,難爲聖典。故編疑録,别訪真經。"②又,在《開元釋教録》卷十八的"别録中

① 《開元釋教録》卷一四, CBETA(2016), T55, no.2154, p.632, b27～c5。

② 同上,c5～6。

疑惑再詳録”中，智昇著録稱“《淨度三昧經》，三卷。蕭子良抄撰中有《淨度三昧經》三卷，疑此經是”①。

原來，智昇認爲當時大藏經中所收的《淨度三昧經》實際可能是蕭子良的抄經，而並非上述四種譯本中的某一種，所以説上述四種經本已經闕佚待訪。基於上述觀點，他把《淨度三昧經》剔除在“入藏録”之外，僅作爲附録附於末尾，稱：“《淨度經》下十部十五卷，並是古舊録中疑僞之經。《周録》雖編入正，文理並涉人謀。故此録中，除之不載。”②

智昇的上述態度，未免失之粗率。如上所述，僧祐對《淨度三昧經》的引摘可以在現存的經本中找到原文。南北朝寶唱等編撰的《經律異相》對《淨度三昧經》的摘引，唐道世編撰《法苑珠林》的引摘、道世編撰《諸經要集》的引摘，均可在現存經本中找到原文。這説明，《淨度三昧經》從南北朝到隋唐始終流傳，且經本未變。在這種情況下，智昇説大藏經中已經收入的《淨度三昧經》並非經録中著録的寶雲譯本，而是别的什麽經本，是完全站不住脚的。歷代經録記載，蕭子良的抄經明明爲四卷。智昇爲了否定大藏經中三卷本《淨度三昧經》的真實性，稱“蕭子良抄撰中有《淨度三昧經》三卷”，也是很不嚴肅的。

智昇判定《淨度三昧經》爲疑僞經的唯一理由是該經“文詞疏淺，義理差違，事涉人謀，難爲聖典”。應該説，這樣的理由也是很難服人的。因詳細的考證已經超出本文題目“目録學考察”的范圍，故在此從略。總之，佛教宗派不同，觀點各異；譯人水準不同，風格各異。這些都是正常情況。非要拿自己擬訂的某一個自以爲是的標

① 《開元釋教録》卷一八，CBETA(2016)，T55，no.2154，p.671，c20。

② 《開元釋教録》卷二〇，CBETA(2016)，T55，no.2154，p.699，c8～10。

準去框限紛繁複雜的現實世界，正是專家往往多"悖"的原因。

《開元釋教録》還著録了《淨度三昧抄》，一卷。[①]其著録依據，顯然是《出三藏記集》與《大周録》。僧祐把這部他本人没有看到的經本定爲抄經，這種著録自然也有輕率之嫌；《大周録》把它作爲闕本而不加判斷則顯得比較慎重。相對而言，智昇毫不客氣地將這部自己根本没有見過的經本打入"僞妄"，未免失之武斷。既未目見，又無經録依據，則憑什麼定其爲僞妄呢？古代經録學家對一些並未目見的經典往往持類似輕率、武斷的態度，這應該成爲今人的鑒戒。

四、小　結

綜上所述，根據歷代經録的記載，《淨度三昧經》翻譯於南北朝時期，可信者有寶雲所譯二卷本與曇曜主持所譯一卷本。另有蕭子良四卷本抄經傳世。至於智嚴譯本與求那跋陀羅譯本，前者可能因改譯而失傳，後者可能因與寶雲有關而被誤傳。該經既有以一卷本、二卷本分别流傳的形態，也有合編爲三卷本的形態。後來則大抵以合編的三卷本形態流傳。由於智昇認爲該經是疑僞經，正式將它排除到大藏經外，使得該經逐漸亡佚。在這一點上，智昇難辭其咎。幸好日本七寺本與敦煌遺書中還有保存，使我們今天可以據以整理出一個全本，以研究在中國曾經有著巨大影響的人天教，這的確是令人高興的。

［附記］

本文原寫於 1995 年。先用《〈淨度三昧經〉的目録學考察》之

---

① 《開元釋教録》卷一八，CBETA(2016)，T55，no.2154，p.680，a9。

名,以中文、日文發表在《七寺古逸經典研究叢書》第二卷(日本大東出版社,1996年4月)。此後又以《從經録著録看〈淨度三昧經〉的真僞》爲名,載《周紹良先生欣開九秩慶壽文集》(中華書局,1997年3月)。中日兩處發表的兩篇文章名稱有異,文本相同。1995年寫作本文時,電子佛典尚未出現,有關資料不夠充實。此次收入本書時,筆者依據CBETA(2016版)重新檢索、補充資料。隨著資料的充實,個别觀點與行文亦有所修訂。

本文最初是1994年在日本京都參加“七寺古逸經典研究會”,會讀《淨度三昧經》後的産物。文章系統考察了歷代經録對《淨度三昧經》的各種著録,梳理其傳承,探討其異同,分析産生異同的原因;簡單考察了中國僧人在自己的著作中對《淨度三昧經》内容的摘引;簡單描述了該經諸本被翻譯後的演化綫索。文章主張《淨度三昧經》確爲翻譯佛典,起先並無争議。道宣雖提出疑問,《大周録》依然入藏,但最終被《開元釋教録》作者唐智昇視爲“疑經”並驅逐出藏。雖則如此,智昇之後,依然有佛教僧人引用這部經典。

1994年赴日以前,筆者已經注意到部分翻譯佛典中存在中國文化元素的現象,但未加深思。在會讀《淨度三昧經》的那些日子裏,這種現象引起筆者濃厚的興趣。當時的思路是,如果《淨度三昧經》確爲疑僞經,則其中藴含有中國文化元素自不足怪;如果該經確爲翻譯,則西域傳入的、翻譯爲漢文的“真經”中竟然藴含中國文化元素,這就是一個重大問題。

由於參加“七寺古逸經典研究會”的諸位,都認爲《淨度三昧經》屬於疑僞經;且當時筆者耳目所及,在佛教研究界也從未見到有人提到過“‘真經’而又藴含中國文化元素”這樣的命題,所以,筆者以爲對《淨度三昧經》真僞的考察,可以成爲對相關問題進行深入考察的基礎,這就是當時寫作本文的目的。

本文通過對歷代經録對《淨度三昧經》的著録及對中華佛教撰著對《淨度三昧經》的摘引的考察，論證了《淨度三昧經》確屬翻譯，起碼直到唐道宣以前，中國僧人對《淨度三昧經》的真僞並無懷疑。但從現存《淨度三昧經》文本看，無可否認其中的確包含著大量的中國文化元素。現在看來，或許正因爲無法否認《淨度三昧經》確爲翻譯，但又無法解釋其中的中國文化元素，故唐道宣既在自己的其他著作中提到它是僞經，但在自己編纂的經録中又對它的真僞不予表態。本文又指出，唐智昇不惜曲解歷代經録著録而將《淨度三昧經》趕出大藏經，從學理上説，其行爲站不住脚。現在看來，或許正因爲過於注目《淨度三昧經》文本中的中國文化元素，纔使智昇不惜曲解歷代經録著録，以便將該經趕出大藏。應該指出，智昇對自己的行爲也有所保留，所以實際上僅將《淨度三昧經》判爲“真僞難判”之“疑經”，而非“僞妄亂真”之“僞經”，並將它作爲附録列在“入藏録”之後，以示慎重。

寫作本文時，筆者尚未形成“文化匯流”的觀點。但寫作本文得出的結論，促使筆者進一步探討何以翻譯佛典中會出現中國文化元素，由此逐漸形成“文化匯流”的觀點。故將本文作爲本論文集的第一篇論文。

現在看來，《淨度三昧經》中許多重要資料尚未得到研究者的充分重視與發掘。比如，《淨度三昧經》中描述的地獄形態，就可以成爲我們研究印度佛教“八熱”“八寒”“無間”等地獄形態何以演變爲中國佛教“十殿閻王”這種地獄形態的重要綫索；其中的“八王日”與“地藏菩薩十齋日”的關係，也值得深入探討。諸如此類，《淨度三昧經》尚是一個有待發掘的富礦。

2016年10月22日

關於江泌女子僧法誦出經

一、問題的提出

南朝齊末梁初,發生了一件現在看來在佛教文獻學史上很有意思的事情,那就是江泌女子僧法静坐誦出經。根據目前掌握的資料,最詳盡地記録了這件事的,是同時代梁僧祐的《出三藏記集》。

下面,先把《出三藏記集》的有關記載抄録如下:

> 僧法尼所誦出經入疑録:
>
> 《寶頂經》,一卷。永元元年出,時年九歲。
>
> 《淨土經》,七[①]卷。永元元年出,時年九歲。
>
> 《正頂經》,一卷。永元元年出,時年九歲。
>
> 《法華經》,一卷。永元元年出,時年九歲。
>
> 《藥草經》,一卷。永元二年出,時年十歲。
>
> 《太子經》,一卷。永元二年出,時年十歲。
>
> 《伽耶波經》,一卷。永元二年出,時年十歲。

---

① "七",《大正藏》本作"一",據校記改。出處同本段引文。

《波羅奈經》,二[①]卷。中興元年出,時年十二歲。

《優婁頻經》,一卷。中興元年出,時年十二歲。

《益意經》,二卷。天監元年出,時年十三。智遠承旨。

《般若得經》,一卷。天監元年出,時年十三。智遠承旨。

《華嚴瓔珞經》,一卷。天監元年出,時年十三。智遠承旨。

《踰陀衛經》,一卷。天監四年臺内華光殿出,時年十六。

《阿那含經》,二卷。天監四年出,時年十六。

《妙音師子吼經》,三卷。天監四年出,時[②]年十六。借張家。

《出乘師子吼經》,一卷。天監三年出,時年十五。

《勝鬘經》,一卷。永元元年出,時年九歲。

《優曇經》,一卷。永元元年出,時年九歲。[③]

《妙莊嚴經》,四卷。永元元年出,時年九歲。[④]

《維摩經》,一卷。江家出。

《序七世經》,一卷。

右二十一種經,凡三十五卷,經如前件。

齊末太學博士江泌處女尼子所出。初尼子年在齠齔,有時閉目静坐,誦出此經。或説上天,或稱神授。發言通利,有如宿習。令人寫出,俄而還止。經歷旬朔,續復如前。京都道俗,威(咸)傳其異。今上勅見,面問所以。其依事奉答,不異常人。然篤信正法,少修梵行。父母欲嫁之,誓而弗許。後遂

① "二",《大正藏》本作"一",據校記改。出處同本段引文。

② "時",《大正藏》本無,據校記補。出處同本段引文。

③ "永元元年出,時年九歲",《大正藏》本無,據校記補。出處同本段引文。

④ 同上。

出家,名僧法,住青園寺。

祐既收集正典,撿括異聞。事接耳目,就求省視。其家秘隱,不以見示。唯得《妙音師子吼經》三卷,以備疑經之録。

此尼以天監四①年三月亡。有好事者,得其文疏前後所出經②二十餘卷。厥舅孫質以爲真經,行疏勸化,收拾③傳寫。既染毫牘,必存於世。昔漢建安末,濟陰丁氏之妻忽如中疾,便能胡語。又求紙筆,自爲胡書。復有西域胡人,見其此書,云是經莂。推尋往古,不無此事。但義非金口,又無師譯。取捨兼懷,故附之疑例。④

江泌,《南齊書》有傳,未及其女誦經事。但傳中謂:

世祖以爲南康王子琳侍讀。建武中,明帝害諸王後,泌憂念子琳,詣誌公道人問其禍福。志公覆香爐灰示之,曰:“都盡。無所餘。”及子琳被害,泌往哭之,淚盡,繼之以血。親視殯葬,乃去。⑤

志公道人即著名的神異僧人寶志。這説明江泌家確有信仰佛教的傳統。《南史》亦有江泌傳。大略相同,不具引。

按照上述記載,這個僧法乃江泌的女兒,生於南齊永明九年(491)。從南齊永元元年(499)九歲那年開始,有時閉目静坐,口中

① “四”,《大正藏》本無,據校記補。出處同本段引文。

② “經”,《大正藏》本作“定”,據校記改。出處同本段引文。

③ “拾”,《大正藏》本作“合”,據校記改。出處同本段引文。

④ 《出三藏記集》卷五,CBETA(2016),T55,no.2145,p.40,a9～b23。

⑤ 《南齊書》卷五十五,中華書局,1987 年 11 月,第 965 頁。

就會念念有詞地誦出佛經。據説她誦時十分流利，就好像以前曾經學習過一樣。就這樣，斷斷續續，過一段時間誦出一部，並由人記録下來。當年共誦出《寶頂經》等七部。第二年，永元二年(500)，十歲時誦出三部。南齊中興元年(501)，十二歲時又誦出二部。蕭梁天監元年(502)，十三歲時誦出三部。蕭梁天監三年(504)，十五歲時誦出一部。蕭梁天監四年(505)，十六歲時誦出三部。總共誦出二十一部三十五卷。她的事迹轟動了建業(今江蘇南京)，連梁武帝也親自詔她面見。天監四年，有一部《踰陀衛經》是在臺内華光殿中誦出的，大概就是梁武帝這次召見的結果。據説由於她自已的堅持，家人衹好同意她出家。出家後的法名叫"僧法"，故經録中稱她爲"僧法尼"，住在青園寺。但可惜短命夭亡，天監四年三月，纔衹有十六歲便亡故。

僧祐，生於劉宋元嘉二十二年(445)，死於梁天監十七年(518)，終年七十四歲。他是齊梁時代著名的律學大師、佛教目録學家、佛教文史學家，所編纂的《出三藏記集》，至今以嚴謹著稱。僧祐一生，主要活動在建業。而僧法誦經事，正發生在建業。僧祐自稱對此事"事接耳目"，亦即曾經耳聞目睹。他甚至親自上門采訪。因此，事情的可靠性，應該没有懷疑。起碼僧祐自已對此没有懷疑。當然，僧祐的上述記載略有錯誤。既然該僧法永元二年(500)時衹有十歲，則中興元年(501)應該是十一歲，而不能是十二歲。誠如此，則她逝世時年僅十五歲。後代經録在僧法年齡問題上著録不一，爲避文繁，不一一介紹。

對於發生在一千五百年前的這一神異的真僞，我們現在無法考證，也無須考證。本文想要研究的是，時人及後人怎麽看待這件事，這些經典的流傳及下落如何，並由此對佛教文獻學中的疑僞經問題作一相關研究。

二、僧祐時代

（一）《衆經别録》的記載

如上所述，《出三藏記集》對僧法誦經事作了詳盡記載。其實，在《出三藏記集》之前，還有一部著作，已經涉及僧法誦出經。這就是二十世紀在敦煌遺書中發現的《衆經别録》。

《衆經别録》，上下兩卷，共分十篇。首見著録於隋費長房的《歷代三寶紀》卷十五。費長房稱它“未詳作者，似宋時述”。屬於費長房親眼看到，且在撰寫《歷代三寶紀》時曾經參考過的經録。其後，唐代的《大唐内典録》也提到了它，但道宣是否也見到過這部經録，還值得研究。當智昇撰寫《開元釋教録》（以下簡稱《開元録》）時，已經“尋本未獲”。再以後，這部經録踪迹全無。敦煌藏經洞開啓後，人們從中發現了兩件南北朝寫經殘卷，正是該亡佚千年之久的《衆經别録》。一件是收藏在英國圖書館的斯 2872 號，一件是收藏在法國圖書館的伯 3747 號。

伯 3747 號録經八十一部，分爲三個部分。第一部分是“大乘經録第一”，首殘尾存。第二部分是“三乘通教録第二”，首尾俱全。第三部分是“三乘中大乘録第三”，首存尾殘。首部的第一部分“大乘經録第一”殘剩經名十四部，其中著録在最後的兩部是：

> 佛説華嚴瓔珞經，一卷。以菩薩空有二觀神通爲宗。文。
> 佛説般若得道經，一卷。以般若爲萬行首爲宗。文。

這兩部就屬於僧法在天監元年誦出的經。著録中“以某某爲宗”等，是《衆經别録》的作者對該經論述宗旨的判述。亦即《佛説華嚴瓔珞經》主要論述菩薩行空、有二觀以及論述神通等事。《佛説般若得道經》主要論述般若爲萬行之首。末尾所註的“文”是指經典的行文風格。古代佛教翻譯有直譯、意譯兩家。直譯的經典行文質樸,不太好懂,稱爲“質”。意譯的經典行文流暢,很好理解,稱爲“文”。古代的翻譯家認爲,直譯忠實於原文,比較可信,但過於質野,有礙流通。意譯文辭流暢,固然好讀好懂,但也有可能會以詞害義。不少人提倡一種“文質均”的行文風格。《衆經別録》對每部經典的行文風格都有判述,諸如“文”“質”“不文不質”“文多質少”“文質均”等,作爲閱讀的指導。在此,《衆經別録》認爲上兩部經典的行文風格屬於叙述比較流暢的。

費長房認爲《衆經別録》撰寫於劉宋時代。既然這樣,其中不應該出現天監元年的僧法誦出經。所以,在《衆經別録》中出現的這兩部典籍,爲研究《衆經別録》的成書年代、資料構成提供了新的視角。有關《衆經別録》本身的研究,將另文進行,本文暫不涉及。《衆經別録》對上述兩部經典的記録,從另一個方面印證了《出三藏記集》對僧法誦出經事件的記述,證明了僧法誦出經當時的確曾經流通。《衆經別録》對上述兩部經典論述宗旨及行文風格的判述,也使我們對這兩部經典的内容與文風有一個基本的瞭解。由於敦煌遺書《衆經別録》已經殘缺,我們現在無法得知當初《衆經別録》是否對僧法誦出經及所誦經有過更多的記載。但無論如何,《衆經別録》收録了這兩部經典,證明當時起碼有部分人認可僧法誦出經這件事,認同她所誦出的經典。並把這些經典與域外傳入的翻譯經典同樣對待,收入佛教法藏的代表——一切經。我們可以把《衆經別録》的這一態度,當作研究《出三藏記集》的作者僧祐處理同一問題的一個背景資料。

(二)僧祐的“疑經”觀

僧祐的《出三藏記集》,因襲道安的《綜理衆經目録》而來,在結構方面没有很大的創新。如果説有，那主要體現在疑僞經判定這一方面。

在中國的佛教文獻學史上，道安第一個提出疑僞經問題。他在所撰《綜理衆經目録》中特設"疑經録"一目，並這樣説：

> 外國僧法，學皆跪而口受。同師所受，若十、二十轉，以授後學。若有一字異者，共相推校，得便擯之，僧法無縱也。經至晋土，其年未遠。而熹事者以沙標金，斌斌如也。而無括正，何以别真僞乎？農者禾草俱在，后稷爲之嘆息；金匱玉石同緘，下和爲之懷恥。安敢預學次，見涇渭雜流，龍蛇並進，豈不恥之？今列意謂非佛經者如左，以示將來學士，共知鄙信焉。①

從上文可知，道安所列名目雖爲"疑經録"，但在這裏作爲對象叙述的却完全是現代意義上的僞經。這説明在道安的心目中，當時還没有完全厘清疑經與僞經的區别，廓清這兩個概念的不同内涵。道安衹是指出疑僞經的存在，但没有分析疑僞經的特點，没有提出鑒别疑僞經的方法。所以他的疑僞經鑒别能力也就受到限制。他自稱"今列意謂非佛經者如左"，意即完全依據自己的佛學水準來做鑒别。這樣的鑒别主觀性太强，難免出問題。道安所判的《寶如來經》等二十六部經典，其中確有應屬真經者。

僧祐對疑僞經的研究主要體現在《出三藏記集》卷五中。

僧祐在《出三藏記集》卷五中全文抄録了道安對疑經的論述與鑒别，然後設立了一個"新集疑經僞撰雜録"。從這個名目看，僧祐

---

① 《出三藏記集》卷五，CBETA(2016)，T55，no.2145，p.38，b8～16。

似乎已經意識到“疑經”與“僞撰”的不同。那麽,他是怎麽看待並處理這兩者的呢?

我們先看看他爲該録所撰的小序:

> 《長阿含經》云:“佛將涅槃,爲比丘説四大教法。若聞法律,當於諸經推其虚實。與法相違,則非佛説。”又《大涅槃經》云:“我滅度後,諸比丘輩抄造經典,令法淡薄。”種智所照,驗於今矣。自像運澆季,浮競者多。或憑真以構僞,或飾虚以亂實。昔安法師摘出僞經二十六部,又指慧達道人以爲深戒。古既有之,今亦宜然矣。祐校閲群經,廣集同異,約以經律,頗見所疑。夫真經體趣融然深遠,假託之文辭意淺雜,玉石朱紫,無所逃形也。今區别所疑,注之於録。並近世妄撰,亦標於末。並依倚雜經而自製名題。進不聞遠適外域,退不見承譯西賓。“我聞”興於户牖,印可出於胸懷。誑誤後學,良足寒心。既躬所見聞,寧敢默已。嗚呼來葉,慎而察焉!①

僧祐在這裏對疑僞經的特點、産生途徑、鑒别方式都提出自己的意見。這在佛教文獻學史上是一大貢獻。因不屬本文論述重點,在此也置而不論。有意思的是,僧祐所列名目爲“疑經僞撰雜録”,但如上面序中所表述的,他所論述的對象仍然衹是僞經。這説明什麽?在僧祐的心目中,“疑經”與“僞撰”到底有什麽區别呢?

在“新集疑經僞撰雜録”中,僧祐共列舉了二十部經典,可以分

① 《出三藏記集》卷五,CBETA(2016),T55,no.2145,pp.38(c18)~39(a5)。

爲兩組。

前一組十二部，僧祐稱它們“或義理乖背，或文偈淺鄙，故入疑録。庶耘蕪穢，以顯法寶”[1]。亦即統統都是僞經。僧祐在上述序中也提到該組，謂“今區別所疑，注之於録”。

後一組八部，每部均有註釋，説明該經典是什麽時候，由誰撰出。僧祐在上述序中稱它們“並近世妄撰，亦標於末”，亦即也都是些僞經。

既然都是僞經，爲什麽要區分爲“疑經”與“僞撰”呢？仔細考察這二十部經典，原來前一組什麽時候出現、怎樣出現等情況一概不清，而後一組則都可以找到作者。也就是説，在僧祐那裏，“疑經”就是僞經，“僞撰”也是僞經。衹不過前者出處不清，後者綫索宛然。爲了强調已經查明後者的作僞者，所以稱爲“僞撰”。所以，僧祐的“疑經”與“僞撰”並無本質區别。從這個角度講，他的疑經觀與道安的疑經觀也没有什麽本質的區别，而與我們現在對“疑經”的理解很不一樣。

由於後一組八部典籍均有具體的出處，簡單考察一下僧祐對這八部典籍的辨僞實踐，對於理解他的僞經觀以及本文研究的僧法誦出經應該不無幫助。

> 《灌頂經》，一卷。一名《藥師琉璃光經》。或名《灌頂拔除過罪生死得度經》。
>
> 右一部，宋孝武帝大明元年，秣陵鹿野寺比丘慧簡依經抄撰。此經後有《續命法》，所以遍[2]行於世。

---

① 《出三藏記集》卷五，CBETA(2016)，T55，no.2145，p.39，a19～20。

② “遍”，《大正藏》本作“偏”，據校記改。

《提謂波利經》,二卷。舊别有《提謂經》一卷。

右一部,宋孝武時,北國比丘曇靖撰。

《寶車經》,一卷。或云《妙好寶車菩薩經》。

右一部,北國淮州比丘曇辯撰,青州比丘道侍改治。

《菩提福藏法化三昧經》,一卷。

右一部,齊武帝時,比丘道備所撰。備易名"道歡"。

《佛法有六義第一應知》,一卷。(未得本)

《六通無礙六根淨業義門》,一卷。(未得本)

右二部,齊武帝時,比丘釋法願抄集經義所出。雖弘經義,異於僞造。然既立名號,則别成一部。懼後代疑亂,故明注於録。

《佛所制名數經》,五卷。

右一部,齊武帝時,比丘釋王宗所撰。抄集衆經,有似數林,但題稱"佛制",懼亂名實,故注於録。

《衆經要攬法偈二十一首》,一卷。

右一部,梁天監二年,比丘釋道歡撰。①

上面八部經可以分爲兩類:一類是憑空虚構,一類是依經抄集。

屬於前一類的有《提謂波利經》《寶車經》《菩提福藏法化三昧經》《衆經要攬法偈二十一首》等四部。按照正統觀點,係後人所撰,而敢自稱爲"經"者,自然應該貶斥,所以僧祐對前三部典籍的抨擊乃他作爲佛教經録學家的分内之事。但《衆經要攬法偈二十一首》,似作者用偈頌的形式對諸經要點予以概括,名稱上也並無

---

① 《出三藏記集》卷五,CBETA(2016),T55,no.2145,p.39,a21～b13。

“經”字。僧祐仍毅然排斥，或者在僧祐看來，“法偈”兩字也是佛陀的“專利”，他人不得染指？

令人更感興趣的是餘下四部。

首先是《灌頂經》，僧祐指斥該經是慧簡“依經抄撰”，所以不應歸入真經。慧簡所依的是什麽經？僧祐没有指出。根據最新研究，這部經的確是慧簡采集各種資料所撰，其中既包括印度佛教資料，也包括中國道教與民間巫教的資料。僧祐的這條著録，爲我們研究《灌頂經》提供了第一手資料。①

《佛法有六義第一應知》及《六通無礙六根淨業義門》兩部，僧祐並未看到原書。但他認爲，這兩部典籍是比丘釋法願抄集經義撰成。“雖弘經義，異於僞造。然既立名號，則别成一部。懼後代疑亂，故明注於録。”也就是説，雖然内容没有問題，可以起到弘揚佛教經義的作用，但像這樣自立名號，自己撰集成書，會讓後人疑惑，不知所從。所以還是在疑經録中予以註明。其意自然是要藉此示衆，以禁絶流通。

《佛所制名數經》是比丘釋王宗所撰。從名稱可知，它大體相當於“三藏法數”一類的著作，類集各種法數，以供查閲之便。但僧祐稱它雖然“抄集衆經，有似數林，但題稱‘佛制’，懼亂名實，故注於録。”也就是説，該書雖然可以供人查閲法數，但明明是你王宗所撰，怎麽能夠稱“佛制”、稱“經”呢？我想，就王宗而言，大概不至於狂妄到自稱爲佛，把自己編撰的著作稱爲“佛制”、稱“經”。該書的“佛所制”，顯然是指這些名數是“佛所制”。由於著作中所抄集的全部都是“佛所制”的名數，則稱之爲“經”，雖不甚妥當，但似乎也

① 本文最初發表時，曾按照傳統觀點，認爲《灌頂經》爲“翻譯而不是抄撰”，現按照最新研究成果修訂了原觀點。詳見《再論佛教發展中的“文化匯流”》《藥師佛探源》等。上述两文均已收入本書。

無不可。但在僧祐看來,這是大大地僭越,既然名不副實,自然也應該拿出來示衆,以禁絶流通。

這裏還有一個問題。《出三藏記集》也設有"抄經録",收入各種抄經。既然上述《佛法有六義第一應知》等經也是抄經,則歸入"抄經録"即可,何必大張旗鼓地歸入"疑經僞撰録",非要對它們討伐一番呢?

我們看看僧祐對"抄經録"的解釋:

> 抄經者,蓋撮舉義要也。昔安世高抄出《修行》爲《大地道經》,良以廣譯爲難,故省文略説。及支謙出經,亦有《孛抄》。此並約寫胡本,非割斷成經也。
>
> 而後人弗思,肆意抄撮。或棋散衆品,或爪剖正文。既使聖言離本,復令學者逐末。竟陵文宣王慧見明深,亦不能免。若相競不已,則歲代彌繁,蕪黷法寶,不其惜歟? 名部一成,難用刊削。其安公時抄,悉附本録,新集所獲,撰目如左。庶誡來葉,無效尤焉。①

從上文可知,對於那些撮舉義要,但没有割斷成經的抄經,僧祐並不反對。而對那些"或棋散衆品,或爪剖正文。既使聖言離本,復令學者逐末"的抄經,僧祐則深惡痛絶。我們可以把僧祐歸入"抄經録"的典籍與他歸入"疑經僞撰録"的典籍做一個對照。前者主要是棋散衆品,後者則是抄集衆經;前者説明抄自何經,後者則未加説明,自立名題。②這大概是僧祐將《佛法有六義第一應知》

---

① 《出三藏記集》卷五, CBETA(2016), T55, no.2145, p.37, c1～9。

② 由於僧祐列入"疑經録"的那四部經典,僅存《灌頂拔除過罪生死得度經》,故此處僅就我們現在能夠看到的《灌頂拔除過罪生死得度經》而言。

等歸於“疑經僞撰録”的主要原因。

綜上所述，我們可以總結兩點：

第一，僧祐雖然提出“疑經”“僞撰”兩個概念，看起來比道安前進了一步，但這兩個概念實際都僅指僞經。在這一點上，與道安無本質區别，與我們現在的“疑經”概念不同。

第二，在鑒别、排斥僞經的問題上，僧祐的態度是非常嚴厲的。

（三）僧祐與僧法誦出經的著録

僧祐所謂的“疑經”，實際就是僞經。那麽，是否僧祐完全没有意識到還存在著一種難以辨别其真僞的經典，亦即我們現在意義上的“疑經”呢？不是的。這就是本文要研究的僧法誦出經。

如前所述，僧祐耳聞目睹了僧法誦經事，親自到僧法的家中去尋訪，希望得到所誦出的經典，但由於僧法家不肯出示而未能如願。雖則如此，僧祐還是設法得到了僧法於天監四年誦出的《妙音師子吼經》，三卷。根據該經下面的註釋，這部經，僧祐是從“張家”借到的。

對於僧法誦經事，僧祐的態度非常矛盾。這些經，正如僧祐指出的“義非金口，又無師譯”，也就是説，既不是釋迦牟尼親口所説，又不是譯師翻譯出來，而是由一個小姑娘信口誦出的。在“疑經僞撰雜録”的序中，僧祐批評當時僞經的製作，有這樣一句話：“進不聞遠適外域，退不見承譯西賓。‘我聞’興於户牖，印可出於胸懷。誑誤後學，良足寒心。”現在僧法的誦經方式，與上述“‘我聞’興於户牖，印可出於胸懷”又有多大區别呢？從這個角度講，這些經當然不能被認可。

但是，僧法衹是一個十歲左右的小姑娘，竟然能夠誦出這些佛經，其中是否有什麽神異呢？起碼僧法自己是用“或説上天，或稱神授”來解釋的。這實在讓篤信佛教，自然也篤信佛教神通的僧祐爲難。他説:“昔漢建安末,濟陰丁氏之妻忽如中疾,便能胡語。又求紙筆,自爲胡書。復有西域胡人,見其此書,云是經莂。推尋往古,不無此事。”既然如此,似乎不能否認僧法所誦經的合法性。

像僧祐這樣一個嚴肅而又嚴厲的佛教目録學家,一個連可以弘揚佛教的抄經都要排斥的人,面對僧法誦出經却無計可施,反復斟酌,左右爲難。用僧祐自己的話説就是“取捨兼懷”。最後没有辦法,祇好“故附之疑例”。

從《出三藏記集》卷五對僧法誦出經的著録,也可以看出僧祐這種無可奈何的苦心。

《出三藏記集》卷五包括這樣一些子目:

新集抄經録第一
新集安公疑經録第二
新集疑經録第三
新集安公注經及雜經志録第四
小乘迷學竺法度造異儀記第五
長安叡法師喻疑第六①

“新集抄經録第一”著録抄經。“新集安公疑經録第二”著録道安收集的二十六部僞經。“新集疑經録第三”又名“新集疑經僞撰雜録第三”,著録前述僧祐收集的兩類二十部僞經。“新集安公注經及雜經志録第四”著録道安的著作。“小乘迷學竺法度造異儀記第五”駁斥小乘學者竺法度。“長安叡法師喻疑第六”著録了鳩摩羅什弟子僧叡的一篇文章。而僧法誦出的這些經,被安置在“新集

① 《出三藏記集》卷五,CBETA(2016),T55,no.2145,p.37,b23~28。

安公注經及雜經志録第四”之後,並特意給一個標題“僧法尼所誦出經入疑録”,以與道安的著作分開。這樣,這批典籍實際是《出三藏記集》卷四中的第七部分内容,與其他六個子目都没有關係。但這部分内容在卷初的子目中又没有反映出來。已經收入某卷,却又没有歸入該卷的子目,在《出三藏記集》中,唯此一例。

這是一種很奇特的安排。因爲如果像該標題所説,“僧法尼所誦出經入疑録”,則這批典籍應該放在“新集疑經録第三”中。但如果放在“疑經録第三”中,就意味著僧祐認爲這批典籍是僞經,應該排斥。僧祐不願這樣做。“新集安公註經及雜經志録第四”著録的是道安的個人著作。那麽僧法的這批誦出經能否當作僧法的個人著作呢? 當然也不行。所以不能把它們與道安著作混同。最後,衹好不明不白地將它們插在“新集安公註經及雜經志録第四”與“小乘迷學竺法度造異儀記第五”之間,並加説明:“取捨兼懷,故附之疑例。”這兒“疑例”的“疑”,應該是“疑惑”的意思。也就是説,到了這時,僧祐開始模糊地意識到,佛教典籍中還存在一些一時難辨真僞,需要進一步考證的東西,應該爲它們單獨立一個類目。從這個意義上講,所謂“僧法尼所誦出經入疑録”的“疑録”,與“新集疑經録第三”的“疑經録”内涵並不相同。後者在僧祐的辭典中實際是“僞經録”,而前者已經是現代佛教文獻學意義上的“疑經録”了。

應該説,雖然客觀現實迫使僧祐不得不面對這一問題,但僧祐自己在主觀意識上還不是很清楚,所以在《出三藏記集》中没有出現真正意義上的“疑經録”。這也導致僧祐處理僧法誦出經時顯得如此無所適從。但疑經問題終於非正式地提上了中國佛教文獻學史的議事日程,這就是僧祐的貢獻。

這裏還有一個小問題。《出三藏記集》卷五在僧法誦出經後,還著録了三部典籍,它們是《薩婆若陀眷屬莊嚴經》《法苑經》《抄爲法捨身經》。其中《薩婆若陀眷屬莊嚴經》是頭陀道人妙光所造，僧祐曾經親自參加關於此經辨僞的討論。該經應該歸入“新集疑經録第三”，但不知爲何置於此處。後兩部典籍已經著録在“新集抄經録第一”，這裏不應重複著録。何以會出現上述問題，是現在傳本《出三藏記集》有後人的增補改動？是僧祐自己的疏漏？現在無法解釋。

三、 後代觀點

僧祐對這批經典“取捨兼懷”，極爲爲難，那後代的經録學家如何處理此事呢？

目前留存的《出三藏記集》之後的第一部經録，是由隋大德法經等編撰的《衆經目録》。該録對所謂僧法誦出經批判極嚴，判入“僞妄”：

> 右自《寶頂》至此，二十一經，凡三十五卷。是南齊末年，太學博士江泌女子，尼名僧法。年八九歲，有時静坐，閉目誦出。楊州道俗，咸稱神授。但自經非金口，義無傳譯。就令偶合，不可以訓。故附僞録。
>
> 前八十一經，並號乖真。或首掠金言，而末申謡讖；或初論世術，而後託法詞；或引陰陽吉凶，或明神鬼禍福。諸如此比，僞妄灼然。今宜秘寢，以救世患。[1]

法經等人的態度十分明確“經非金口，義無傳譯”，就必須予以

---

① 《衆經目録》卷二，CBETA(2016)，T55，no.2146，p.127，c9～17。

排斥。即使它的内容與佛教有相符合處，也不能允許它的存在。在這裹，翻譯的形式要比經典的内容更加重要。我認爲，這是非常值得我們注意的一種思想方法。因爲這種思想方法此後在中國佛教界一直擁有較大的影響。

費長房《歷代三寶紀》對僧法誦出經的態度與《法經録》有些不同。他説：

> 太學博士江泌女，小而出家，名僧法。年八九歲，有時静坐，閉目誦出前經。揚州道俗，咸稱神授。房驗經論，斯理皎然。是宿習來，非關神授。且據外典，夫子有云：生而知者聖，學而知者次。此局談今生，昧於過去爾。若不爾者，何以得辯外内賢聖、淺深過現乎？①

他不是簡單地予以肯定或否定，而是追索其原因。他認爲這不是什麽神授，而是輪回轉世過程中後一生對前一生經驗的憶持。他進而舉例説：

> 故《高僧傳》云：釋曇諦者，俗姓康氏，其先康居人。漢靈帝時，移附中國。獻帝末亂，移止吴興。諦父彤嘗爲冀州别駕。母黄氏晝眠，夢見一僧呼黄爲母，寄一麈尾，並鐵鏤書鎮。黄既眠覺，見二物具存，私密異之。因而懷孕生諦。
>
> 諦年五歲，母以麈尾等示之。諦曰："秦王所餉。"母曰："汝置何處。"答曰："不憶。"
>
> 至年十歲出家。學不從師，悟自天發，此即其事。後隨父

① 《歷代三寶紀》卷一一，CBETA(2016)，T49，no.2034，p.97，a17～23。

之樊鄧，遇見關中僧䂮道人。忽然唤䂮曰："童子！""何以呼宿士名？"諦曰："阿上本是諦沙彌，曾爲衆僧采菜，被野猪傷，不覺失聲。今可忘耶？"然僧䂮經爲弘覺法師弟子，爲僧采菜，被野猪所傷。䂮初不憶此，乃詣諦父。具説諦生本末。並示䂮書鎮、麈尾等。䂮乃悟而泣曰："即䂮先師弘覺法師也。師經爲姚萇講《法華》，貧道爲都講。姚萇餉二物，今遂在此。"追計弘覺捨命，正是寄物之日。復憶采菜之事，彌增悲悼。

諦後覽内外，遇物斯記。晚入吴虎丘山寺，講《禮》《易》《春秋》各七遍。《法華》《大品》《維摩》各十五遍。又善屬文，有集六卷盛行世。年六十餘終，宋元嘉末年也。

房曰：弘覺法師弟子僧䂮，師徒匠道，名重二秦。什物三衣，亦復何限？唯書鎮、麈尾，保惜在懷。及移識托生，此之二物遂得同往。神外質礙之像，尚得相隨。況心内慮知之法，而不憶念？所以鏡瑩轉明，刃砥彌利。渧聚爲海，塵積成山。世世習而踰增，生生學而益廣。近匹[①]初始之月，終至十五團圓。[②]

費長房言之鑿鑿地從佛教角度，用輪回轉世後生對前生的憶持來解釋僧法的誦經，似乎也可以言之成理。所以費長房總結説：

捨人還受人，即是次生事，憶而不忘，其神功乎！閉目静思，自是女人情弱，暗誦相續，豈非前身時諷？而論神授，何及愚瞽、昧智慧之道乎！[③]

---

① "匹"，《大正藏》本作"近"，據校記改。

② 《歷代三寶紀》卷一一，CBETA(2016)，T49，no.2034，p.97，a23～b24。

③ 同上，b24～27。

從上述立場出發，費長房對僧法誦出的這些經顯然持肯定態度。但是，費長房的立場並不爲後人贊同。從《仁壽録》開始，歷代經録都把僧法誦出經當作僞妄亂真的僞經，無不予以圍剿。應該説，這反映了中國佛教的可貴的理性精神，也爲中國信仰層面佛教的健康發展排除了可能出現的干擾，指出了正確的導向。

四、僧法誦出經的流傳

僧法共誦出二十一部經典，僧祐稱衹尋訪到其中一種，即《妙音師子吼經》。那麽，其他經典的流傳情况如何呢？如上所述，我們現在知道《衆經别録》收有《華嚴瓔珞經》等兩部。由於《衆經别録》已經殘缺，我們無法得知更多的情况。我們也知道，僧法的舅父孫質認爲這些都是真經，行疏勸化，收拾傳寫。雖然僧祐自己衹得到一部，但他認爲這些經典“既染毫牘，必存於世”。既然如此，這些經典的流傳情况到底如何呢？

在此將這二十一部經典在諸種目録中著録的情况查考如下：

1.《寶頂經》，一卷。永元元年出，時年九歲。

《出三藏記集》其餘部分未收。其他經録大體依據《出三藏記集》，在僧法誦出經中著録此經，但均未著録見到經本。由此看來，這部經在僧法以後不久亡佚。

在《出三藏記集》卷二中，著録了一部《寶頂經》，爲五卷。僧祐稱其爲闕本。並稱，該經是“宋明帝時，天竺沙門竺法眷於廣州譯出。並未至京都”[①]。兩部經的名稱雖然一樣，但一部爲一卷，一部爲五卷；一部是僧法誦出，一部是竺法眷譯出。當然不是同一部經

① 《出三藏記集》卷二，CBETA(2016)，T55，no.2145，p.13，b4～5。

典。僧祐雖然没有見到該五卷本的《寶頂經》,但在《法經録》卷一、《歷代三寶紀》卷十三均曾著録,並收入大藏,證明它真實存在。但此經後來亡佚,《開元録》卷十四"有譯無本録"中有著録。

2.《淨土經》,七卷。永元元年出,時年九歲。

《出三藏記集》其餘部分未收。其他經録大體依據《出三藏記集》,在僧法誦出經中著録此經,但均未著録見到經本。由此看來,這部經在僧法以後不久亡佚。

3.《正頂經》,一卷。永元元年出,時年九歲。

《出三藏記集》其餘部分未收。其他經録大體依據《出三藏記集》,在僧法誦出經中著録此經,但均未著録見到經本。由此看來,這部經在僧法以後不久亡佚。

《出三藏記集》卷四收有《真提經》,一卷。屬於失譯經,且未見經本。該經名稱與《正頂經》有相近之處。

4.《法華經》,一卷。永元元年出,時年九歲。

《出三藏記集》其餘部分未收。其他經録大體依據《出三藏記集》,在僧法誦出經中著録此經,但均未著録見到經本。由此看來,這部經在僧法以後不久亡佚。

5.《藥草經》,一卷。永元二年出,時年十歲。

《出三藏記集》其餘部分未收。其他經録大體依據《出三藏記集》,在僧法誦出經中著録此經,但均未著録見到經本。由此看來,這部經在僧法以後不久亡佚。

《出三藏記集》卷四收有《藥草喻經》一卷。又收《藥經》一卷。都屬於失譯經,且未見經本。現在很難判定上述兩經與《藥草經》是否有關,有什麼關係。因《法華經》中有"藥草喻品",所以《藥草喻經》也可能是《法華經》的抄出別行本。歷代經録對這兩部經的著録與《出三藏記集》相同。

6.《太子經》,一卷。永元二年出,時年十歲。

《出三藏記集》其餘部分未收。其他經録大體依據《出三藏記集》,在僧法誦出經中著録此經,但均未著録見到經本。由此看來,這部經在僧法以後不久亡佚。

歷代諸經經名中有“太子”者甚多。僅《出三藏記集》卷四闕本失譯經中著録的就有《太子法慧經》一卷(《舊録》云《太子法慧》)、《太子法施經》一卷(《出六度集》)、《太子旃舍羅差經》一卷、《是光太子經》一卷(《舊録》所載)等。但均無法確證與上述《太子經》有什麽關係。

7.《伽耶波經》,一卷。永元二年出,時年十歲。

《出三藏記集》其餘部分未收。其他經録大體依據《出三藏記集》,在僧法誦出經中著録此經,唯或作《伽耶婆經》,但均未著録見到經本。由此看來,這部經在僧法以後不久亡佚。

8.《波羅奈經》,二卷。中興元年出,時年十二歲。

《出三藏記集》其餘部分未收。其他經録大體依據《出三藏記集》,在僧法誦出經中著録此經,唯或作《波羅榇經》,但均未著録見到經本。由此看來,這部經在僧法以後不久亡佚。

9.《優婁頻經》,一卷。中興元年出,時年十二歲。

《出三藏記集》其餘部分未收。其他經録大體依據《出三藏記集》,在僧法誦出經中著録此經,但均未著録見到經本。

《歷代三寶紀》卷十一著録:

> 《優婁頻經》,一卷。
>
> 右一卷。《唱録》直云“天監十五年,木道賢獻上”。更不辯由委。①

---

① 《歷代三寶紀》卷一一,CBETA(2016),T49,no.2034,p.98,c14~16。

在卷三的年表中，費長房亦將此事繫於丙申年，即梁天監十五年(516)。[①]《唱録》，指《寶唱録》。《寶唱録》是費長房撰寫《歷代三寶紀》時親眼目睹的經録。因此，應該相信《寶唱録》中確有這樣的記事。費長房雖然記録了《寶唱録》的這一條記事，其實對這一記事的方式是不滿的，因爲《寶唱録》衹説木道賢獻經，没有説明這部經到底是誰翻譯的，所以批評它“更不辯由委”。《大唐内典録》卷四承續了費長房的上述記事。[②]《開元釋教録》卷六的態度則相當嚴格，把這部經從代録中删除，歸入疑録：“《長房》《内典》等録復云，天監十五年木道賢獻《優婁頻經》一卷。直云‘獻上’，不辯委曲。直編疑録，此删不載。”[③]在《開元録》卷十八的“疑惑再詳録”中，智昇再次著録了這部經典，説明把它歸入疑録的理由是“既無其本，真僞難定”：

> 《優婁頻經》，一卷。(僧法尼誦中有名，疑此經是。)
>
> 右一經，《長房》《内典》二録直云：“梁天監十五年，木道賢獻上。更不辯委曲。既無其本，真僞難定。且附疑録。”[④]

依照上述記載，僧法逝世後，這部經仍在流傳。梁天監十五年，由木道賢將這部經獻上。《寶唱録》稱它“更不辯由委”，是指没有交代它的譯者、譯場、助譯者等。所以，這部經很可能不是翻譯，而是前述僧法尼誦出經。《歷代三寶紀》除了轉述《寶唱録》的記録，並没有著録説自己看到這部經，則恐怕隋代此經已佚。《内典

① 《歷代三寶紀》卷三，CBETA(2016)，T49，no.2034，p.45，a7。

② 《大唐内典録》卷四，CBETA(2016)，T55，no.2149，p.266，a15～17。

③ 《開元釋教録》卷六，CBETA(2016)，T55，no.2154，p.538，c20。

④ 《開元釋教録》卷一八，CBETA(2016)，T55，no.2154，p.671，c24～27。

録》照抄《歷代三寶紀》,不足爲訓。智昇發現了問題,指出該經恐怕就是僧法誦出經,但是因爲没有見到經本,所以無法作最後的結論,祇好暫時存疑。

10.《益意經》,二卷。天監元年出,時年十三。智遠承旨。

《益意經》的問題比較複雜。

《出三藏記集》除在僧法誦出經録中著録該經外,在卷四“失譯雜經録”中也著録了這部經典:“《益意經》,二卷。”[①]《出三藏記集》卷四的“失譯雜經録”包括有本、無本兩部分,而《益意經》屬於有本,即僧祐得到經本的部分。那麽,僧祐當初是否意識到他所得到的這部經就是僧法誦出經呢?看來没有。原因比較簡單,僧祐祇得到僧法誦出的二十一部經典中的一部,其餘的二十部,既然没有得到,自然無法知道它們的内容。這時,如果從其他途徑得到這些經本,祇要得到之初不知道它們就是僧法誦出本,則很可能把它們當作失譯經著録在“失譯録”中。這樣的情況,下面還有。

到了隋代,問題變得更加複雜起來。費長房《歷代三寶紀》除了僧法誦出經中的《益意經》外,另外著録了三部《益意經》。

《歷代三寶紀》卷四“嚴佛調譯經録”:

《思意經》,一卷。(亦云《益意經》)[②]

《歷代三寶紀》卷七:

《益意經》,三卷。(第二出)

---

① 《出三藏記集》卷四,CBETA(2016),T55,no.2145,p.22,a2。

② 《歷代三寶紀》卷四,CBETA(2016),T49,no.2034,p.54,a18。

右一部，合三卷。孝武帝世，沙門康道和太元末譯。見竺道祖《晋世雜録》。朱士行《漢録》云二卷，不顯譯人。①

《歷代三寶紀》卷十一：

《益意經》，二卷。（祐云失譯，見《法上録》。）

右一部，二卷。齊世沙門釋法尼出。既不顯年，未詳何帝。②

上述三種《益意經》，第一種是一卷本，據説是東漢嚴佛調譯，第一譯。費長房没有交待他的著録依據。第二種是三卷本，據説是東晋康道和譯，第二譯。著録依據是竺道祖《晋世雜録》。第三種是二卷本，齊釋法尼譯，當然是第三譯。費長房説該經在《僧祐録》中失譯，可見《法上録》。

前兩種且不論，這裏看第三種。

關於該二卷本的《益意經》，費長房説該經曾著録在《僧祐録》的"失譯録"中，現在依據《法上録》著録。則該經顯然是指前述《出三藏記集》卷四所著録的那一部。也就是説，在《法上録》中，把僧祐視作失譯的這部二卷本《益意經》判爲釋法尼所出。《法上録》現已亡佚，但曾是費長房撰寫《歷代三寶紀》參考的經録之一。我們没有理由否認費長房的上述記述。

"釋法尼"是何許人，《歷代三寶紀》中没有小傳。這説明在《法上録》中也没有記載。但是，我們完全有理由相信，這裏的"釋法

① 《歷代三寶紀》卷七，CBETA(2016)，T49，no.2034，p.70，b22～26。

② 《歷代三寶紀》卷一一，CBETA(2016)，T49，no.2034，p.96，b1～3。

尼”，就是江泌女子“僧法”。因該女子出家後，法名叫“僧法”。由於她是一個比丘尼，所以一般稱她“僧法尼”。想必《法上録》的作者誤讀了“僧法尼”這個名稱，把“僧”當作是“僧人”，且按照釋道安之天下僧人均爲釋迦牟尼弟子，均應姓“釋”的觀點，把“法尼”當作法名，因而把“僧法尼”改稱爲“釋法尼”。

《歷代三寶紀》雖然著録了上述三種《益意經》，但看來實際没有得到經本，所以没有把它們收入“入藏録”。

其後的《大唐内典録》卷一、卷三、卷四，原様照抄《歷代三寶紀》的著録，但同様没有將這些經典收歸入藏。

這些經本是否已經亡佚？不是的。起碼僧法誦出的這部《益意經》還存在著。

《大周刊定衆經目録》（以下簡稱《大周録》）卷五將前此各種經録中有關《益意經》的著録作了總結：

> 《益意經》，一部三卷。（第二譯）
> 右東晋太元末康道和譯。出《竺道祖録》。
> 《益經》，一卷。（亦名《思意經》）
> 右漢靈帝代臨淮清信士嚴佛調譯。出《長房録》。
> 《益意經》，一部二卷。
> 右僧法尼譯。出朱士行《漢録》。
> 以前三經同本别譯。①

並將二卷本的《益意經》收歸入藏（見《大周録》卷十三“見定流行入藏録卷上”），這説明武周時代，這部經仍在流傳，並被當作真

① 《大周刊定衆經目録》卷五，CBETA(2016)，T55，no.2153，p.401，a5～12。

經對待。當然,應該説明,當時人們已經不知道它是江泌女子僧法閉目誦出的,還以爲是一個名叫"法尼"的僧人翻譯的。《大周録》稱該著録的依據出自朱士行《漢録》,也給人們一個錯覺,以爲這是一部漢代譯出的經典。但朱士行是否撰寫過經録,是一個值得研究的問題。即使撰寫過,也决不會出現僧法尼翻譯《益意經》之類的内容。

搞清這一問題的是唐釋智昇。

智昇親眼看到了二卷本的《益意經》,從而做出正確判斷。由於《歷代三寶紀》等經録都把所謂釋法尼譯《益意經》收入南齊代録。所以智昇在《開元録》卷六"南齊代録"在删除有關著録的同時,特意加上這樣一段話:

> 房等又云:齊代沙門釋法尼譯《益意經》二卷。今以此經即是齊末梁初僧法尼閉目誦出者。今見有本,文理差舛,不可流行。若言齊末出者,《祐録》何故不載?今編疑部,正録不存。①

接著,智昇在《開元録》卷十四詳細著録了此事。《開元録》卷十四是"有譯無本録"。所謂"有譯無本録",專門著録經智昇考訂應該入藏,却没能收集到經本的經典。這個目録的一個特點是將諸種異譯本放在一起著録,可使查閲者一目了然地掌握某經有多少種異譯。在《開元録》卷十四中,智昇這樣説:

> 《思意經》,一卷。亦云《益意經》。後漢臨淮沙門嚴佛調

---

① 《開元釋教録》卷六,CBETA(2016),T55,no.2154,p.536,c14~16。

譯。第一譯。

《益意經》,三卷。東晋三藏康道和譯。第二譯。

右二經同本異譯。並闕。

長房等録並云:蕭齊僧法尼譯《益意經》二卷者,多是録家相傳誤也。其南齊末年太[①]學博士江泌女小而出家,名爲僧法。閉目誦出二十一部,凡三十五卷。於中有《益意經》二卷。長房以爲熏習有由,編在正録。諸録以非梵本傳譯,置在僞中。存此一經,恐將乖也。其名或云“僧法尼”,或云“尼僧法”。此之“尼”字,或上或下,故使然也。祐是齊人,録中不載。故知餘録並誤。

周入藏中有《益意經》兩卷,尋其文義,亦涉人謀。[②]下卷初有一紙半許,文與前卷末文句全同。其益意菩薩兩重受記,名字、國土各異不同。諸經之中皆無此類。故編疑品,更訪真經。[③]

上述記述表達了兩重意思。首先,智昇指出諸經録記載的所謂僧法尼翻譯的二卷本《益意經》實際是江泌女子僧法誦出本,不應列爲真經。所以將它從《大周録》的異譯本中删除,祇承認一卷本、三卷本兩種《益意經》。其次,他提出《大周録》所收的兩卷本《益意經》可疑。他介紹了該經的主要内容,即益意菩薩的兩重受記。認爲“尋其文義,亦涉人謀”,主張“故編疑品,更訪真經”,即認爲該經可能是以假亂真的“疑經”,不排除可能另外存在著真經,要再行尋訪。在這裏,智昇比較謹慎,没有將自己親眼見到的這部二

① “太”,《大正藏》本作“大”,據校記改。

② “謀”,《大正藏》本作“疑”,據校記改。

③ 《開元釋教録》卷一四,CBETA(2016),T55,no.2154,p.632,c7～15。

卷本直接判定爲是僧法誦本。因爲，如果確定爲僧法誦本，那就應該是僞經，而不是“疑經”了。而該經是否僞經，智昇覺得還拿不定主意。果然，在《開元録》卷十八的“疑惑再詳録”中，他再次收入該經：

《益意經》，二卷。僧法尼誦中有《益意經》二卷，疑此經是。

右……《大周録》中編之入藏。尋閲文句亦涉人情。事須重詳，且編疑録。①

從上述文字，可以看出智昇非常爲難。一方面懷疑這兩卷經就是僧法誦出經，另一方面又不能確證。從所得經文内容看，“亦涉人情”，就是好像有後人編造的迹象，但也不敢遽然做出決定，説它一定是僞經。萬一説錯，豈不有謗佛的嫌疑？衹好説“事須重詳，且編疑録”。

僧法誦的這部《益意經》，至此就完全清楚了。僧祐實際得到了這部經，但自己並没有意識到它就是僧法誦經。此後，這部經一直流傳著。雖然正統的經録學家一般都排斥僧法誦經，不准它們入藏。但這部經糊裏糊塗地被當成是一個叫“法尼”的僧人所譯，所以没有被銷毁，甚至被《大周録》收歸入藏。直到智昇纔基本搞清這個問題。由於智昇將它趕出大藏經，所以亡佚。

11.《般若得經》，一卷。天監元年出，時年十三。智遠承旨。

如前所説，《衆經别録》已經著録了僧法誦出的這部經典，作“佛説般若得道經，一卷。以般若爲萬行首爲宗。文”。這裏有一

① 《開元釋教録》卷一八，CBETA(2016)，T55，no.2154，p.671，c21～23。

個問題,《般若得經》與《般若得道經》,名稱差一個字,兩者是同一部經嗎？其實兩者的確是同一部經。這個問題,衹要對照考察《法經録》與《仁壽録》就可以明白。

先看《法經録》。

在法經等人所撰的《衆經目録》(以下簡稱《法經録》)卷二之“大乘修多羅藏録第一・衆經疑惑五”中,載有疑僞經“般若得經,一卷”①。而在“衆經僞妄六”中又載:“般若得經,一卷。梁天監元年出。時年十三歲。”②兩部經,同一個名稱,爲什麼一部歸入“疑惑”,一部歸入“僞妄”呢？問題還要追索到《出三藏記集》。

《出三藏記集》在“僧法尼所誦出經入疑録”中著録了《般若得經》之外,在卷四的“失譯雜經録”之無本録中,也著録了這部經,作“波若得經,一卷”。“般”“波”在此相通,證明該《般若得經》與前述《益意經》等一樣,實際也已經被僧祐收集到,衹是僧祐同樣没有意識到它屬於僧法誦出經,把它也歸入失譯經。《法經録》的特點之一就是嚴於真僞之别。顯然,法經等發現該經與僧法誦出經中的《般若得經》同名,本身的來歷又不清,懷疑它就是僧法誦出經,所以歸入“疑惑”,以供再考。

再看《仁壽録》(隋仁壽年間所撰的《衆經目録》,故稱)。

《仁壽録》卷四“疑僞”部分,有這樣兩條著録:

> 《般若得道經》,一卷。③
>
> 《般若得經》,一卷。梁天監元年出。時年十三歲。④

---

① 《衆經目録》卷二,CBETA(2016),T55,no.2146,p.126,b27。

② 《衆經目録》卷二,CBETA(2016),T55,no.2146,p.127,b25。

③ 《衆經目録》卷四,CBETA(2016),T55,no.2147,p.172,c18。

④ 《衆經目録》卷四,CBETA(2016),T55,no.2147,p.173,c28。

將《仁壽録》中《般若得道經》及其前後同時著録的諸經與《法經録》"疑惑五"中的《般若得經》及其前後同時著録的諸經相比較。可知這兩部經實際是同一部。這説明《般若得經》另有一個名字,叫《般若得道經》。不少經典,《法經録》作爲疑惑待勘的,《仁壽録》一概作爲疑僞經,予以貶斥。這反映了更加嚴厲的態度。《般若得經》也是被貶斥的典籍之一。

值得注意的是,《歷代三寶紀》也著録了這部《般若得道經》,當作是漢代失譯經。①不僅如此,還收入"入藏録"②。這證明直到隋代,這部經還在流傳。

其後,該經被《古今譯經圖紀》卷一作爲漢代的失譯經著録,並稱它"雖不知譯人,經是真經。校讎梵文,允合真理。還依舊録,附之後漢"③。《大周録》卷十一依據《房録》擬定它爲失譯經④,但在卷十五又判定它爲疑僞經。自相矛盾,但未入藏。《開元釋教録》卷十八的"僞妄亂真録"收入此經,記録如下:

> 《般若得道經》,一卷。《法經録》云《般若得經》。或可《般若得經》即是僧法尼所誦者。⑤

智昇謹慎地指出它與僧法誦出經的關係,没有作正式判斷。但是,由於智昇把它歸爲"僞妄亂真録",從此此經失去正統地位,最終亡佚。

---

① "般若"寫作"波若"。《歷代三寶紀》卷四,CBETA(2016),T49,no.2034,p.55,b3。

② 《歷代三寶紀》卷一三,CBETA(2016),T49,no.2034,p.113,c11。

③ 《古今譯經圖紀》卷一,CBETA(2016),T55,no.2151,p.350,b22~24。

④ 《大周刊定衆經目録》卷一一,CBETA(2016),T55,no.2153,p.439,c29。

⑤ 《開元釋教録》卷一八,CBETA(2016),T55,no.2154,p.676,c18。

總之,《般若得經》,又名《般若得道經》,内容是講般若爲萬行首。《道安録》没有著録。《别録》作失譯,判作大乘經收歸入藏。《祐録》著録爲失譯經。《法經録》判爲疑經。《房録》判爲漢代失譯真經,並入藏。《仁壽録》判爲疑僞經。《古今譯經圖紀》判作失譯真經。《大周録》著録自相矛盾。《開元録》判作僞經。該經在隋代還在流傳。

12.《華嚴瓔珞經》,一卷。天監元年出,時年十三。智遠承旨。

《華嚴瓔珞經》的情况與《般若得經》的情况基本相似。

最早著録該經的是《衆經别録》,作"佛説華嚴瓔珞經,一卷。以菩薩空有二觀神通爲宗。文"。其後《出三藏記集》在將僧法誦出經當作疑經進行著録的同時,在卷四"失譯雜經録"中又著録了該經,作"華嚴瓔珞經[1],一卷"[2]。值得注意的是,該經還被齊太宰竟陵文宣王收入所編《法集録》中,作"華嚴瓔珞,二卷。右第三帙"[3]。並在《法集録序》中提到這部經,稱:"是以淨住命氏,啓入道之門。華嚴瓔珞,標出世之術。"[4]所謂"淨住",指的是收爲《法集録》第一部著作的《淨住子》,十卷。而説《華嚴瓔珞經》"標出世之術",則與《衆經别録》所説的"以菩薩空有二觀神通爲宗"基本相合。説明該經當時不但流通,而且受到人們的重視。

《法經録》除了在僧法誦出經中著録該經外,别無著録。但《歷代三寶紀》則將《華嚴瓔珞經》一卷與《般若得經》一起著録爲漢代失譯經。[5]從費長房對這些經典的解釋可知,他誤解了僧祐録的體

① "經",《大正藏》本無,據校記補。

② 《出三藏記集》卷四,CBETA(2016),T55,no.2145,p.29,a3。

③ 《出三藏記集》卷一二,CBETA(2016),T55,no.2145,p.85,c12。

④ 同上,b28~29。

⑤ 《歷代三寶紀》卷四,CBETA(2016),T49,no.2034,p.55,b1。

例,從而把僧祐的失譯經判定爲漢代失譯。《大唐内典録》依然承襲《歷代三寶紀》的著録,將該經作爲漢代失譯。①這種觀點又爲《古今譯經圖紀》卷一所繼承。②《大周録》也把它當作漢代失譯經。③可以認爲,由於該經在隋代已經亡佚,所以後代經録判其爲漢代失譯,衹是照抄前代經録的記載而已。

仍然是智昇發現了這一問題。他在《開元録》卷一著録了《華嚴瓔珞經》與《般若得經》,然後註曰:"已上二經,僧法尼誦出。亦在僞録。"④指出所謂失譯《華嚴瓔珞經》就是僧法誦出經。

13.《踰陀衛經》,一卷。天監四年臺内華光殿出,時年十六。

該經情況比較簡單。《出三藏記集》其餘部分未收。其他經録大體依據《出三藏記集》,在僧法誦出經中著録此經,但均未著録見到經本。由此看來,這部經在僧法以後不久亡佚。

14.《阿那含經》,二卷。天監四年出,時年十六。

與《益意經》一樣,《阿那含經》也被僧祐著録在"失譯雜經録"的有譯本部分中,並與《益意經》排列在一起,作"阿那含經,二卷。益意經,二卷"⑤。但《法經録》著録時,也發現它的可疑,於是像對待《般若得經》一樣,把它歸入卷二的"衆經疑惑"。⑥《歷代三寶紀》在處理這批失譯經時,則按照自己的判斷,將該經當作晋代失譯,著録在卷七。⑦但有意思的是,除了上述僧法誦出《阿那含經》、漢代失譯《阿那含經》外,《歷代三寶紀》卷十又著録了一部同名的《阿那

① 《大唐内典録》卷一, CBETA(2016), T55, no.2149, p.225, c8。
② 《古今譯經圖紀》卷一, CBETA(2016), T55, no.2151, p.351, a2。
③ 《大周刊定衆經目録》卷一一, CBETA(2016), T55, no.2153, p.438, c23。
④ 《開元釋教録》卷一, CBETA(2016), T55, no.2154, p.485, a21。
⑤ 《出三藏記集》卷四, CBETA(2016), T55, no.2145, p.22, a1～2。
⑥ 《衆經目録》卷二, CBETA(2016), T55, no.2146, p.126, b10。
⑦ 《歷代三寶紀》卷七, CBETA(2016), T49, no.2034, p.74, a28。

含經》：

> 《阿那含經》，二卷。
>
> ……
>
> 右一十四部，合三十六卷。文帝元嘉四年，凉州沙門釋智嚴，弱冠出家，游方博學。遂於西域，遇得前經梵本。賫來達到揚都，於枳園寺共寶雲出。嚴之神德，備《高僧傳》，不復委載。①

這樣，不計僧法誦出經，就出現了二部《阿那含經》，都是兩卷。但是《歷代三寶紀》的“入藏録”却祇收了一部②，由於《房録》的“入藏録”都不附譯著者名，所以就不知所收者到底是哪一部。《仁壽録》卷四“疑僞録”著録“《阿那含經》，二卷”③，也没有説明到底是哪一種。《大唐内典録》的著録與《歷代三寶紀》一樣，著録了失譯二卷本④與智嚴譯二卷本⑤，但没有收歸入藏。《古今譯經圖紀》也分别著録失譯本⑥與智嚴譯本⑦。《大周録》卷七收入智嚴本⑧，卷十一著録失譯本⑨，但入藏録中同樣不收。

智昇怎麽處理這三種《阿那含經》呢？

《開元録》卷三對《房録》中的東晋失譯經進行了清理，指出其

---

① 《歷代三寶紀》卷一〇，CBETA(2016)，T49，no.2034，p.89，c5～13。

② 《歷代三寶紀》卷一三，CBETA(2016)，T49，no.2034，p.112，b27。

③ 《衆經目録》卷四，CBETA(2016)，T55，no.2147，p.172，c1。

④ 《大唐内典録》卷三，CBETA(2016)，T55，no.2149，p.249，a4。

⑤ 《大唐内典録》卷四，CBETA(2016)，T55，no.2149，p.258，a2。

⑥ 《古今譯經圖紀》卷二，CBETA(2016)，T55，no.2151，p.357，c17。

⑦ 《古今譯經圖紀》卷三，CBETA(2016)，T55，no.2151，p.361，c7。

⑧ 《大周刊定衆經目録》卷七，CBETA(2016)，T55，no.2153，p.412，c13。

⑨ 《大周刊定衆經目録》卷一一，CBETA(2016)，T55，no.2153，p.438，b4。

中五十一部都有問題。《阿那含經》也在其中。稱:

《阿那含經》,二卷。(宋智嚴譯。僞録亦有。)[①]

在這裏,智昇完全否定了《房録》將《阿那含經》當作東晋失譯的觀點,認爲該經或者是智嚴譯,或者是僞經,也就是僧法誦出經,並非失譯。這實際連帶指出了《出三藏記集》把《阿那含經》當失譯經的錯誤。在《開元録》卷五[②]及卷十五[③]智昇都著録了智嚴翻譯的《阿那含經》。但同時指出,該經闕本,智昇本人從來没有見過。關於智嚴的譯經,應該説存在不少疑點。本文限於篇幅,無法詳述,留待將來另文叙述。但智昇的確見過一本《阿那含經》,見《開元録》卷十八"僞妄亂真録":

《阿那含經》,二卷。(余親見一本,一卷成部。亦是人造。)

右按長房等代録及失譯録,俱有此經。僧法尼誦中復有《阿那含經》二卷。即並無本詮定,真僞難分。且各存其目。[④]

智昇看到的是一卷本。古代,由於紙張、抄寫等原因,諸經卷數略有參差,本不足怪。如上所述,其實智昇已經傾向把該一卷本判爲僧法誦出經,但表述時仍然非常謹慎。我的看法,所謂失譯經,本來就不存在;所謂智嚴本,也是子虛烏有。《阿那含經》衹有

① 《開元釋教録》卷三,CBETA(2016),T55,no.2154,p.509,c11。
② 《開元釋教録》卷五,CBETA(2016),T55,no.2154,p.525,a7。
③ 《開元釋教録》卷一五,CBETA(2016),T55,no.2154,p.642,c17。
④ 《開元釋教録》卷一八,CBETA(2016),T55,no.2154,p.675,b5~8。

一種，就是僧法誦出本，原爲兩卷，但智昇看到時演變爲一卷。開元以後亡佚。

15.《妙音師子吼經》，三卷。天監四年出，時[1]年十六。借張家。

僧法誦出經，而爲僧祐當初親眼所見的，僅此一部。這裏的“張家”自然已經不可考，但説明當時佛經流通的方式之一，是個人之間的傳抄。《出三藏記集》其餘部分未收該經。其他經録大體依據《出三藏記集》，在僧法誦出經中著録此經，但均未著録見到經本。由此看來，這部經在僧法以後不久亡佚。

16.《出乘師子吼經》，一卷。天監三年出，時年十五。

《出三藏記集》其餘部分未收此經。其他經録大體依據《出三藏記集》，在僧法誦出經中著録此經，但均未著録見到經本。由此看來，這部經在僧法以後不久亡佚。

17.《勝鬘經》，一卷。永元元年出，時年九歲。

《勝鬘經》本是一部重要的大乘經典，它的翻譯情況比較清楚。歷史上共有三譯：

第一譯，《勝鬘經》，一卷。亦云《勝鬘師子吼一乘大方便經》，北凉天竺三藏曇無讖譯。[2]

第二譯，《勝鬘師子吼一乘大方便方廣經》，一卷。亦直云《勝鬘經》。宋天竺三藏心那跋陀羅譯。[3]

第三譯，《大寶積經勝鬘夫人會》，一卷。大唐三藏菩提流志譯。[4]

---

① “時”，《大正藏》本無，據校記補。

② 《開元釋教録》卷四，CBETA(2016)，T55，no.2154，p.520，a8～9。

③ 《開元釋教録》卷一一，CBETA(2016)，T55，no.2154，p.587，c21～23。

④ 《開元釋教録》卷一一，CBETA(2016)，T55，no.2154，p.586，b15～18。

上述三譯,第一譯譯經亡佚,後兩譯收在大藏經中。

至於僧法誦出的《勝鬘經》,《出三藏記集》其餘部分未收此經。其他經録大體依據《出三藏記集》,在僧法誦出經中著録此經,但均未著録見到經本。由此看來,這部經在僧法以後不久亡佚。

18.《優曇經》,一卷。永元元年出,時年九歲。[①]

《出三藏記集》其餘部分未收此經。其他經録大體依據《出三藏記集》,在僧法誦出經中著録此經,但均未著録見到經本。由此看來,這部經在僧法以後不久亡佚。

19.《妙莊嚴經》,四卷。永元元年出,時年九歲。[②]

《出三藏記集》其餘部分未收此經。其他經録大體依據《出三藏記集》,在僧法誦出經中著録此經,但均未著録見到經本。由此看來,這部經在僧法以後不久亡佚。

20.《維摩經》,一卷。江家出。

《維摩經》的情況與《勝鬘經》相同。這是一部重要的大乘經典,前後多次翻譯,有闕有存。今按照《開元録》卷十一[③]、卷十四[④]的記載,把有關情況匯總如下:

《古維摩詰經》,二卷。後漢臨淮沙門嚴佛調譯。第一譯。闕。

《維摩詰經》,二卷或三卷。吴月支優婆塞支謙譯。第二譯。存。

《異毗摩羅詰經》,三卷。(祐云《異維摩詰》,或作"思"字,

① "永元元年出,時年九歲",《大正藏》本無,據校記補。

② 同上。

③ 《開元釋教録》卷一一,CBETA(2016),T55,no.2154,p.586,b15~18。

④ 《開元釋教録》卷一四,CBETA(2016),T55,no.2154,p.629,a5~15。

或二卷。)西晋西域優婆塞竺叔蘭譯。第三譯。闕。

《維摩詰所説法門經》,一卷。(或云《維摩詰經》)西晋三藏竺法護譯。第四譯。(謹按:《僧祐録》中更有删《維摩詰經》,一卷。亦云竺法護譯。下注云:“祐意謂先出《維摩》繁重,護删出逸偈也。”今意與前無異,故不别存。又《周録》中更有《毗摩羅詰經》,二卷。亦云吴黄武年支謙譯。出《長房録》。檢《長房録》無此經名。《周録》誤也。)闕。

《維摩詰經》,四卷。東晋西域三藏祇多蜜譯。第五譯。闕。

《維詰所説經》,三卷。(一名《不可思議解脱》,或直云《維摩詰經》。)姚秦三藏鳩摩羅什譯。第六譯。存。

《説無垢稱經》,六卷。大唐三藏玄奘譯。出《内典録》。第七譯。存。

此外,智昇還指出:“其西晋沙門支敏度,合一支兩竺三本共爲五卷者,以非别翻,又闕本,故不存之。”①

至於僧法誦出《維摩經》,《出三藏記集》其餘部分未收。其他經録大體依據《出三藏記集》,在僧法誦出經中著録此經,但均未著録見到經本。由此看來,這部經在僧法以後不久亡佚。

21.《序七世經》,一卷。

《出三藏記集》其餘部分未收此經。其他經録大體依據《出三藏記集》,在僧法誦出經中著録此經,但均未著録見到經本。由此看來,這部經在僧法以後不久亡佚。

上述二十一部經典,誦出後便在民間流傳,得到轟動的效果,

① 《開元釋教録》卷一四,CBETA(2016),T55,no.2154,p.629,a15～16。

乃至驚動梁武帝。但是,當時的流傳方式是在民間借本抄寫,以致像僧祐這樣的大師登門拜訪,也不能得到經本。當然,這大概也是江泌家唯恐僧祐得本後,會不利於僧法的緣故。所以僧祐衹能曲折地通過"張家"得到一部《妙音師子吼經》。由於這一原因,僧祐從其他途徑得到或得知《益意經》《般若得經》《華嚴瓔珞經》《阿那含經》等四部,也不知道它們實際就是僧法誦出經,把它們錯誤地著録在"失譯雜經録"中,從而引起後代的誤解。

造成誤解的另一個重大原因是費長房的疏漏。僧祐的"失譯雜經録"收經一千三百零六部,來源非常複雜。僧祐自己説:

> 尋此録失源,多有大經。詳其來也,豈天墜而地踴哉?將是漢魏時來,歲久録亡。抑亦秦凉宣梵,成文届止。或晋宋近出,忽而未詳。譯人之闕,殆由斯歟?尋大法運流世移,六代撰註群録,獨見安公。以此無源,未足怪也。[①]

這一段分析,應該説是很精闢的。但費長房編纂《歷代三寶紀》時,如何處理這一千三百零六部經典呢?我們衹要看看他在《歷代三寶紀》中的三條説明,即可明白。

《歷代三寶紀》卷四:

> 右一百二十五部,合一百四十八卷。並是僧祐律師《出三藏記》撰《古》《舊》二録,及道安失源並新集所得失譯。諸經部卷甚廣,讎校群目,蕪穢者衆。出入相交,實難詮定。未睹經卷,空閲名題。有人有源,無人無譯。詳其初始,非不有由。

---

① 《出三藏記集》卷四,CBETA(2016),T55,no.2145,p.21,c1~6。

既涉年遠，故附此末。冀後博識，脱覲本流。希還收正，以爲有據。瀅澄法海，使静濤波焉。①

《歷代三寶紀》卷五：

右一百一十部，合二百九十一卷。並是《古》《舊》二録失譯諸經。今結附此，以彰遠年，至所依據。②

《歷代三寶紀》卷七：

右五十三經，合五十七卷。並是僧祐《三藏集記》新集失譯，見有經本者。凡八百四十六部，合八百九十五卷。已外散入諸代世録，所餘附此，爲晋下失源。③

《房録》的主體是代録。費長房把《祐録》失譯經中那些自己以爲可以分判時代的諸經鑒别後，散入諸代録。按照《歷代三寶紀》體例，剩下的失譯經也必須按照代録來處理，於是費長房衹好按照己意，把餘下的經典分别作爲漢代失譯、魏吴失譯、晋代失譯，歸入卷四、卷五、卷七。他自己也感到這樣並不妥當，所以説“冀後博識，脱覲本流。希還收正，以爲有據。瀅澄法海，使静濤波焉”。但無論如何，這總給後人造成一個錯覺，以爲這些經典就是這些朝代失譯的，從而造成混亂。

另外，僧祐講得非常明白，《出三藏記集》的“失譯雜經録”包含

① 《歷代三寶紀》卷四，CBETA(2016)，T49，no.2034，p.55，c9～16。

② 《歷代三寶紀》卷五，CBETA(2016)，T49，no.2034，p.61，b7～9。

③ 《歷代三寶紀》卷七，CBETA(2016)，T49，no.2034，p.74，c15～18。

了從漢到晉、宋諸多失譯經，費長房却把它們衹歸入晉以前。在《歷代三寶紀》的宋、齊、梁代録中，竟然没有失譯經。這樣，就把大量後代所出經典的年代前移，造成又一種混亂。

從上述考察也可以知道，智昇的《開元録》之所以得到人們的高度評價，不是偶然的。相比之下，道宣的《大唐内典録》則實在有點"盛名之下，其實難副"。

就僧法誦出經的流傳而言，它們在當時産生了相當大的影響，如被加在《衆經别録》中予以流通，被木道賢上獻朝廷，被收入《法集録》等等。其後，其中的《般若得經》《阿那含經》(?)被《歷代三寶紀》收歸入藏，《益意經》被《大周録》收歸入藏，甚至直到開元年間仍然存在，被智昇所見。此時距離僧法的生活時代已經有二百多年，我們不能不佩服宗教力量的巨大。

由於這些經典已經全部亡佚，我們現在無法對它們做出更爲詳細的研究。目前敦煌遺書的整理還没有完成。我們寄希望於將來的發現。

［附記］

本文約寫於2000年，最早發表在《普門學報》2001年第2期。其後收入《藏外佛教文獻》第九輯(宗教文化出版社，2003年7月)。收入本書時，修訂了原文對《灌頂經》真僞的論述，個别文字也有潤色。

按照佛教正統觀念，佛經爲佛金口所説或佛所認可的。從表層邏輯上講，目前流傳的佛教既然是釋迦牟尼的一代佛法，則在釋迦牟尼一代佛法流傳期間，所有佛經都應該是釋迦牟尼佛金口所説或釋迦牟尼佛所認可的。但釋迦牟尼僅是化身佛，此外尚有法身佛、報身佛；又，大乘佛教認爲十方世界有無數佛；進而，大乘佛教認爲人人均有佛性，都有成佛的可能，也的確承認世上存在著活佛（即肉身佛）。所以，從深層邏輯來講，理論上不能排除佛經從其他途徑，以其他方式出現的可能。

上述表層邏輯與深層邏輯，有時候可以統一，有時候未必統一，從而爲疑僞經研究帶來複雜的局面。

比如，任何宗教都有宗教神秘主義，佛教也不例外。如定中見佛、夢中見佛之類的宗教體驗，從來爲佛教所認可；於是定中、夢中之佛所授的經典，無論所見的是什麼佛，其所得的佛典，自然也符合佛教對"佛經"的傳統定義，具有天然的正統性。佛教傳説印度高僧無著夜間禪定，定中上昇兜率天宫聽彌勒説法；白天向信衆宣説他夜間在兜率天宫所聽之法，所説即《瑜伽師地論》。故今《瑜伽師地論》署名爲"彌勒菩薩説"。所以將這部佛典稱爲"論"，不過因爲此時居於兜率天宫的彌勒還是後補佛，正式身份還是"菩薩"，故其所説，必須稱之爲"論"。其實，在佛教的理論體系中，彌勒菩薩的這種"論"所論述的理論在佛教中的地位，與佛金口所説的"經"中所論述的理論在佛教中的地位並無二致。

問題在於這種定中見佛、夢中見佛之類的宗教體驗具有濃重的"個體性"，既無法與他人分享，也難以向他人證明。理論上不能排除有人假借"定中見佛""夢中見佛"以販賣私貨的可能，歷史上也的確存在此類事實。於是，對這類宗教體驗真實性的認定便轉化爲信仰。信之者，認之爲"真"；不信者，斥之爲"僞"；"取捨兼懷"者，無從措手脚，往往置而不論。同樣，在中國佛教文獻形成史上，由定中見佛、夢中見佛之類的宗教體驗産生的典籍也面臨相同的問題。

本文依據歷代經録的記載，對發生在齊末梁初的"僧法尼誦出經"進行考證。本文的目的不是考察此類宗教體驗的真實性，而是考察歷代佛教經録學家如何看待與處理由此類宗教體驗所產生的佛典,這批佛典的下落如何。並考察歷代經録對這批經典的著録,由此探索古代經録學家的編目理論與實踐,以及他們所編目録的優劣。

文章認爲,僧祐心目中的“疑經”實際指僞經,與道安並無本質的不同。通過“僧法尼誦出經”,僧祐開始模糊地意識到存在著真僞難辨、尚需考證的經典,使疑經問題非正式地提上了中國佛教文獻學史的議事日程,這是他的貢獻。文章指出,時人及後人對僧法誦經之事基本持否定態度,這反映了中國佛教的可貴的理性精神,也爲中國信仰層面佛教的健康發展排除了可能出現的干擾,指出了正確的導向。文章對僧法誦出的二十一部經典逐一進行了考釋,理清了它們中的一些典籍在當時及後代流傳乃至入藏的情況。

如前所述,對此類佛典真僞的判定,固然與判定者依據本人的佛學水準所采用的“内容標準”有關,但更重要的是,它已經進入純信仰領域。應該指出,在處理宗教信仰的時候,相關人等的現實社會地位會影響人們的判斷結果。如“僧法尼誦出經”在當時引起爭議,在後代亦被正統佛教信衆排斥。而明代所謂仁孝皇后夢感所得的《佛説第一希有大功德經》,則毫無爭議地進入皇家官藏《永樂北藏》,其後亦爲明代的私刻藏經《嘉興藏》、清代的皇家官藏《清龍藏》所收,乃至流傳至今,爲多部藏經所收。

估計明代佛教界對該經或許不無非議,但在皇權的威勢下,這種非議即使存在,大約也僅止於腹誹或竊竊私語而已。

2015年3月25日

《佛説孝順子修行成佛經》的資料與研究
——印度、中國、朝鮮文化交流之一例

敦煌遺書中保存了一部名爲《佛説孝順子修行成佛經》(以下簡稱《孝順子》)的佛教經典,經中所述爲一個佛本生故事。就該經的内容而言,應該説在所有的佛本生故事中不算奇特,但該經譯出後的遭遇及其後的流傳歷史較爲奇特。筆者從二十世紀八十年代末注意到該經,當時曾略作研究。其後梁曉虹、李小榮等研究者從不同角度發表過論文。①該遺書涉及佛教文獻學,以及印度、中國、朝鮮文化交流等一系列問題,值得繼續深入探討。

一、敦煌遺書資料

(一) 北敦 04264 號

北敦 04264 號,現藏中國國家圖書館,千字文編號:玉 64 號;縮微膠卷號:8300 號。首殘尾全,共存六紙一百三十三行,行約二十二字。尾題作"《佛説孝順子修行成佛經》,一卷"。考察原卷,應爲

---

① 關於《孝順子》的研究史,參見王孟《敦煌遺書〈佛説孝順子修行成佛經〉研究編年與述評》,載《敦煌研究》2015 年第 4 期。

抄寫於八世紀左右的唐寫本,其中有若干武周新字。

1931 年出版的陳垣編《敦煌劫餘録》曾有著録[①],最早披露了該遺書的存在。1962 年出版的王重民主編《敦煌遺書總目索引》因襲了《敦煌劫餘録》的著録。[②] 1986 年黄永武的《敦煌遺書最新目録》亦有簡目。[③] 1988 年,筆者發表關於該遺書的録文與研究。[④] 1995 年,將録文修訂後收入《藏外佛教文獻》第一輯。[⑤]

在此,先對北敦 04264 號録文再作修訂。録文時,因原卷殘缺而無法辨認者,每個字用一個"□"表示之。"□…□"表示殘缺字數不清。錯字、衍字、漏字等,改爲正字,出註説明。武周新字徑録爲正字,不出註。方括號中的文字爲原卷殘缺,録文時擬補的。"(?)"表示對所録該字是否正確尚有保留。電腦字庫中没有的文字,用"一般造字法"表述。録文時據文章内容另行分段並作標點,不保留原文行款,亦不註行號。

[録文]

(首殘)

□…□遇(過?)萬斧。八坐(座)諸貴爲此犢子入議,諫得大王。

王答諸臣曰[⑥]:"我今愛敬憐憫[⑦]犢子,不可思議。若煞此

① 陳垣:《敦煌劫餘録》,載黄永武博士主編《敦煌叢刊初集》(四),臺北新文豐出版公司,1985 年,第 1190 頁。

② 商務印書館編:《敦煌遺書總目索引》,中華書局,1983 年 6 月,第 54 頁。該書爲 1962 年商務印書館《敦煌遺書總目索引》重印版。

③ 黄永武主編:《敦煌遺書最新目録》,臺北新文豐出版公司,1986 年 9 月,第 615 頁。

④ 方廣錩:《敦煌寫經〈佛説孝順子修行成佛經〉簡析》,載《南亞研究》1988 年第 2 期,第 60—72 頁。

⑤ 方廣錩:《佛説孝順子修行成佛經》,載《藏外佛教文獻》(第一輯),宗教文化出版社,1995 年 12 月,第 329—337 頁。

⑥ "臣曰",底本殘,據文意補。

⑦ "憫",底本作"忘",據文意改。

犢子之時，莫在我宫内煞之。我見此犢子行迹死處，我即心肝寸寸斷絶，交死不活。”爾時國王語諸臣曰：“若欲煞此犢子之時，爲我牽向屠兒坊中，方便煞之，勿使我見。”

遂遣黄門牽此犢子往向屠兒坊中。到屠兒門底，遥唤屠兒三聲。屠兒出看。黄門語屠兒曰：“國王二后垂命至死，須此銀蹄金①角犢子心肝。卿急手打煞，劈取心肝②，白紙重裹③，送來門底。我在門邊伫待卿。”

屠兒聞黄門作如是言，手牽犢子入於家中。繫著大柱，手捉大斧，舉欲打煞。犢子語屠兒曰：“卿住！未忙④煞我。聽我一言，當死。唵！”

屠兒住，聽犢子言。

犢子語屠兒曰：“我非是犢子。我是栴陀羅頗黎國王太子。我父索其三妻，我母處在小限。兩夫人意欲煞我。我不得違二母之意，變作犢子。卿莫煞我。我□之日，必作國王⑤。我作國王之時，使卿金千斤，分國半治，封邑萬户與卿。屠兒！願莫煞我。”

爾時屠兒聞犢子作如是言，大忙迫。白言：“丈夫立身以來，煞害衆生恒河沙數。小來未見有是銀蹄金角犢子語我此言。”

屠兒即語犢子曰：“我今爲卿身死，不得煞卿。”

犢子語屠兒曰：“卿不得我心肝，亦當必死。若活我之時，

---

① “金”，底本作“今”，據文意改。下同，不另出註。
② “肝”，底本無，據文意補。
③ “裹”，底本作“果”，據文意改。下同，不另出註。
④ “忙”，底本作“芒”，據文意改。下同，不另出註。
⑤ “王”，底本作“主”，據文意改。

卿用我語,使我共卿,兩都得活。"

爾時犢子作是言時,有一天帝釋變作黑狗①,從屠兒門中而入。到屠兒中庭,倒地自死。

犢子語屠兒曰:"卿若爲我之時,將我抱著草中,莫使人知。你莫惜家中自死黑狗,劈取心肝,送向門底,付與黄門。你亦得活,我亦得活。"

爾時屠兒劈取黑狗心肝,白紙重裹,送與黄門。黄門②領得犢子心肝,欲送入殿。王聞犢子心肝,今則氣塞哽咽,爛(肝?)腸寸寸斷絶,淚下覆面,暈③倒落床,發聲大哭。

其黄門送犢子心肝往至宫裏。二后聞之,甚大歡喜,狼彷皆起。夫人下床,身自往就黄門手中生啖心肝,不由湯火煮炙,生即食訖。二后云:"此肉甚美,我今食之,百脈流徹,心底惺④悟,眼目精明,手脚輕便,病當得瘥⑤。"

爾時屠兒送犢子心肝得了迴還,語犢子曰:"我今爲卿輸心肝得了。"犢子語屠兒曰:"你爾恩德⑥,昊天難報。你若放我之時,夜半中放我,去時莫使人見。"

犢子夜半中去時,與其屠兒泣淚辭别,語屠兒曰:"我今辭你去後,作一變異,使你交見,知我有賢德,必令報卿恩。卿家去城三百餘步。我從卿門出,使無脚迹。唯有城西北角上留卿一迹⑦。卿一迹踏土之處,知我有賢德,能得報你。"爾

---

① "狗",底本作"苟",據文意改。下同,不另出註。
② "黄門",底本無,應涉重文號漏,據文意補。
③ "暈",底本作"運",據文意改。
④ "惺",底本作"惶",據文意改。
⑤ "瘥",底本作"差",據文意改。
⑥ "德",底本作"得",據文意改。
⑦ "留卿一迹",底本無,據文意補。

時屠兒聞犢子作如是言，燒香拜佛[①]供養，跪起泣淚，奉送出門。至明天曉，人未得時，尋此犢子脚迹。處處不見，城外亦無脚迹。城西北角上，正見一足踏土之處。屠兒知有賢德，念佛還家。

爾時，犢子投[②]明行去，離國三千餘里，往到舍婆提國。遇值國王有一美女，爲人可嬉，種種姿妍，面如月滿，端嚴無比，世間稀有。八功德水，以浴其體，著劫波袖衣及乘天宫殿，化城九重。國王意欲嫡配，此女不就："王若配，會是賢德之人，女便共活。"王語女曰："我生在凡處，肉眼衆生，知誰是賢?"女答王曰："阿耶與女召集儀同僕射、高良貴子、守令之家、方伯子脈在於都市，女自選夫主。"

女從王後行，手捉金鍾，盛蒲桃酒。在父後行，選儀同僕射、高良貴子十行，無[③]稱意者。王語女曰："向前十行者，王侯子孫，尚[④]不共活。自餘卑微，寧可子[⑤]意?"女答王曰："向前十行者，雖可有形[⑥]，面目似人，腹裏無德。女欲共活之人，會是賢德，女便共活。"王聞此語，任女意懷，不違女願。復行至十行，下頭見一犢子，銀蹄金角，下行頭立。王已[⑦]行過，女尋後至，向父王曰："此是賢德之人，女欲共活。"王任女意。女得王言，即過手中鍾酒，與其犢子。犢子得酒，向口飲半。犢子過與女，女即飲尽。交禮必定，永爲匹配。

① "佛"，底本無，據文意補。
② "投"，底本作"頭"，據文意改。
③ "無"，底本作"無無"，據文意删。
④ "尚"，底本作"上"，據文意改。
⑤ "子"，底本作"之"，據文意改。
⑥ "形"，底本作"形狼"，據文意删。
⑦ "已"，底本作"以"，據文意改。下同，不另出註。

爾時諸臣、百官、傾國之人皆大笑王:"一國之女,嫁①與牛犢。聽損邦國,寧有此事!"王聞羞恥,便欲煞女。有一帝釋,變作智臣,遂即諫王:"王有一女,甚有賢德,何待煞之?徙出國外,令使慚愧,愁不改行?"女聞②此言,甚大歡喜。叉手白王:"父子生有離別,何待煞女?求從遠徙,離王國土。外書云:'女外向,千里從夫。'若與王別,請乞乘騎,送女出國。"

王共夫人送女出城,號啼大哭,悲哀泣淚。語諸臣左右、青③衣、吏民,都共送之。百鳥悲鳴,聲動天地。父子分離,辭王及夫人,心肝痛切,將欲氣絶。

爾時女共犢子離出王國,轉復前行。見一木城,女問犢子曰:"此是你國以不?"犢子答曰:"此非我國。"次復前行,見一土城:"此是你國以不?""此非我國。"次復前行,見一鐵城:"此是你國以不?""此非我國。"次復前行,見一銅城:"此是你國以不?""此非我國。"次復前行,見一銀城:"此是你國以不?""此非我國。"次復前行,見一金城:"此是你國以不?"犢子答曰:"此是我國。"

在金城國,可徑④由旬⑤。宿其此,犢子仍不變現。女問犢子曰:"君若是賢德之人,應當不變?"爾時犢子聞道此語,手捉銀蹄,撫⑥角,犢衣脱却於地,拱⑦身一丈。頬如婆菓⑧,齒如

① "嫁",底本作"稼",據文意改。
② "聞",底本無,據文意補。
③ "青",底本作"清",據文意改。
④ "徑",底本作"逕",據文意改。
⑤ "旬",底本作"信",據文意改。
⑥ "撫",底本作"無",據文意改。
⑦ "拱",底本作"洪",據文意改。
⑧ "菓",底本作"果",據文意改。

珂貝,眉如盡月,眼如衆星夜朗。號爲“金城國天子”。宫殿自然。零仙綵女、伎樂音聲、百味飲食,隨念即至。女見夫主可嬉,變身一丈,歡喜不可思議。即便作書與王,並告夫人:“阿耶比日道女不識賢德之人,徙女外國。女夫主以有聖德,甚大端正。阿耶星夜來看女夫主何如?”

本日王得女書,召集群臣,諸官悉集。“卿等本日笑我女共犢子而活。我女以有賢德,嫁與金城國王。我今歡喜,不可思議。”王即爲女夫放大恩赦。所有罪人,悉皆放免。

爾時舍婆提[①]國王並夫人來至金城國裏看女。見女夫主甚奇殊妙,便即問曰:“卿比日在我國中,如何變作犢子?”太子叉手白王:“某甲非是犢子。某甲是梬陀羅頗黎國王太子。阿耶索其三妻,阿孃處在小限。兩大夫人意欲煞我。我不違二母之意,變作犢子。今得王女,愧王無已。孃今在父母國,快成辛苦。願王權在金城徑停時向。欲共王女,暫向父國,往看其母。”

太子夫[②]妻二人輕馬往詣父國。内門裏,入磨坊中。見母頭如蓬科,面上垢土,手脚皴劈,脊背打破,膿血沾著處爛盡。

爾時太子見母頭戴石五升麥,來向磨坊中。太子不忍認母,二人眼中泣淚。手捉馬鞭,撥[③]母頭上,麥翻[④]著地,磨何而去。母不識,其母遥唤:“貴人且住!聽我一言。看君不似凡濫。某甲備是王家辛苦之人。請得此麥,依課磨之,恒不得充,况復翻地[⑤]?是度王聞,必死不活。”太子夫妻但時下馬,以

① “提”,底本無,據文意補。
② “夫”,底本無,據文意補。
③ “撥”,底本作“拔”,據文意改。
④ “翻”,底本作“幡”,據文意改。下同,不另出註。
⑤ “地”,底本作“帝”,據文意改。

衣袖掃其麥,聚收著器中。頭戴而去[①]。太子眼泣血,氣塞吞酸,忍痛[②]不忍認母,輕馬還國。

爾時太子告舍婆提[③]國王曰:"我母如今甚大苦劇,筋骨相連,形容憔悴,面上垢土,頭如蓬科,處處打破,血流遍體,快成辛苦。"王聞道是,心憐女夫及母,眼中泣淚:"我親家母豈可如是!"爾時太子叉手白王:"若與某甲一親以往,暫欲隨王借少衣馬。金城如[④]自有兵馬衆,相將往詣父國,救看其母。"

二國軍馬悉送太子往向梅陀羅國。去城卌餘里,其父城頭知軍來到,懸豎白幡。太子語左右曰:"城頭白幡者,盡是降幡。我父見我往到,謂我是外國大王,必向我跪。此是我父,不合跪我。一廂[⑤]十人,兩廂廿人,走往捉置,勿聽跪也。"

如是所言。王見太子,出城步步欲跪。左右捉之。兩相對已,携手接腕[⑥],相隨上殿。飲食娱樂,良久以訖。啓白王曰:"王是一國之主,治民快樂,天下豐饒,雨澤以時。王今快樂,可有幾妻?"國王不識太子,與仁臣奴[⑦]:"台奴不敢誑王,正有兩妻。"太子問曰:"一國之主,皆聞三夫人、九嬪。據何禮律,正有兩妻?王須實道。倘[⑧]後檢得,王必合死。"王答太子曰:"台奴伏死!不敢調王。實有三妻。"太子曰:"唤將來看。"

王遂先遣兩大夫人莊嚴冠帶,來至殿前。太子問曰:"向

---

① "去",底本無,據文意補。
② "痛",底本作"誦",據文意改。
③ "提",底本無,據文意補。
④ "如",疑衍。
⑤ "廂",底本作"相",據文意改。下同,不另出註。
⑥ "接腕",底本作"腕接",據文意改。
⑦ 此處文意不通,疑有錯謬。
⑧ "倘",底本作"償",據文意改。

前道三,如何見二?一在何處?"王答太子曰:"今在磨坊中。"太子問曰:"天子之后,如何[①]安置磨坊而驅使也?"爾時太子母聞道大王,尋聲走來,欲以投訴。殿前行過,太子遥見其母,狼彷下殿,走抱母頭(?)[②],捉臂囓指,稱天大哭:"阿娘,由子忤[③]逆不孝,致使阿婆如許辛苦。阿婆!阿婆!"王見哀哭,然是我子,更有何言!父母並子三人抱頭(?)大哭。爾時雲飛鳥落,樹木摧折。諸臣百官,見者泣淚,不能自勝。

爾時太子盡哀以訖。良久,將香湯與母洗浴,取虎龍服與母著之,還上殿上而坐。喚其二母並父,道其苦狀。王聞道此死苦由緣,眼中泣血。王喚兩妻,立著南廂。去殿百步,濩湯爐炭,刀山刃樹,銅斗鐵概,車川犁耳。遣此兩大夫人立其傍:"濩湯澑之,故嫌此輕。我憶卿本日生啖我子心肝之時,與一人喚取一百力士,二人喚取二百力士,一時遣此力士,鋸此二后,作其段數,始[④]釋我意。"

力士至已,欲煞二母。太子畏煞二母,口中告佛。刀山摧鋒[⑤],濩止熱。二百力士手脚疪疪,不能生害。太子喚其二母,並共陳道活之狀:"子本存命,實由屠兒。"王語太子曰:"阿耶本日實不知子遭此苦劇。阿耶如今舍去王位,與子治國。身自出家,隱居山林,永不忓國。除仁一人,自餘爵禄輕重,悉屬屠兒。"

王即出家,鬢髮自落。觀睹宫殿,若視穢厠。修行善道,

① "何",底本無,據文意補。

② "頭",底本作"頤",暫録爲"頭"。下同,不另出註。"頤",或爲"項"。

③ "忤",底本作"五",據文意改。

④ "始",底本作"如",據文意改。

⑤ "鋒",底本作"峰",據文意改。

得阿羅漢果。太子名唤屠兒,封受國相,位登王侯。庫藏珍寶,悉屬屠兒把攬。於先施恩,今獲交報,重賞其德。太子共母,不轉凡身,即得成佛。

是時二后諛心不捨。天神帝釋變作猛風,吹此二后毛孔而入。本食心肝作大鐵丸,節節出炎如車輪,救不可得。

當説此經時,大會之中所千萬人皆得悟道,棄惡從善,交獲佛果。

佛告阿難:"爾時太子,我身是。爾時父王者,今我父悦頭檀是。爾時我母者,今摩耶是。爾時我婦者,耶舒陀羅是。爾時屠兒者,今阿難是。爾時黄門者,今目連是。爾時帝釋變作黑狗者,提迦葉是。爾時二后者,提婆達多;第二后者,調①達是。"

佛説經竟,天龍八部、帝王、人民皆大歡喜,作禮奉行。

佛説孝順子修行成佛經一卷

[録文完]

(二) Дx 2142 號與 Дx 3815 號

Дx 2142 號與 Дx 3815 號均爲現存俄羅斯聖彼德堡的敦煌遺書。

Дx 2142 號,孟列夫編《俄藏敦煌漢文寫卷叙録》(以下簡稱《叙録》)有著録②,可惜未考訂出經名。上海古籍出版社出版的《俄藏敦煌文獻》第 9 册第 44 頁載有 Дx 2142 號與 Дx 3815 號的圖版。編輯者發現這兩號遺書可以綴接,故綴接後拍攝圖版,爲研究

① "調",底本作"朝",據文意改。

② 孟列夫:《俄藏敦煌漢文寫卷叙録》下册,上海古籍出版社,1999 年 7 月,第 481 頁。

者提供了方便，應予稱道，可惜也没有考訂出經名。筆者於 2000 年夏天整理孟列夫《叙録》輸入數據庫時，發現 Дх 2142 號實爲《孝順子》殘片，但這一成果没有發表；也没有檢索《俄藏敦煌文獻》，故没有發現可以與Дх 2142號綴接的 Дх 3815 號。其後李小榮先生查索《俄藏敦煌文獻》，發現 Дх 2142 號、Дх 3815 號應爲《孝順子》，並於 2002 年發表了録文與研究。①

這兩號遺書綴接後，首尾依然殘缺，共存文字 18 行。以下依據《俄藏敦煌文獻》，把這兩個殘片再次録文如下。録文體例同前，但保留原卷行款，並加行號。

［録文］

（首殘）

01.［産］牛見此太子，摩角觸□□□□自没抵□…□/

02.□□産牛懊惱，遂便呑之。夫人問其黄門曰：“得□…□/

03.□答言：“牛踏不死，牛遂呑之。”夫人問曰：“我望踏煞，交□…□/

04.□□之，寧容不死。”/

05.□□聞之，甚大歡喜：“此産牛如是，可賞賜。喂飼倍常，肥於本□。”/

06.［第三］夫人□在懸康樓上，不能自下。二后作書與王：“此小夫人正□/

07.□□□朝詎聖王。王去之時，其言辭道産太子。如今

① 李小榮：《“狸猫换太子”的來歷》，載《河北學刊》2002 年第 2 期，第 149—152 頁。後收入所著《敦煌密教文獻論稿》，作爲第九章第五節，標題新擬《〈狸猫换太子〉與佛典》，人民文學出版社，2003 年，第 359—378 頁。文章總體未變，結尾部分有增補。

不産太子,/

08.［却］産猫子。"/

09.［國王］聞道此語,槌胸懊惱言:"其辭道:'我産生太子。'如今不産/

10.太子,正産猫子。此婦大是妖,惑[①]不果(?)故,欲朝惑誑我,恥損□…□/

11.畏國用。"急遣黄門作□…□二后,髡[②]其頭髮,脊背打破,安著磨/

12.坊中,將作輸課奴婢,日責重課。"我還之日,勿使我見。"未令幽(?)□。/

13.時王遊戲回還,見大夫人料理宫殿已[③]訖,亦當歡喜。第二［夫人］/

14.刺繡補方已訖,亦當歡喜。第三夫人,於即不問。爾時國王料［理］/

15.國事,可經[④]三日,東廠[⑤]底斛産牛生一犢子,銀蹄金[⑥]角。當牛之［人］,/

16.來告王曰:"此東廠底斛産牛,比年以來,獨自孤養,與牛不同。生/

17.一犢子,銀蹄金角,方整可喜,國内無雙。"王聞道是:"抱將來/

18.看。"當牛之人,遂抱將來。王見犢子,喜樂歡悦,不可

---

① "惑",底本作"或",據文意改。下同,不另出註。

② "髡",底本作"幾",據文意改。

③ "已",底本作"以",據文意改。下同,不另出註。

④ "經",底本作"徑",據文意改。

⑤ "廠",底本作"敞",據文意改。

⑥ "金",底本作"今",據文意改。

思議。王即槌/

(尾殘)

[録文完]

(三) 敦煌遺書《佛説孝順子修行成佛經》故事梗概

北敦 04264 號首殘尾全,存一百三十三行;Дx 2142 號與 Дx 3815 號綴接以後依然首尾均殘,存十八行。從圖版所示字體、通卷抄寫風格乃至遺書内容,都可以肯定 Дx 2142 號與 Дx 3815 號等兩個殘片與北敦 04264 號原屬同一寫卷,Дx 2142 號與 Дx 3815 號在前,北敦 04264 號在後。可惜中間尚有殘缺,不能直接綴接。但從《孝順子》現存文獻形態而言,由於卷末有標準的流通分,故可以推測原卷首部應有序分①,亦即原經應該符合佛經“三分具足”的標準形態。由於在敦煌遺書中,至今發現的《孝順子》僅剩此一卷三號,故殘缺文字無從補正。雖則如此,可以依據上述三號敦煌遺書大體勾畫《孝順子》所述本生故事的梗概。

從上述現存文字,可概述《孝順子》故事如下:

1. 栴陀羅頗黎國王娶有三位夫人,其中小夫人懷孕。

2. 國王因故出宫。小夫人臨盆,大夫人、二夫人用狸猫换下所生太子。

上述録文中的第一和第二點乃依據下文推測所得,原文應抄寫在 Дx 2142 號與 Дx 3815 號之前。

3. 兩位夫人將第三夫人産下的太子送到牛欄。嬰兒被惡牛吞食。

---

① 標準的佛經均分爲三部分:(1)序分,以“如是我聞”或“聞如是”等語引起,叙述釋迦牟尼説法的時間、地點、原因、聽法者。(2)正宗分,釋迦牟尼説法的内容,該經的主要部分。(3)流通分,叙述諸聽法者聽法之後如何皆大歡喜,作禮而去等。

4. 趁第三夫人産後不能行動，另兩位夫人謊報第三夫人産下猫子。國王大怒，下令嚴懲小夫人，將她打入磨坊，“將作輸課奴婢，日責重課”。

5. 國王回宫，大夫人“料理宫殿”、二夫人“刺繡補方”，具得國王歡心。

6. 國王回宫三日後，吞食太子的惡牛産下一頭國内無雙的金角銀蹄牛犢，國王十分喜樂。

上述録文中第三至第六等四點，可見 Дx 2142 號與 Дx 3815 號。

7. 由於某種因緣，兩位夫人得知這頭金角銀蹄牛犢就是太子的化身。於是兩人假裝生病，聲稱必須用金角銀蹄牛犢的心肝爲藥。國王無奈答應。

上述第七點，應抄寫在 Дx 2142 號 + Дx 3815 號與北敦 04264 號之間已經殘缺的寫卷上。

8. 國王令太監將牛犢牽交屠户宰殺。牛犢向屠户説明緣由，天帝釋變現死狗。屠户放牛犢逃生，用死狗心肝搪塞兩位夫人。

9. 牛犢來到舍婆提國，遇該國王女招親，被王女選中。舉國耻笑，國王欲殺女。天帝釋變作大臣勸解。國王放逐女兒。

10. 牛犢、王女離開舍婆提國，先後經木城、土城、鐵城、銅城、銀城，最終來到金城。牛犢變現爲人身。

11. 舍婆提國國王赴金城探望。太子説明緣由。

12. 太子夫婦赴栴陀羅頗黎國探母。

13. 太子集金城、舍婆提國兩國兵馬赴栴陀羅頗黎國救母。

14. 栴陀羅頗黎國國王得知真相，放出小夫人，欲殺大夫人、二夫人，被太子勸阻。

15. 國王出家，讓出王位。太子酬謝屠户，封其爲國相。

16. 太子與母親肉身成佛。大夫人、二夫人被天帝釋懲罰而死。

上述録文中的第八至第十六等九點，見北敦 04264 號。

二、高麗、朝鮮時期資料

就筆者耳目所及，上述《孝順子》故事，八世紀以後，在中國再未見踪迹，似已亡佚，但在朝鮮半島的高麗、朝鮮時期，《孝順子》故事一直在流傳。筆者最近見到一種朝鮮抄本《金犢太子經》的照片，上有收藏印鑒“尹相國”，則該書或曾爲朝鮮李朝尹斗壽(1533—1601)所藏。該抄本形態，已經由《孝順子》的長行，改編爲長行與偈頌交錯的變文體，亦即其文本形態已經由一部標準的佛經，改編爲民間講唱文本。故事情節則保持《孝順子》的概貌，但行文有所潤飾修訂。特别令人感興趣的是，在敦煌遺書《孝順子》中，牛犢後來到“舍婆提國”，得娶公主。而在《金犢太子經》中，將“舍婆提國”改爲“高麗國”。這種改動，顯然是該變文的演唱者爲了讓現場觀衆有更加强烈的親切感而有意做的改動。故該故事可能在高麗國時期已經傳入朝鮮半島。

該《金犢太子經》後被編入《釋迦如來十地修行記》[①]中，改名爲《第七地金犢太子》(以下簡稱“《金犢太子》”)，被認爲是釋迦牟尼十個最重要的本生故事之一。與《金犢太子經》相比，編入《釋迦如來十地修行記》的《金犢太子》的文體依然爲變文，個别文字有修訂，行文基本相同。有關這個故事在朝鮮半島的流傳情況及其影

① 《釋迦如來十地修行記》，韓國法輪社，1936 年出版。

響,可以參見田中優子的《東亞之佛教文學》①,此不贅述。由於筆者未得到發表《金犢太子經》的授權,今按照《釋迦如來十地修行記》的《金犢太子》翻譯録文。原書爲韓文,本文所用爲日本牧野和夫先生贈送的影印件,現依據該影印件翻譯如下:

[譯文]

第七地金犢太子

如來昔日在波利國中,爲太子。王有三夫人,一名殊勝,二名淨德,三名普滿。如來投胎在普滿腹中。

忽一日,波利國王夢見金殿崩摧,龍旗懸倒。遂召大臣,名范察,問曰:"朕昨夜三更,忽得一夢,如此如此,是何祥瑞?"

范察奏言:"御夢大凶,國有不安之兆。"

王曰:"如何回避?"

范察對曰:"宜出人馬,往清涼山避暑,至中秋過了回駕。"

王允其言,於四月一日就殿宣至三夫人。王問曰:"朕回宫之日,三位后妃,將何物迎接?"

殊勝奏言:"妾有四季之菓②,接我王回宫。"王不允。殊勝夫人有偈:

"我王異日還京駕,簇簇莊嚴百寶車。
苑裏多栽殊勝菓,庭邊廣植四時花。
王宫大内多修整,鳳閣龍樓錦繡遮。
若是我王回鳳闕,天香馥滿接官家。"

淨德夫人次奏:"妾有御衣萬件,接我王回宫。"王不允。

---

① 田中優子:《東アジアの仏教文學》,春秋社,1996年,第223頁。

② "菓",底本作"果",據文意改。下同,不另出註。

淨德夫人有偈：

“小臣接駕事多般，衮服龍衣獻萬端。

錦繡鮮花鶯彩鳳，金針玉綫隱龍蟠。

披時致使乾坤闊，著處能令世界寬。

若是我王回鳳闕，光輝布地駕前觀。”

普滿夫人身懷太子，已八個月。奏曰：“我王回宫，妾當一子迎接。”王大喜。普滿夫人有偈：

“小妾今朝奏我主，千般巧計未爲奇。

錦衣豈用扶王社，花菓焉能壯帝基。

賤體方娠懷聖子，秋來决定降金枝。

大王一日回鑾駕，我在御前獻子兒。”

大王聞奏，歡喜非常。勅賜産婆一人、畫燭千條、金爐百鼎，安排普滿宫内：“如是果降太子，賜作正宫王后。”

帝統大臣、人馬，前往清凉山躲災去訖。王駕幸未幾，殊勝、淨德二后相議論：“王臨幸囑咐普滿，如此如此。降生太子之時，賜她[①]正宫王后。使我二人，豈無嫌隙！”遂暫生妙計，多將財寶轉買産婆：“普滿生太子時，可將猫兒剥皮，於金盆洗浴，换却太子。須要普滿不得正宫王后。”

産婆依二后買囑，將猫兒换却。殊勝後有偈曰：

“思量這件事如何，我主偏心惡意多。

普滿一朝生太子，猫兒换却利刀搓。

令人送出皇門去，盍在深山虎狼拖。

御駕偶然回鳳闕，必將普滿上干戈。”

時産婆受二夫人買囑，不敢有違。後普滿夫人果降生太

① “她”，底本作“他”，據文意改。

子,相貌端正。産婆遂將猫兒剥皮,於金盆洗浴。遂將太子送在二夫人面前。二夫人見太子面貌端正,世上罕有,急令宫人,或用刀割,或用繩絞。種種淩辱,依然不死。連夜送入山澗,虎狼不飡。抱回宫内,二人定計:“牛欄有一母牛,其性甚惡,必然踢死。”遂投母牛。太子福力,命不合死。母牛見之,張口吞入腹内。二人見了,歡喜拍手,有詩爲快。曰:

“普滿宫中生太子,猫兒换了不爲難。

千般巧計身不死,萬種淩遲命也全。

送在深山龍虎避,謝天却被惡牛餐。

王宫太子歸冥路,且喜怨家離眼前。”

爾時兩宫夫人生謀害心,具表文,向清凉山奏帝,普滿夫人近生一怪兒:

“梓[①]童具表向清凉,端奏山中見帝皇。

普滿宫中生怪兒,特將此事報君王。”

君王聞知大怒,遂遣使臣,領旨回宫。將普滿夫人剪髮齊眉,罰在磨房推磨。令人兼(監)管,日夜不停。身形瘦枯,淚落千行。然而思念我兒,不知住在何處。在磨房勞役中,長嘆一辭,有詩爲證。曰:

“憶兒不覺打初更,煩惱凄惶雨淚傾。

用死猫兒换太子,清凉轉奏主人驚。

今朝罰我常推磨,又被宫人來喝駡。

可惜容姿正少年,萬般苦事如何話。

三更夜半生役勞,日午炎天難過夏。

前世惡因實難逃,今來教我如何話。

---

① “梓”,底本作“子”,據文意改。

二人嫉妒奏君王，打我終朝遭打罵。
磨面推輪多辛苦，告天天遠如何話。
空中萬像作證明，日月輪回常照曜。
祇願我兒性命存，惡人自有惡人報。"

君王在清凉山躲災避暑回朝，有臣奏曰："惡性母牛生下一犢。毛分九色，頭似金妝，蹄如銀裹[①]，世間稀有。"君王聞已，龍顔大喜。宣臣引牛兒入宫。祇見頭似金妝，蹄如銀裹，毛分九色，霞彩燦爛。兩宫妃嬪，莫不嗟嘆。陞(陛?)殿之時，引牛兒上殿，御駕歡喜，有詩爲證。曰：

"牛生犢子實堪觀，又比麒麟勝萬端。
九色毛翔如彩畫，燦爛花點似星攢。
四蹄美麗如銀裹，兩眼精光映日團。
掛面金牌封大將，隨朝導引在金鑾[②]。"

大王勑賜牛兒金牌一面，帶於頸上，自在快樂，封爲引駕將軍。忽然想母，不知安在何處？孝心感動夜神將，引牛兒直至磨房中。見其慈母，時正推磨，受大苦惱，面黄肌瘦。忽然子母相見，暗哭一場，不敢放聲。

牛兒替母拽磨，勇力甚大，走如旋風。倘然磨了停歇中間，子母恩情，告訴不盡。

母問牛兒："你豈得知我是母親？"

牛兒答曰："慈母生下兒時，被殊勝、淨德二夫人令産婆將死猫兒换却我身，送在宫内，種種遭刑。命不合死，送於惡母牛，吞入腹中。然後生下我來，作此牛身。近蒙大王見我異

---

① "裹"，底本作"果"，據文意改。下同，不另出註。
② "鑾"，底本作"鸞"，據文意改。下同，不另出註。

相，還是父子因緣，封我大將軍，朝朝引駕，受諸快樂。豈知慈母[1]磨房中，受如是苦楚。”

時至五更鐘響，母語牛兒：“我子暫且還宫。”

其後牛兒不忘子母恩情，夜夜暗行，替母曳磨。忽一日被宫人透得消息，忙報二宫夫人曰：“牛兒認得普滿夫人是他母親，夜間替母曳磨。”

二夫人聽得，心生巧計：“要害牛兒性命，除是討他心肝法最妙。”即時二夫人轉買醫官，雙雙詐病假奏。君王宣召醫官，至於宫中看病。其醫官假作詩一首，曰：

“脈脈驚惶在手間，尋思夫人病多般。

早朝似火渾身熱，晚得如水徧體寒。

一穴太陽上下滚，通身五臟似刀剜。

千般妙藥難痊可，除是牛兒心肺肝。”

大王聞奏，心生不悦。文武大臣奏曰：“二位夫人病勢沉重。不可愛惜牛兒，誤了性命。”

大王聞奏，心生煩惱，眼中落淚，難捨牛兒性命。俯案嗟嘆，半晌不已。即宣屠户入内，勅令牽牛兒，歸家宰殺。取其心肝，付送醫官，調治藥餌，與夫人治病。

其屠户牽牛兒歸家。毛分九色，足如銀裹，世間稀見，心中愛惜。延至夜深，不免將牛兒欲殺。其牛兒雙足叩地，口作人言：“屠官！屠官！你休殺我。望慈悲救我一命。我是皇宫太子，母是普滿夫人。被二宫夫人轉買産婆，將猫兒换却，送在惡母牛，吞入肚中，然後生下我來。如今又被她[2]害我性命，

① “慈母”，底本無，據文意補。

② “她”，底本作“他”，據文意改。

我母現在磨房,推曳受苦。你若救我性命,異日不忘報其深恩。”

屠户聞之,不覺凄惶,眼中下淚。囑言:“放心!放心!願救汝命。”即將看家大犬,取其心肝,送於宫内。

大王見已,放聲大哭。各宫妃嬪,俱各煩惱。分付醫官,假成妙藥。二宫夫人服之,即時痊可。

屠户回家,至晚與牛兒相議:“這事不中,且須提防。宫中倘要汝皮毛,如何回答?送你出城,向東有一山川。其中有路,向東而去。”

牛兒辭别屠户,淚落千行。告曰:“我之性命,憑汝救了。祇有慈母,磨房中受苦。我若一日得運之時,來救慈母,報你之恩。”

相别已畢,牛兒得命在路中。想起從前一事,淚落紛紛,惆悵不已。忽作一偈,曰:

“今朝得命在途中,抆淚悲傷滴下胸。

前世冤家難躲避,此生之内却相逢。

夫人害我千般苦,牛母吞來在肚中。

一日運登尊貴位,公然報德萬千重。”

爾時金牛兒行行走走,饑吃嫩草,渴飲清流,千山萬水,崎嶇險路,獨行獨步,受了多少驚怖。路逢一老人,指示牛兒:“路通高麗地面,我與你同行做伴。”牛兒歡喜,隨老人東游。忽至高麗國城,老人囑曰:“須過城中,勿得驚怖。”到於城中,人叢紛紛,鬧市喧喧。忽見從空飄下一帖來,正落在牛兒身上。上寫四句。老人看曰:

“東君鼓動劫前春,廣大由來各有因。

高麗國中招駙馬,金牛時下必成親。”

看罷前行，有一高樓。絶妙公主在上招駙馬。看見樓下一老人引妙花牛兒過，公主不覺抛下繡球，正中牛兒身上。是時左右侍人，遂將牛兒分付。公主歡喜，同入宫中，謁見父王。王大怒曰："何將畜類，配屬公主，玷辱皇家？"令其左右，壞了金牛。

公主聽已，直至殿上，奏父王曰："休殺牛兒，是我前世因緣，非但今生。願納牛兒爲駙馬。"公主隨對父王吟詩一首，曰：

"莫謂披毛帶四蹄，休言牛兒醜容儀。

男兒貌好非爲貴，女子嬌姿未足奇。

莫道牛兒招畜類，何須直待嫁金枝。

因緣既就難相捨，願免金牛我向之。"

爾時高麗國王不忍，急令左右將牛兒引出朝門外，休教辱累皇家。即時公主隨牛兒出東門外，雙雙共語，兩兩同行，自在逍遥。又至深山荒野，饑餐野菓，渴飲清流。

前逢一位仙人，巍巍蕩蕩。頭戴逍遥冠，腰跨葫蘆巾，手執一條龍頭拄杖。攔道問曰："從何而來？"

公主向前禮拜仙人，説起從前一事。仙人看牛兒罕有非凡，便向葫蘆内取一顆仙菓，亦名靈丹妙藥，賜予牛兒。牛兒[①]正餓，連忙吞入肚中。仙人見牛兒吞了仙菓，付牛兒一偈，曰：

"靈妙菓子號金丹，王母仙桃得者難。

有福牛兒吞却了，教君時下改容顔。"

爾時牛兒吞了仙菓，中間四肢五臟一體快樂。忽時困倦，卧了一回。皮毛戴角，脱落在地，現出本身，具太子相。公主

---

① "牛兒"，底本無，應爲涉重文號漏，據文意補。

大喜。夫妻二人隨仙人去,如霧露中行,別是一境。路通金輪王國界,其仙人化道祥雲而不見。

太子共妻,前至一山林,名栴檀林。衹見林巒秀麗,花菓疊垂。二人相議,此個勝所,宜好修行。遂結草庵,鍛煉身形,息心養道。功成行滿,天賜洪福。

化去仙人,即向金輪王宫中,托夢曰:"王今年老,亦無太子,時當退位。現有聖人,在栴檀林内,結草爲庵,辦道日久。福氣巍巍,堪當嗣位。"

輪王問曰:"汝是何界仙人?"

答曰:"吾乃天帝釋也,故來助汝。"

輪王夢惺,設起早朝,宣召公卿。圓夢已畢,安排鹵簿大駕,迎請聖人。七寶四兵,直至栴檀林茅庵中。見二聖人,堂堂金相,姿姿玉容。拜請二位聖人,上此金車寶輦,幢幡滿路,寶蓋遮天,香花布地,全街妓樂,喧動天地,迎上金鑾,登了寶祚,爲金輪王。七寶仍存,昭示天下,興崇十善,調理庶民,自然風調雨順,國泰民安。

忽然痛想母親普滿夫人,現在磨房受苦,朕何安在?遂整軍馬,離了金國,西過高麗,尋爺救母。沿路上雲淡淡,水潺潺,軍行野徑;霧漫漫,風颯颯,馬度山崗。行了多時,迄至波利國。參見父王已竟。父子恩情,告訴無窮。"兒子今朝,故來投爺救母。聖上洪慈,願垂赦宥。"

即時父王,見説已罷,痛苦難言。救出普滿夫人,宣至殿上。形體憔悴,頭似亂蓬,面黄肌瘦,兩目昏眸。太子見已,手扶慈母,放聲大哭,哽咽悲泣。即時焚香,望空禱告:"若子有福,致此忠孝報母之恩,顯其靈應。"即將舌尖,舔開兩目,豁然洞開,光明如舊。與慈母沐浴梳髮,更衣冠帶,安在正宫。遂將殊勝、淨德二夫人，並産婆、醫官等，下在牢獄中，治其重罪。

太子奏父王曰："爲大國之君，母今既在團圓，祇可同歡飲燕，共用國封，願恕寬免。"

父王聽奏，龍顔悲喜，怒作笑言："朕放赦書，昭示天下。二宫夫人、醫官、産婆、合國罪人，咸赦宥之。"宣出屠户，封爲大臣。即時河清海晏，道泰民安。

一日太子奏曰："唯願父王，龍圖永固，大振鄰邦。子今侍普滿慈母，還去金國送老去也。"即時太子，拜别父王，並二夫人，又辭公卿百官，將慈母付載寶輦，行行直造本國，陛(陞)金輪之位。即將普滿夫人，封爲國母，安在養老宫中，受諸快樂。

一日金輪王自嘆光陰弗久，四大非堅。辭别公卿，就龍床上坐化。時國母聞知，嘆言："子今辭世，我何安在?"囑罷宫娥已，就宫中亦坐化而逝。

[譯文完]

《金犢太子》雖經後代加工渲染，成爲講唱文學，形式與佛經不類。但因故事完整，其情節有可補充敦煌遺書《孝順子》殘卷的缺失部分者，大體如下：

1. 故事的起因，亦即矛盾最初因何産生。

(1) 波利國王有三個夫人，釋迦牟尼前世投胎在第三夫人腹中。

(2) 國王因噩夢擬往清凉山避暑。

(3) 國王臨行問三個夫人：回宫之日，以什麽接駕。二位夫人所答皆不稱意。第三夫人回答以兒子迎接。國王大喜，允諾如生太子，立第三夫人爲正宫。

(4) 第三夫人臨盆，二位夫人買通産婆，以猫兒换太子。

(5) 二位夫人用種種辦法謀害太子，没有成功，便將太子送入牛欄。

以下故事接俄藏敦煌遺書。

2. 俄藏殘片與國圖殘卷的中間部分，亦即兩位夫人何以發現牛犢是太子所變，怎樣設計殺害牛犢等。

(1) 國王十分喜歡牛犢，賜金牌，封將軍。

(2) 牛犢夜探磨房，母子相見。牛犢助母拽磨。

(3) 此事被二位夫人得知，買通醫官，詐病假奏，要以牛犢心肝爲藥。

以下故事接北敦04264號。

三、歷代經録關於《孝順子》的著録

該經雖未爲歷代大藏經所收，但爲如下經録所著録：

1. 由彦悰等於隋文帝仁壽二年(602)所撰的《仁壽録》卷四有“《銀蹄金角犢子經》，一卷”①，判爲疑僞經，但未説明資料出處。

2. 由明佺等於武周天册萬歲元年(695)所撰的《大周刊定衆經目録》(以下簡稱《大周録》)卷十五有“《銀蹄金角犢子經》，一卷”②，亦判爲僞經，未説明資料出處。

3. 由智昇於唐玄宗開元十八年(730)所撰的《開元釋教録》(以下簡稱《開元録》)卷十八有“《銀蹄金角犢子經》，一卷。或云：《孝順子應變破惡業修行經》”，歸於《僞妄亂真録》，並註曰：“隋仁壽二年，勑請興善寺大德與翻經沙門及學士等，共定衆經録内僞疑

① 《衆經目録》卷四，CBETA(2016)，T55，no.2147，p.174，c1。

② 《大周刊定衆經目録》卷一五，CBETA(2016)，T55，no.2153，p.473，b25。

經。”[①]説明智昇的資料來自《仁壽録》。《開元録》在《銀蹄金角犢子經》名下附註《孝順子應變破惡業修行經》一名，説明智昇當時很可能親眼看到過這部經典。

4. 由圓照於唐德宗貞元十六年(800)所撰的《貞元録》卷二十八亦有關於此經的著録，文字與《開元録》完全相同，衹是將“《孝順子應變破惡業修行經》”錯抄爲“《孝順子變破惡業修行經》”。[②]可以肯定，《貞元録》的著録抄自《開元録》。

雖然經録中没有出現敦煌遺書所載《孝順子修行成佛經》之名，但我們完全可以確認，所謂《佛説孝順子修行成佛經》，與《孝順子應變破惡業修行經》或《孝順子變破惡業修行經》一樣，都是《銀蹄金角犢子經》的別名。該經雖被我國歷代經録判爲僞經，因而在中國失傳，但該經傳入朝鮮半島，演變爲講唱文學，在朝鮮半島具有持久的影響。

四、關於《孝順子》的幾個問題

在此，我想探討如下幾個問題：該經的出現年代與敦煌寫經的抄寫年代，該經是否僞經，該經的考訂對佛教文獻學與佛教研究的意義。

(一) 該經的出現、敦煌遺書的抄寫年代及流傳

如上所述，現存四種關於該經的著録，以隋《仁壽録》爲最早。其餘三種著録中，《大周録》的出處不明，《開元録》《貞元録》均源自《仁壽録》。我們知道，現存的隋代經録共有三部，即編於開皇十四

---

① 《開元釋教録》卷一八，CBETA(2016)，T55，no.2154，p.676，c23。

② 《貞元新定釋教目録》卷二八，CBETA(2016)，T55，no.2157，p.1021，b19～20。

年(594 年)的《法經録》、編於開皇十七年(597)的《歷代三寶紀》和編於仁壽二年(602)的《仁壽録》。既然這三部經録都編於長安,時代基本相同,而前兩部隋代的經録均未著録《孝順子》,前此的《道安録》《祐録》亦未著録該經,則把該經的出現定在 600 年左右,大約是適宜的。

那麽,現存的該敦煌遺書約抄寫於何時呢?筆者考察了中國國家圖書館所藏北敦 04264 號原件,從紙張、書寫風格等各個方面判斷,該卷的抄寫年代約爲八世紀下半葉,屬於唐代寫本。從文字的角度看,卷子上出現“𠀑”(天)、“埊”(地)、“𢘑”(臣)、“𡆠”(日)等四個武周新字,但是,它們的使用又不周遍,即並非每個“天”“地”“臣”“日”都用武周新字書寫。這説明該件抄寫於武周之後,但武周新字尚未完全被遺忘的時期。與筆者對原卷考察後的時代判定基本吻合。

由此可見,雖然本經被歷代經録判爲僞經,但從隋至唐,它一直在民間流傳。從統治中心長安,到西北邊陲敦煌,乃至到東鄰朝鮮半島,流傳範圍頗爲廣泛。這部經典其後演變爲講唱文學,更説明它影響之大。

（二）該經是否僞經

如前所述,我國諸經録均稱該經爲僞經,那麽,該經是否僞經呢?

在此,我們首先必須搞清佛教史上所謂的“僞經”究竟是什麽,它是怎樣産生的。

“經”,是梵文“Sūtra”的意譯。梵文原文有“貫穿”之意,意爲如絲繩貫穿花瓣那様,將釋迦牟尼的言教搜集總攝在一起,使不散失,以傳後世。終釋迦牟尼之一生,他述而不作,没有留下親筆所撰的成文著作。他的弟子把他的言行追記下來,形成最初的經。

由於最初的經衹是由弟子們的追記而產生的,而弟子們的見聞或有不同,理解或有差別,記憶或有誤失,因此,相互間不可能不產生歧義。這在釋迦牟尼死後不久就成爲一個不容忽視的問題,於是產生了由大迦葉主持的第一結集。弟子們集中在一起,會誦各自從釋迦牟尼那裏得到的言教,當衆厘定真僞,試圖由此讓佛法永世垂範。

在正統佛教徒看來,衹有記載了釋迦牟尼言教的著作纔能稱作是"經",而弟子們的著述衹能稱作"論"。但隨著佛教在印度各地的廣泛傳播,佛教徒們對戒律和教義逐漸產生了意見分歧,產生了部派的分裂。分裂各派爲了争得正統或爲了將自己的意見蒙上權威的靈光,便仿照"經"的形式編纂了不少假託爲釋迦牟尼言教的著作。各派紛紛紜紜,争持不下。於是,調和派便出面宣布:一根金手杖雖然斷爲十八截,每截仍然是金的,各派的觀點都是釋迦牟尼的聖教。這樣,各派都取得了合法地位。

其後,大乘、密教佛教徒又編造了不少經典。有些小乘教徒斥大乘爲"非佛説",雙方展開了激烈的鬥争。

總之,雖然以正統佛教徒的標準來衡量,衹有佛陀的言教纔可稱作"經",但與印度政治的不統一相適應,印度佛教從來没有統一過,故此從來没有出現過一部統一的大藏經。就宗教立場而言,釋迦牟尼之前,曾有無數佛出世;釋迦牟尼之後,還會有無數佛出世;即使在釋迦牟尼一代教法期間,十方世界有無數佛同時講經説法。再説,佛又有法身、報身、化身之别,因此,從理論上講,並非所有的佛經必須出自釋迦牟尼。所以,印度佛教的各宗各派可以各自傳習自己的經典。於是,到底什麽叫"真經",什麽叫"僞經",就印度而言,基本上衹能各説各話。

上面講的是印度的情況,佛教傳到中國,情況略有不同。

中國人自來頗有一點"天不變,道亦不變"的思想,崇奉宇宙間的某種終極真理。部分中國人信仰了佛教之後,便把佛教當成這麼一種永世不變的真理。他們用"經"來翻譯印度的"Sūtra",所反映的也正是這樣一種心理。

"經"原意爲織物之縱綫。縱綫有綿延之意,故引申爲"常",抽象爲常存之理義、法則、原則等。《書・大禹謨》:"與其殺不辜,寧失不經。"《傳》:"經,常。"《左傳》宣十二年:"兼弱攻昧,武之善經也。"[①]中國的佛教徒爲什麼選擇這個詞來翻譯印度的"Sūtra"呢?在這裏,僧肇的解釋可能具有代表性:"經者,常也。古今雖殊,覺道不改。群邪不能沮,衆聖不能異,故曰常也。"[②]在這裏,僧肇賦予"經"字永恒不變的特性。認爲"經"中所記述的内容,無論是外道(群邪),還是佛弟子(衆聖)均不可能去改變。這反映出中國早期佛教徒對釋迦牟尼言教的無限崇拜,與印度早期佛教徒的態度恰成鮮明對照。由於這種虔誠的崇拜,也由於中國人當時對印度佛教的實際發展情況並不很清楚,在部分中國佛教徒中出現一種盲目引進的"洋奴"思想。凡是從印度(包括從中亞一帶)傳入的非漢文佛經,不加分别地全部當作是"真經",奉爲金科玉律。

事物的發展是複雜的。從外界傳入中國的佛經歧義多樣,本身並不統一;中國人依自己的思想理解之後,有的依經抄撰,有的甚至也自己編纂起佛經來,把局面搞得更加複雜混沌。這就産生了所謂的"僞經"的問題。中國的佛教界是怎樣處理這一問題的呢?古代僧人想出兩種方法:一是注重佛典真僞之鑒定,二是進行佛法教相之判别。判教,是另一個問題。在此,我們僅考察中國佛

① 《辭源》,商務印書館,1981年修訂第一版,第2434頁。

② 《注維摩詰經》卷一,CBETA(2016),T38,no.1775,p.327,c13～14。

教徒是怎樣鑒定真經與僞經的。

“僞經”,某些著作亦稱“疑僞經”。“疑經”與“僞經”是兩個不同的概念。所謂“疑經”是指該經是否是釋迦牟尼的言教頗可懷疑,但缺乏進一步的資料,尚未做出最後的判斷,衹能先存疑。所謂“僞經”,則指已明確判定爲是後人僞造的經典。

從現有材料看,在中國佛教史上第一個注意到這個問題的是著名的東晋僧人彌天釋道安。他在《綜理衆經目録》中專辟了“疑經録”一目,在序言中説:

> 外國僧法,學皆跪而口受。同師所受,若十、二十轉,以授後學。若有一字異者,共相推校,得便擯之。僧法無縱也。經至晋土,其年未遠。而憙事者以沙標金,斌斌如也。而無括正,何以别真僞乎?農者禾草俱在,后稷爲之嘆息;金匱玉石同緘,卞和爲之懷恥。安敢預學次,見涇渭雜流,龍蛇並進,豈不恥之?今列意謂非佛經者如左,以示將來學士,共知鄙信焉。①

從上文可知,道安認爲由於西域佛教學習得法,僧法嚴格,故所傳習的都是毫無錯訛的真經。他對西域佛典的這種不加分析地一概予以肯定的態度與當時佛教界的一般認識是一致的。由於這種態度,他便將出現疑經的罪過完全歸之於晋土的好事之徒的“以沙標金”。

什麽叫“以沙標金”?《北齊書・樊遜傳》:“標金南海,勒石東

---

① 《出三藏記集》卷五,CBETA(2016),T55,no.2145,p.38,b8～16。

山，紀天地之奇功，被風聲於千載。”[①]這裏的“標金”意爲“立銅柱”。如取其意，“以沙標金”，或意爲“冒名頂替”。誠如是，則道安這裏所講的“疑經”實際是指“僞經”。從上引道安“而無括正”以下的話看，他所講的確實是僞經，由此説明，道安雖然發現並提出疑僞經問題，但尚未明確區别“疑經”與“僞經”的概念。對産生疑僞經的原因也衹提到中國的僞造這樣一個原因，没有對疑僞經這一複雜現象做出更爲深入的分析。當然，道安屬於我所謂“中國佛教初傳期”的僧人，我們不應苛責前賢。

上述序言之後，道安羅列了二十六部疑經。那麽，他是依據什麽判斷這些經典屬於疑經呢？道安並没有一一論述自己做出判斷的依據，衹是在序言中説“今列意謂非佛經者如左”，也就是説，他是以自己的佛學水準爲依據作判斷的。道安是東晋的著名高僧，代表了當時中國佛學的最高水準。但是，作爲“中國佛教初傳期”的僧人，他的佛學造詣、他對印度佛教的瞭解畢竟有很大的局限性。因此，他的這種判斷不能不帶有一定的主觀性。

道安所羅列的這二十六部經典現大多失傳，衹有《寶如來經》尚存；《善信女經》《胸有萬字經》《貧女人經》的部分内容被《經律異相》引用；《善王皇帝經》《惟務三昧經》的若干内容爲道綽《安樂集》所引用。從現存的這幾部經看，道安的上述判斷還是很成問題的。例如，《寶如來經》，又名《寶如來三昧經》，道安註曰“南海胡作”，《法經録》《仁壽録》《内典録》都沿襲了他的記載，但《大周録》《開元録》却認爲它是真經，係東晋衹多密所譯，收編入藏。本經與西晋竺法護所譯《無極寶三昧經》是同本異譯。《無極寶三昧經》雖未見於道安的《綜理衆經目録》，但《别録》《祐録》以下均有載録，判爲真

① 《北齊書》，中華書局標點本，第609—610頁。

經。兩經同本，一真一僞，於理不合。又如《貧女人經》，又名《貧女難陀經》，後被收於《經律異相》卷三十八，同一故事又見於《賢愚經》卷三《貧女難陀品》，因此，該故事並非僞經也是很顯然的。

綜上所述，道安時期中國僧人雖已開始認識到疑僞經問題，但當時的認識還是很粗淺的。

梁僧祐對疑僞經問題做了進一步的探索與研究。他在《出三藏記集・新集疑經僞撰雜録第三》的序中這麽説：

> 《長阿含經》云："佛將涅槃，爲比丘説四大教法。若聞法律，當於諸經推其虛實。與法相違，則非佛説。"又《大涅槃經》云："我滅度後，諸比丘輩抄造經典，令法淡薄。"種智所照，驗於今矣。自像運澆季，浮競者多，或憑真以構僞，或飾虛以亂實。昔安法師摘出僞經二十六部，又指慧達道人以爲深戒。古既有之，今亦宜然矣。祐校閱群經，廣集異同，約以經律，頗見其疑。夫真經體趣融然深遠，假託之文辭意淺雜，玉石朱紫，無所逃形也。今區別所疑，注之於録。並近世妄撰，亦標於末。並依倚雜經而自製名題，進不聞遠適外域，退不見承譯西賓。"我聞"興於户牖，印可出於胸懷。誑誤後學，良足寒心。既躬所見聞，寧敢默已。嗚呼來葉，慎而察焉！①

其後，僧祐分兩部分著録了四十二部他認爲應歸屬於疑僞的經典。

從僧祐對疑僞經的論述及他對那四十二部經的具體鑒别過程可以看到：

---

① 《出三藏記集》卷五，CBETA(2016)，T55，no.2145，p.38(c18)～p.39(a5)。

1. 僧祐已認識到有一類經很難鑒别真僞、決定取捨，他稱之爲“取捨兼懷”[①]。也就是説，他已接觸到疑經。但是，他還没有意識到這類經與僞經不同，應當單獨列出。他所謂的“疑經”，實際上依然是指僞經。因此，雖然在他的目録中已有“疑經”“僞撰”這樣的目名，但實際上與道安一樣，並未真正劃出“疑經”與“僞經”的界限。

2. 對於産生疑僞經的原因，僧祐祇説了一句：“自像運澆季，浮競者多。”這與道安歸咎於“喜事者”如出一轍。也就是説，他也未能對疑僞經産生的原因做出認真而中肯的分析。

3. 關於編造疑僞經的手法，僧祐説：“或憑真以構僞，或飾虚以亂實。”前者説的是仿照真經的形式編造僞經；後者説的是在真經的基礎上任意纂加新的内容，模糊了真經的本來面目。僧祐又説：“並依倚雜經而自製名題。”這是指疑僞經一般均仿照人們不常誦讀的雜經而定名。亦即在對編造僞經手法的認識方面，僧祐比道安大大前進了一步。

4. 關於如何鑒别疑僞經，僧祐提出了如下幾條原則：

(1)“當於諸經推其虚實，與法相違則非佛説。”這是指考察經典的内容。

(2)“真經體趣融然深遠，假託之文辭意淺雜。”這是説考察經典的文字與風格。

(3)“進不聞遠適外域，退不見承譯西賓。”這是指考察經典的傳譯事實。這種考察，主要依據實地調查與查閱前代經録。

應該説，僧祐的上述原則，使得疑僞經鑒别從此有章可循，是對中國佛教疑僞經研究的重大貢獻。

---

① 《出三藏記集》卷五，CBETA(2016)，T55，no.2145，p.40，b23。

在具體鑒別時，凡《道安録》中已經提到的，統統依然判作僞經。《道安録》中没有提到，屬僧祐搜集到的，則首先看有無作者。凡屬註有作者，且作者是中國人的經典，僧祐把它們一律歸作僞經。雖然其中有的經典是中國人抄集經義所纂，並非僞造，但僧祐認爲，“然既立名號，則别成一部，懼後代疑亂”，所以歸入疑僞。[①]有一部經典是南齊釋王宗抄集衆經法數而成，内容當然都是正統的佛教觀點，没有問題，題名作《佛所制名數經》。僧祐認爲這部經的内容雖然没有問題，但明明是王宗編成的，怎麽能説是“佛所制”呢？“懼亂名實”，因此也就把它歸入疑僞經。[②]至於那些作者、譯者不清，或雖註有譯者名，却又與前代經録中關於該譯者的著録不符者，僧祐便主要據内容、文風來確定其真僞：“或義理乖背，或文偈淺鄙，故入疑録，庶耘蕪穢，以顯法寶。”[③]

綜上所述，僧祐時代人們對於疑僞經的知識豐富得多了，這主要體現在初步瞭解了編造僞經的手法與確定了鑒别僞經的原則。但僧祐未能真正明確“疑僞經”産生的原因。分清疑經與僞經的區别，在鑒别方法上仍有一定的主觀性，這是他的缺陷。

《祐録》之後[④]，元魏李廓在永熙年間（532—534 年）所撰的《衆經目録》、梁寶唱於天監十七年（518 年）所撰的《衆經目録》、北齊法上於武平年間（570—575 年）所撰的《衆經目録》均有疑僞經録。由於這些經録現已不存，故無從考察當時對疑僞經的研究水平。但從現存的這些經録的目録及隋代幾個經録的情況看，當時這幾部

① 《出三藏記集》卷五，CBETA(2016)，T55，no.2145，p.39，b6～7。

② 同上，b8～11。

③ 同上，a19～20。

④ 《祐録》之前尚有一部《衆經别録》，現存其目録及部分片斷。《衆經别録》中亦單立“疑經”一目，因有關資料已佚，詳情不清。

經録對疑僞經的研究，似乎都未能突破《祐録》的水平。

隋統一中國前夕，發生了周武廢佛事件，中國北方佛教經典受到很大的損失。隋統一中國之後，極力推崇佛教，搜集整理佛典，並勅命法經等人編纂佛經目録，即於開皇十四年完成之《法經録》。

從《法經録》起，我國經録開始正式區分“疑惑”(即“疑經”)與“僞妄”(即“僞經”)這兩類不同的經典。《法經録》稱“疑惑”類經典爲，“多以題註參差、衆録致惑。文理複雜，真僞未分。事須更計，且附疑録。”[①]《法經録》共著録這類經典五十五部。稱“僞妄”類經典爲，“並號乖真。或首掠金言，而末申謡讖；或初論世術，而後托法詞；或引陰陽吉凶；或明神鬼禍福。諸如此比，僞妄灼然。今宜秘寢，以救世患。”[②]《法經録》共著録這類經典一百四十二部。《法經録》以考訂嚴謹著稱，對後世影響頗大。從上文可知，它判别疑經、僞經的原則是十分清楚的。從具體的鑒别方法看，則仍遵循僧祐時代已確立的參閲經録記載，考察内容、文風這些原則。

仁壽二年編纂《仁壽録》的主要目的是釐定真僞，編集大藏。但《仁壽録》除了提出疑僞經的幾種表現形態外，對疑僞經的研究水平並無明顯的提高。《仁壽録》還將《法經録》已分開的“疑惑”“僞妄”兩録合在一起，共著録了二百零九部“疑僞經”，一言以蔽之曰：“名雖似正，義涉人造。”

上面，我們粗略地考察了至《仁壽録》爲止我國僧人對疑僞經的研究過程。從正本清源的宗教立場出發，中國僧人比較重視對疑僞經的鑒别。他們的基本立場是，凡屬外國傳入，經過翻譯的典籍，都是真經，都是可信的；而未經翻譯，由中國人自己撰著的典

① 《衆經目録》卷四，CBETA(2016)，T55，no.2146，p.138，b9～10。

② 《衆經目録》卷二，CBETA(2016)，T55，no.2146，p.127，c14～17。

籍，就是僞經，應該排斥。那麽，怎麽纔能區别翻譯與撰著呢？那就要嚴格鑒别譯本的譯者、譯時、譯地、翻譯緣起。由於這些信息一般都記載在經録中，所以人們鑒别真僞，首先查看經本上關於譯者的記載與經録的記載是否一致。如果一致，可視爲真經。對那些與經録記載不一致，或經録上根本没有譯者姓名的，則一律從内容、文風等方面去審核。覺得它像是佛經的，可列爲失譯；覺得它不像是佛經的，則分别情況，列作疑經或僞經。

古代中國僧人在幾百年間發展起來的這些鑒别疑僞經的理論與方法，應説是比較嚴密的。至今我們鑒别疑僞經，使用的仍是上述方法。但是，古人有他們時代的局限。如前所述，從印度傳入中國的佛典本身十分複雜，内容並不統一，這也是産生所謂"疑僞經"的重大原因之一，但古代中國僧人對這一點缺乏全面的認識。再加上鑒别者本人對印度佛教的認識不免受到時代、地域、學識等種種局限，因此，他們對疑僞經的鑒别也就可能産生一些錯漏。我們這裏要討論的《孝順子》就是一例。

如前所述，《孝順子》被《仁壽録》等經録判定爲僞經，但是，所有的經録都没有説明他們作出這種判斷的依據是什麽。由於該經的譯著者不明，故按照中國僧人判别真僞的傳統方法可知，《仁壽録》所以判定它爲僞經，應該是依據對該經的内容與文風所做的分析。而其他幾部經録所以判它爲僞經，則大約是沿襲了《仁壽録》的記載。

我們前面已分析過，依據對内容與文風的分析便判斷一部經的真僞，雖然是至今依然在流行、在使用的辨僞方法之一，但無可諱言，這種方法帶有一定的主觀性，其結果正確與否，深受鑒别者本人的學養與性格的影響。一個人，無論學養多高，總是有局限的。所以，采用這種方法，必須慎之又慎，方不致大誤。

現在,就讓我們也來分析一下這部經的内容與文風,看它到底是否是中國人所撰著的僞經。

經過仔細分析,我認爲可以得出這麽一個結論:這部經典的故事結構是印度式的,它的表現手法、它的思想也是印度式的。簡述如下:

1. 故事敘述兩位大夫人千方百計要謀害小夫人的兒子。這種反映家庭矛盾的結構模式雖然在中國的故事中也有,但在印度故事中更爲常見。如《羅摩衍那》中羅摩的故事,佛經中阿育王太子法益的遭遇等。

2. 故事敘述兩位大夫人裝病,非要以犢子的心肝作藥治病不可。這與《五卷書》及佛本生中的獼猴與鱉故事一模一樣,這是典型的印度風格,與中國無涉。

3. 故事敘述當太子與公主遇到危難時,天帝釋兩次下凡搭救。一次是變作黑狗,用黑狗心肝代替犢子心肝交差。一次是變作智臣,勸舍婆提國王不要殺公主。故事還敘述天帝釋最後變作狂風吹兩大夫人,使所食心肝變成鐵丸,“節節出炎如車輪”。這種天帝釋下凡懲惡揚善的思想,這種懲罰惡人的方式,都是典型的印度表現方式,在許多印度民間故事中均可以看到。

4. 故事敘述太子以人身變作牛犢,以牛犢身與公主結婚,最後揭下牛皮恢復人身,敘述公主選擇了一頭牛犢爲自己的丈夫,這在印度的民間故事裏都是十分普通、常見的情節,但在中國却是少有的,或難以理解的。

5. 故事敘述犢子出城時顯示神通,除特意留下的一處脚迹外,遍處不留脚迹。這不免使人想到釋迦牟尼“逾城出走”的故事。

6. 故事在談到太子與公主被放逐後的經歷時,敘述他們先後來到木城、土城、鐵城、銅城、銀城、金城,最後停留在金城。這又是典型的印度故事的表現方式。在《大意經》及其他一些入海采寶之類的故事中,經常可以看到這種結構形式。

7. 故事在叙述太子與公主在金城國的生活時,稱宮殿自然出現,各種伎樂、飲食,隨念即至。這是在印度的天界及佛教的淨土世界中纔有的待遇。

8. 故事在叙述栴陀羅頗黎國王見到犢子心肝時,描寫道:"今則氣塞哽咽,爛(肝?)腸寸寸斷絶,淚下覆面,暈倒落床,放聲大哭。"在描寫舍婆提國王送女兒出城時,寫道:"百鳥悲鳴,聲動天地……心肝痛切,將欲氣絶。"在描寫太子與父母相認時,寫道:"爾時雲飛鳥落,樹木摧折。諸臣百官,見者泣淚,不能自勝。"這些誇張性描寫的印度氣味亦甚濃。可見於《睒子經》《太子須大拏經》等經中。

9. 故事叙述栴陀羅頗黎王從此將王位讓給太子,自己出家到山林中隱居。這顯然是印度"四行期"的反映,與中國思想格格不入。中國人即便出家,也大都依廟而居,或雲遊掛單。

10. 故事叙述犢子向屠兒求救時,許願將來把半個國家賜封給屠兒。大團圓的結局後,太子把屠兒封爲國相。這種表現方式,也是印度故事所習見的。

11. 故事中有些詞彙表明,這個故事的原型衹能來自印度:

(1) 上文故事稱"在金城國,可徑由旬",似指金城國的周長(邊長?)爲一由旬。如果上述解讀無誤,則因爲"由旬"是印度的長度單位,約一輛牛車一天所走的路程。這個詞應該不是中國人所能杜撰的。

(2) 故事在稱揚公主的美妙時,提到她穿"劫波袖衣"。"劫波"即"劫貝",又名"劫波羅"。《一切經音義》卷一七:"刧波育(或言'劫貝'者,訛也。正言'迦波羅',高昌名氎,可以爲布。罽賓以南,大者成樹；以北形小，狀如土葵。有殼，剖以出花，如柳絮，可紉以爲布也。'紉'，女珍反。"[①]這也是正宗的西域物産與名稱。

(3) 故事在描寫太子恢復人身後，稱他"頰如婆菓"。這裏的"婆菓"，指"庵婆羅菓"，又作"菴羅菓"。《起世經》卷一："鬱單越洲有一大樹，名菴婆羅。其本縱廣有七由旬，下入於地二十一由旬，高百由旬，枝葉垂覆五十由旬。"[②]僧肇稱它"其菓似桃而非桃"[③]。

此外，諸如屠兒自稱"煞害衆生恒河沙數"，稱譽公主時用"八功德水，以浴其體"等，都是印度佛教慣用的詞語。

12. 尤其值得注意的是這個故事反映出的密教思想與用語。故事在叙述犢子向屠兒求救時，說："卿住！未忙煞我，聽我一言，當死。唵！"這個"唵"是密教的咒語。故事在結尾時稱："太子共母，不轉凡身，即得成佛。"這裏表述的是密教"肉身成佛"的思想。

我們知道，密教思想與密教因素在印度雖有悠久的歷史傳統，但它作爲一個主張"肉身成佛"的派別(純密)在印度蓬勃發展，則已是七世紀的事了。在這之前的密教思想被稱作"雜密"，雜密的經典雖然早在東晉時已傳入我國，但一直没有引起人們的注意。作爲一種思潮，一個派別，直到八世紀初，密教纔在中國大地流傳起來。

既然如此，約於六百年左右便出現在中國的《孝順子》便無論如何都不可能是中國人的作品。因爲它所表述的"肉身成佛"觀與中國人已經熟悉的小乘的"灰身滅智"的涅槃觀，大乘的"實相涅

---

① 《一切經音義》卷一七，CBETA(2016)，T54，no.2128，p.413，b2～3。

② 《起世經》卷一，CBETA(2016)，T01，no.24，p.311，b19～21。

③ 隋智顗撰《維摩經文疏》卷二："肇師注云：'菴羅'是菓樹之名，以菓目樹，故云菴羅樹也。其菓似桃而非桃也。"CBETA(2016)，X18，no.338，p.476，a5～7//Z1:27，p.442，b16～18//R27，p.883，b16～18。

槃”“無住涅槃”觀距離太大，前此並没有傳到中國，没有被中國人所接受。中國人既然没有這種觀點，也就不可能在自己的作品中表現它。

13. 一般來説，僞經的編造者都是出於某種目的纔編造僞經的。也就是説，每部僞經都説明或企圖説明某種道理以達到某種目的。如《大方廣華嚴十惡品經》《新菩薩經》等等。但《孝順子》是一個民間故事意味很濃的本生故事，它衹在講故事，並不企圖説明什麽。除了這部經典外，我們還没有發現有哪一部本生故事被指斥爲僞經。這大概也是由於本生故事這種形式不便於被僞經所利用吧！

上面，我提出十三條論據，以證明《孝順子》不是僞經。上述論據，有的如孤立地看，也許説服力不是那麽强。但如果把這些論據匯攏在一起，從全局來考察，則這部經典是印度的作品可説是毋庸置疑的。

那麽，爲什麽古代的僧人們會把這部經當作僞經呢？從這部經的内容及文風來考察，它確實存在著如下疑點：

1. 這是一個本生故事，與講義理的經典相比，通篇的旨趣確實可説是“辭意淺雜”。

2. 本文的翻譯者、助譯者文化程度不高，通篇幾乎都是用當時的口語寫成的。與當時那些經過文人墨客修飾的“文質相約”的佛經相比，它是“質”勝於“文”，可謂“文偈淺鄙”。

3. 文内出現了諸如“女外向，千里從夫”這樣的中國俗語。

4. 文内出現了一些錯訛。如流通分稱：“爾時二后者，提婆達多是；第二后者，調達是。”提婆達多與調達實爲一人。稍有佛學知識的人都應能覺察這樣的錯誤。

5. 如前所述，“肉身成佛”的思想當時没有傳入中國。既然如此，文内反映的這一思想也可能會被當作該經典本身是“僞經”的證據。

“辭意淺雜”、“文偈淺鄙”、中國諺語等等，這些確實都是古代中國僧人判别僞經的依據。

爲什麽會出現這種情况呢？我想，這主要是由於本經不是在正規的譯場中譯出的（所以該經在中國的經録中失載譯人、譯時），傳譯的印度僧人（或携有經本，或憑記憶誦出，後者的可能爲大）中文程度不高，助譯的中國人文化程度也不高。印度僧人總算把故事的主要情節都叙述出來，助譯的中國人在整理時又加入了一些自己的發揮，諸如“女外向，千里從夫”之類，從而形成目前這麽一個情况。

綜上所述，我認爲《孝順子》並非如歷代經録所説的是一部中國人撰著的僞經，而是一部失傳已久的印度佛教著作。它反映的是印度思想，可作爲我們研究印度佛教、印度思想文化的參考資料。

五、對佛教文獻學與印度、中國、朝鮮文化交流的價值

《孝順子》的考訂及有關系列資料的發現，具有重要的研究價值。其價值可從如下幾個方面來考慮：

（一）在處理所謂佛教疑僞經方面的方法論價值

判别真僞，即區别經典到底是由外國傳入的譯本，還是由中國人自己撰述的著作，這從來是中國僧人們整理經典時關注的重點。他們是宗教徒，目的是力求正本清源，以防僞妄亂真。我們不是宗教徒，但在進行佛教研究時同樣必須嚴格鑒别所用的原始資料到

底是外國譯本還是中國撰述。因爲譯本代表的是印度、中亞等地的佛教思想,撰述代表的是中國的佛教思想。如果連材料的基本性質都没有弄明白便去搞研究,這樣的研究自然不可能是科學的、嚴密的。

過去在學術界,衹要一提到疑僞經,尤其是僞經,便把它當作是中國人的著述。《孝順子》的發現告訴我們,所謂僞經,並不一定全是中國人的著作,其中很可能夾雜有外國傳來的典籍。它可以使我們今後處理這一類經典時更加慎重,少犯錯誤。

印度的佛教典籍大多亡佚,保存在漢文佛典中的譯本自然就非常寶貴。過去,人們研究印度佛教時衹注意那些所謂真經。《孝順子》的發現開拓了我們的眼界,告訴我們在疑僞經中也存在著相當寶貴的資料,這對印度佛教研究、印度佛教文獻的整理無疑具有積極的意義。

總之,《孝順子》的發現,改變了傳統對疑僞經的觀點,加深了我們對疑僞經的認識,可推動我們進一步開展對疑僞經的研究工作。

(二) 經典本身的研究價值

本生故事是佛典中相當重要的一部分。它爲佛教徒塑造了一個個理想的人格,成爲佛教徒學習的楷模,在傳播佛教思想方面産生過巨大的影響。有的學者還指出,佛本生故事對菩薩思潮的興起起到了極大的推動作用,從而醖釀、啓發了大乘群衆運動。過去,我們衹知道本生故事編纂於部派佛教時期、大乘時期。由於本經的發現,我們知道直到密教時期,本生故事仍在編纂發展中,它爲本生故事的研究提供了新的材料。

《孝順子》是我們以前從未見過的失傳已久的印度佛教經典。它的發現爲佛本生故事寶庫增添了新的内容,也增加了我們對印度佛教經典的知識。

由於它基本上用口語寫成，因此，對研究中古漢語語法、詞法也是不可多得的實貴資料。當然，這已屬於漢語史研究而不屬於佛教研究，在此可以不論。

（三）在研究印度、中國、朝鮮文化交流方面的價值

“狸猫换太子”這一膾炙人口的故事，因傳統評書《三俠五義》的流傳而廣爲人們所知。這個故事以北宋仁宗的身世爲背景，描寫了宫廷内部的争寵鬥争，從而歌頌了寇珠、余忠等人正直、善良、勇於犧牲的精神，塑造了不畏强權、機智判案的清官包公的形象，鞭笞了劉娘娘、郭槐等人的卑劣行爲。

由於北敦 04264 號卷首殘缺，以前我們不知道在《孝順子》中已經有了狸猫换太子的故事。如上録文可知，Дx 2142 號與 Дx 3815 號中僅殘剩“産猫子”三個字，並没有“狸猫换太子”相關過程的明確叙述，但李小榮先生在研究中，以其敏鋭的透視力發現俄藏殘片提供的這一綫索，將它與《三俠五義》中的“狸猫换太子”故事進行了詳盡的比較研究，指出兩者在内容上有驚人的相似之處，兩則故事之間有著繼承關係。進而將這一故事的原型，追溯到出現得更早的《大阿育王經》中的“猪子换王子”①。這是李小榮對這一課題的一大貢獻。韓國《金犢太子經》等資料的發現，證實了李小榮先生的研究推論。

現在的問題是，根據有關資料，《三俠五義》最初版本爲石玉昆説唱的《龍圖公案》，該説唱本在嘉慶年間（1796—1820）已經風行，唱詞甚多。後有人在此基礎上，删去唱詞，增飾爲小説，題《龍圖耳録》。光緒五年（1879），石玉昆加以修改潤色定稿，印刷發行，更名

① 參見李小榮《敦煌密教文獻論稿》第九章第五節，人民文學出版社，2003 年 7 月。

爲《忠烈俠義傳》,又名《三俠五義》。也就是説,《三俠五義》的前身《龍圖公案》也是一種説唱文學,這與《金櫝太子經》相同。自然,《三俠五義》並非脱胎於《金櫝太子經》,畢竟在《三俠五義》中,所謂"狸猫换太子"的故事僅是全書開場、人物亮相的一個鋪墊。但問題是——

1.《孝順子》這一故事在中國早已亡佚,而在朝鮮半島却以《金櫝太子經》或《金櫝太子》的形式廣泛流傳。朝鮮半島與中國的文化交流向來頻繁,現韓國的《金櫝太子經》年代在前,而中國的《龍圖公案》年代在後,兩者均爲説唱文學。那麽,《龍圖公案》中的這一段狸猫换太子,是否有可能即爲《孝順子》故事"出口轉内銷"的結果呢? 自然,要解决這個問題,還有許多中間環節需要厘清,本文在此衹是提供一種可能,以供思考。

2. 在《三俠五義》之"狸猫换太子"故事中,有一個細節:謂包拯往陳州放糧后的回京途中,得知狸猫换太子真相,爲防走漏消息,與李妃權且認爲母子,送入開封家中。李妃因終日思兒哭泣,雙目早已失明。包夫人用家藏至寶陰陽古今盆叩求天露,李妃以天露洗目,得以復明。《三俠五義》第十六回"學士懷忠假言認母,夫人盡孝祈露醫睛",講的就是這一段故事。

敦煌遺書《孝順子》中,並没有第三夫人失明復聰的情節。但在韓國《金櫝太子》中,却有相似的情節:

> 即時父王,見説已罷,痛苦難言。救出普滿夫人,宣至殿上。形體憔悴,頭似亂蓬,面黄肌瘦,兩目昏眛。太子見已,手扶慈母,放聲大哭,哽咽悲泣。即時焚香,望空禱告:"若子有福,致此忠孝報母之恩,顯其靈應。"即將舌尖,舔開兩目,豁然洞開,光明如舊。

由於《孝順子》没有夫人失明的情節，而《金犢太子》《三俠五義》却均有這一情節，是否作爲《龍圖公案》中的這一段狸猫换太子並非源自《孝順子》故事，而是源自《金犢太子經》之類文本的證明呢？亦即説明《孝順子》故事的確曾“出口轉内銷”呢？

《金犢太子》與《三俠五義》雖均有目盲復明的情節，但兩者的治療方式却有不同。在《金犢太子》中，是太子以舌尖“舔開兩目，豁然洞開，光明如舊”；在《三俠五義》中，則是包夫人求來天露，李妃自己蘸露洗目。

關於這一差異，我的思考如下：

1.《金犢太子》這一“太子舔母目”細節的原型來自何處？

我認爲，敦煌變文《舜子變》中的舜子故事，大概是這一細節的原型：

> 叟謂曰：“君是何賢人，數見饒益？”舜曰：“見翁年老，故以相饒。”叟耳識其聲音，曰：“此正似吾舜子聲乎？”舜曰：“是也。”便即前抱父頭，失聲大哭。舜子拭其父淚，與舌舔之，兩目即明。母亦聰慧，弟復能言。市人見之，無不悲嘆。①

類似描述，又見敦煌遺書《孝子傳》②。而西晋譯出的佛典中，也有睒子奉盲父母入山，睒子被人誤殺，死而復生，父母盲目皆明的故事。

2. 其後出現的《三俠五義》，爲何改變治療方式？

在《孝順子》《金犢太子》等文獻中，太子與夫人是母子關係，故

---

① 王重民等：《敦煌變文集》，人民文學出版社，1984 年 8 月，第 133—134 頁。

② 同上書，第 902 頁。

可以"舔目";而包拯與李太后是君臣關係,自然不能讓包拯也"舔目"。於是改爲包夫人求來天露,李妃自己蘸露洗目。所以,這一細節的改變,也許可以坐實"狸猫换太子"故事的確曾經"出口轉内銷"。

當然,説"狸猫换太子"故事曾經"出口轉内銷",前提是《孝順子》故事其後在中國失傳。雖然至今爲止,我們的確没有發現除敦煌遺書之外任何一點有關《孝順子》的中國資料,但"説有容易説無難",也許《孝順子》最早是在中國演變爲變文,並傳入朝鮮半島,成爲《金犢太子經》的。但是,學術研究衹能站在已經掌握的資料的基礎上講話,就目前的資料而言,我們能夠得到的推論是,在中國翻譯的佛教典籍《孝順子》,其後傳入朝鮮半島,被改編爲變文《金犢太子經》。改編時,改編者依據敦煌變文《舜子變》之類的文獻,加入太子舔目這一情節。其後中國出現的《龍圖公案》采用了《金犢太子經》等朝鮮半島文獻中的"狸猫换太子"故事。

當然,我們不排除《孝順子》的後代變種在中國並没有絶迹,《龍圖公案》並非采用朝鮮半島的資料,而是采用了在中國流傳的有關《孝順子》的流變故事。但後一種推論,目前尚無資料可以證實。

總之,《三俠五義》與《金犢太子》中均有狸猫换太子的情節,相互間到底是什麼關係,到底是誰影響了誰,或者各有自己獨立的源頭,這是一個頗有興味、值得進一步研究的問題。

比較《孝順子》與《金犢太子》兩個文本,乃至聯繫到《三俠五義》,值得研究的地方非常多。這裏既涉及佛教對中國文學的影響,又涉及中朝文化的交流,還涉及變文、小説等體裁的研究。本文限於篇幅,僅介紹有關資料并提出問題,以供有興趣的讀者做進一步的探討。

［附記］

1988年，筆者曾經撰寫《敦煌寫經〈佛説孝順子修行成佛經〉簡析》，載於當年《南亞研究》第2期。該文録文考察了收藏在國家圖書館的敦煌遺書北敦04264號《孝順子》，提出十三條論據，主張該經雖然曾被《仁壽録》以下我國歷代經録判爲僞經，但實際是印度佛教密教初期根據印度的民間故事改寫的佛本生故事，屬於翻譯典籍。

其後，由於發現了俄羅斯敦煌特藏中的Дx2142號與Дx3815號、韓國印本《釋迦如來十地修行記》，便又撰寫了《關於〈佛説孝順子修行成佛經〉的新資料》，發表在《南亞研究》2007年第2期。

本文將《敦煌寫經〈佛説孝順子修行成佛經〉簡析》《關於〈佛説孝順子修行成佛經〉的新資料》等兩篇文章合爲一篇，並加以修訂，提出新的問題，故改爲此名。

2016年10月20日

從“文化匯流”談中國佛教史上的疑僞經現象

按照佛教正統觀念，“經”是佛金口所説或爲佛印證、許可的教言。不符合這一標準者，即是“僞經”；是否符合這一標準尚可怀疑，需要考證者，即是“疑經”。對正統的佛教信徒來説，僞經“今宜秘寢，以救世患”[①]，疑經“真僞未分，事須更詳”[②]。僞經自不待言，即使是疑經，正統的中國佛教編藏僧人也都主張把它們排除在大藏經之外，禁絶流通，以免淆亂正法。

嚴格地説，疑僞經問題並非中國佛教史上特有的現象。印度初期佛教時期，提婆達多破僧，主張“五法”；釋迦牟尼逝世後，大迦葉出面主持第一結集；印度部派佛教時期，大天提出“五事”，乃至各部派紛紛不已的“法印”説；印度大乘佛教興起以後，小乘僧人主張的“大乘非佛説”論，龍樹自稱得法於龍宫，無著則謂聽講於兜率；印度密教興起，自稱所傳乃佛袛對眷屬所説的密法。上述種種歷史現象，其底蘊無不潛藏有“疑僞經”的影子。可以説，就印度佛教而言，從釋迦牟尼時代到密教時期，疑僞經問題貫穿了整個印度佛教史。

---

① 《衆經目録》卷二，CBETA(2016)，T55，no.2146，p.127，c17。

② 《衆經目録》卷二，CBETA(2016)，T55，no.2146，p.126，c2。

自然,站在正統佛教徒的立場上,對印度佛教的上述現象另有解釋:佛法永恒,"諸行無常"。現實世界中没有不變的東西,包括在現實世界中活動著的佛教。佛教所以會出現諸多派别、出現八萬四千法門,衹不過是佛應時應機以度衆的方便施化。

對同一個客觀對象,不同的人從不同的角度,可以得出不同的結論。自古到今,中國佛教史上的疑僞經現象一直爲人們所重視,近代以來,更成爲佛教學術研究的重要對象。諸多學者從不同角度對疑僞經開展研究,取得了豐碩的成果。然而由於各自觀察的角度不同,判定的標準不同,研究的徑路不同,最後的觀點也就不盡相同。當然,從某種意義上講,這也是一件好事,是疑僞經學術研究繁榮的體現。

二十世紀九十年代中期以來,筆者經常思考"佛教發展中的'文化匯流'"這一現象。所謂"佛教發展中的'文化匯流'"的基本含義是:

> 文化的交流與影響從來是雙向的。雖然佛教産生在印度,但隨著佛教傳到整個亞洲,在佛教影響亞洲文化面貌的同時,它本身也受到整個亞洲文化的滋養,發生變化。因此,佛教的産生固然得益於印度文化的孕育,而佛教的發展則得益於印度文化、中國文化乃至亞洲其他地區文化的匯流。

這是在觀察佛教發展全局的基礎上提出的命題,但我們可以,並且應該把它放在不同的區域背景中進行具體的考察。如以印度佛教、中亞佛教、中國佛教、日本佛教、朝鮮半島佛教、東南亞佛教爲單元,分别考察該地區的佛教如何在本地區固有文化與從其他地區傳入的文化的互動中發展。另一方面,我們也可以用"佛教發展中的‘文化匯流’”作爲觀察點，去考察某一個範疇、某一命題，比如，考察“佛性論”的發展史。

對“佛教發展中的‘文化匯流’”這一課題，目前筆者還在繼續思考。本文擬從“文化匯流”的角度考察中國佛教史上的疑僞經現象，以求教於諸位同好。

一、佛典翻譯與“文化匯流”

文化是特定人群在特定時間、空間中創造的一切物質文明與精神文明的總和。所以，不同人群在不同時空中創造的文化，乃至同一人群在不同時空中創造的文化必然不同。

宗教是社會文化的一種表現形態，宗教的傳播從本質上説是文化的傳播。用這一觀點來考察，則佛教向中國的傳播，實際上是佛教這一特定的宗教體系，從它的原産地南亞印度文化圈向東亞中國文化圈傳播的過程。①

---

① 本文采用“印度文化圈”“中國文化圈”這兩個概念，主要理由如下：

第一，古代南亞次大陸乃至東南亞、中亞很多地區都深受印度文化影響，但這些地區與現實的政治實體印度並不完全等同，故稱之爲“印度文化圈”。同理，古代深受中國文化影響的“中國文化圈”與今天的政治實體中國也不完全等同。故“文化圈”與作爲現實政治實體的國家是兩個概念，不可混淆。

第二，印度文化圈與中國文化圈並非兩個互不相交的區域。恰恰相反，兩個區域相互間有很大的重合。比如中亞、東南亞，古代既深受印度文化的影響，也深受中國文化的影響。其中一些地區甚至受到中國文化支配性的影響，乃至曾經從屬中國中央政府統治。因此，就文化分布而言，這些地區既屬於印度文化圈也屬於中國文化圈。當然，這些地區還保存有本土文化，這是不容忽略的。

第三，很多佛教經典是通過中亞（大月氏、大夏、康居等），特别是通過狹義西域（亦即今天的中國新疆維吾爾自治區）傳入中國内地，而不是從印度本土（即天竺）直接傳入的。不少經典也是在中亞乃至狹義西域産生的。中亞地區，特别是狹義西域，自古深受漢文化影響。這是我們在研究疑僞經現象時必須重視的因素。

上述三點，對考察中國佛教史上的疑僞經現象具有重要意義。

宗教的功用主要體現在精神層面①,其構成則表現爲一系列特有的範疇與獨特的範疇組合,由此形成該宗教的理論與踐行。由於宗教是社會文化的一種表現形態,宗教的理論與踐行的形態也就符合文化的一般規律:第一,在某一特定文化圈中形成的某一特定宗教,它的各種範疇必然具有特定文化圈的色彩;第二,這些範疇的組合方式,服從於該特定文化圈人們的思維模式;第三,宗教理論與踐行的傳播,需要依託特定的載體。一般情况下,這一載體主要指該宗教的信徒。

佛教傳入中國,面臨的首要任務是把在印度文化圈産生的組成佛教理論與踐行的特有範疇及範疇組合轉變成中國文化圈能夠接受的形態。轉變方式即爲佛典翻譯(口譯或筆譯)與傳習。

早期的佛典翻譯與傳習遇到兩個相互關聯、相互影響的問題:第一,佛典翻譯與傳習的行爲載體;第二,佛教的生存環境。下面分别予以叙述。

（一）佛典翻譯與傳習的行爲載體

佛典翻譯不僅要解决不同文化的語言文字、表述習慣的差異,更重要的是要解决不同文化的概念、範疇、思維模式的差異。解决兩種不同文化的語言文字及表述習慣的差異,已經是一個很困難的任務,所以道安有翻譯佛典“五失本”之嘆。②但是,相對於不同的

---

① 一定的宗教也創造出從屬於自己的一定的器物文化,但這些器物文化,在整個宗教中,處於表層或下層。

② 道安曾經總結翻譯經驗,提出“五失本”:“譯胡爲秦,有五失本也。一者,胡語盡倒,而使從秦。一失本也。二者,胡經尚質,秦人好文。傳可衆心,非文不合。斯二失本也。三者,胡經委悉,至於嘆咏,叮寧反復,或三或四,不嫌其煩。而今裁斥。三失本也。四者,胡有義説,正似亂辭。尋説向語,文無以異。或千五百,刈而不存。四失本也。五者,事已全成,將更傍及。反騰前辭,已乃後説。而悉除此。五失本也。”參見《出三藏記集》卷八,CBETA(2016),T55, no.2145, p.52, b23～c2。“五失本”所述,均爲翻譯中遇到的兩種文化的語言文字、表述習慣的差異等技術性問題。

概念、範疇、思維模式而言,解決語言文字及表述習慣的差異衹是一個技術性問題而已。

筆者曾經在《佛教志》中提出,初期來華的外國佛教徒可以分爲兩類:

> 一類人對中國文化較爲隔膜,對他們來説,由於不通華語,不瞭解中國文化,無法獨立完成翻譯佛教典籍的任務,衹能通過擔任傳譯的中國人來翻譯佛典、傳播佛教。但初期那些擔任傳譯的中國人剛剛接觸佛教,不可能真正瞭解佛教。在這種近乎雙盲的情況下,佛教大概衹能以依附或攀緣中國的某種相近學説的面貌出現。另一類人對中國文化相對較爲瞭解,在當時的大背景下,爲了佛教能夠更加順利地楔入中國社會,他們不得不采取一些變通的手法,主動地向中國傳統文化靠近。①

翻譯之難,難在如何在"内容保真"(不走樣)與"方式通俗"(能傳播)之間取得一個平衡點。由於對這一平衡點的把握不同,引起早期中國佛教翻譯的"直譯"與"意譯"之争。如果説,"直譯"與"意譯"之争涉及的僅僅是翻譯理論或技巧問題,並最終由晚清嚴復提出"信、達、雅"而在理論上得到解決,則早期佛典翻譯過程中授、受兩者的文化差異及由此産生的文化隔膜與誤解更加值得我們關注,這就涉及下文所講的佛教的生存環境。

在中國,經典的翻譯往往與譯場講經同步。譯場講經本身就

---

① 方廣錩:《中華文化通志・佛教志》,上海人民出版社,1998 年 10 月,第 13 頁。行文略有修訂。

是一種傳習，但經典翻譯以後，依然存在一個在更廣大的信徒範圍内進行傳習的問題。佛教初傳時，在中國這塊土地上，中國文化是主體（主位文化），佛教文化是客體（客位文化）。佛教能否爲中國人接受，很大程度上取決於中國文化這一主位文化如何閱讀、認識佛教這一客位文化。我們知道，主體閱讀客體時，往往會出現堅持本位立場，强不知以爲知，自以爲是，爲我所用的現象。這也是佛教初傳時産生格義的原因之一。所以格義的産生，也與印度佛教傳入中國以後的生存環境相關。

文化傳播離不了載體，包括授體與受體。載體的特性決定傳播的效果。①故佛典翻譯與傳習的效果取決於翻譯、傳習活動中授體、受體本身的"文化位勢"②以及相互磨合的程度。這是我們研究中國佛教翻譯活動時必須予以注意的。

（二）佛教的生存環境③

佛教從印度文化圈進入中國文化圈，首先面臨的是如何適應新的生存環境。

曾有學者認爲古代中國没有宗教，至今仍有部分學者堅持這一觀點。如果這種觀點可以成立，印度佛教進入中國，屬於填補中國社會的宗教空白。筆者不贊同這一觀點。雖説儒教（或儒家）是不是宗教，道教當時是否已經形成，如果已經形成而狀況如何，這些問題，學術界至今異説紛紜，本文亦不擬討論，但目前學術界絶大部分學者對如下兩點已無争議：

① 東漢末年高誘注《吕氏春秋》中曾用佛教理論解釋《吕氏春秋・貴生》。

② "文化位勢"，是筆者生造的名詞，指某文化個體對某文化圈文化的熟悉程度以及由此取得的權威度。

③ 與佛教的生存環境相對應的，是佛教的生存策略。關於佛教的生存策略，筆者將另行叙述，本文從略。

第一,佛教初傳時,中國已經形成以儒家爲代表的强大的政治文化。①

第二,無論儒教是不是宗教,也無論道教當時是否已經形成,佛教初傳時,中國並非宗教的真空,中國社會充斥著各種信仰形態。關於古代中國的信仰形態,從二十世紀三十年代到近些年,無論是考古成果,還是研究論著,已經有了充分的證明與論述。雖然這個問題與本文所討論的疑僞經關係重大,但限於篇幅,此處從略。

總之,印度佛教傳入中國,實際是佛教從印度文化圈進入中國文化圈,進入了一個全新的生存環境。這個環境有已經高度發展的文化,有傳統宗教,還有各種各樣的信仰形態。印度佛教努力適應這一新的環境,力圖改造這一環境,在這一全新的環境中争取自己的生存及發展,其結果是最終演變爲中國佛教。這一過程,也就是我們通常所説的"佛教中國化"。所以,"佛教中國化"一詞實際包含了兩層含義:一是印度佛教受中國文化影響並改造自己,從而適應了中國這一生存環境;一是中國文化接受印度佛教影響並改造自己,從而接受了這一外來宗教。從第一個層面講,固然是"佛教中國化";從第二個層面講,也不妨説是"中國佛教化"。

有些研究者反對"佛教中國化"這一提法,覺得這一提法與日本的"批判佛教"相呼應,消解了中國佛教正統性。其實這是一種誤解。首先,中國佛教與印度佛教的確有很大的差異,不從"佛教中國化"這一角度去觀察,無法解釋這種差異;中國佛教是中國文

① 筆者認爲,儒家政治文化的現實目標是維持"君君、臣臣"之類的社會秩序,但其理論基礎則是超驗的"天命論"。由此,宗教觀念是儒家文化的基礎,以祭天爲代表的各種祭祀成爲尊崇儒家的各政治實體的"合法性"來源,所以筆者贊同"儒教是教"的觀點,但這個問題與本文關係不大,在此從略。

化對印度佛教選擇與改造的產物,不從"佛教中國化"這一角度去觀察,無法梳理這一改造的過程。其次,如上所説,"佛教中國化"實際是印度佛教與中國文化互動、互補的過程,不僅指印度佛教吸收中國文化的養分改造自己,同時還産生一個"中國佛教化"的效應。在兩者互動、互補的過程中,"佛教"的基本屬性没有改變。舉一個或許不見得恰當的例子,轉基因大豆,其基本屬性依然是大豆。第三,因爲擔心"中國佛教正統性"被消解而拒絶"佛教中國化"這一命題,這一思維方式本身帶有主題先行的意味。筆者覺得一個客觀的研究者在自己的研究實踐中應避免主題先行。坦率地説,前些年日本佛教研究界提出的所謂"批判佛教",從其底層看,固然有其政治的、社會的原因,但從學理上講,則完全是一個僞問題。限於篇幅,這裏不予涉及。

由於印度佛教進入中國文化圈必須經過翻譯與傳習,而中國文化本身又是一種高度發展了的文明形態,所以,研究中國的佛典翻譯史、研究中國現存的佛教典籍,可以發現種種值得注意的現象。筆者在《再談佛教發展中的"文化匯流"》[①]一文中,把這些現象歸納爲:

(一)佛典翻译中的文化反浸现象

翻譯者在翻譯印度佛教典籍的時候,采用中國文化特有的概念、範疇去對譯與該概念、範疇邏輯外延、内涵相交的印度文化圈的概念、範疇,從而將中國文化的某些因素帶入漢譯佛典。反浸程度的深淺,與助譯中國人的"文化位勢"相關。

(二)佛典編譯中的文化加工現象

按照現代標準,翻譯活動可以分爲翻譯、編譯兩類。所謂翻

---

① 方廣錩:《再談佛教發展中的"文化匯流"》(即本書所收《再論佛教發展中的"文化匯流"》),載《敦煌研究》2011年第3期。中國人民大學書報資料中心《宗教》2012年第1期轉載。

譯,指作品完全忠實於原文。所謂編譯,則容許編譯者在作品基本内容忠實於原文的前提下,對原文進行增删潤飾,甚至撮略大意。

如果拿現代的標準去觀察古代,可以發現,中國古代的佛典翻譯情況非常複雜,很難用現代的標準去衡量。爲避文繁,此處不討論古代佛典翻譯的各種形態,僅對中國古代佛典的編譯做一個定義,以便下文的討論。筆者認爲:中國古代佛典的編譯是指編譯者按照某一主題對原始資料進行剪裁、組織乃至加工,由此編纂而成佛教文獻。編譯佛典所用的原始資料爲域外佛典,編譯時,編譯者往往依據自己的理解,有意無意地對作品進行加工。這種加工無可避免地受到編譯者本人的文化背景或其所處的社會背景的影響,甚至加入一些中國的俗語諺語、表現方式。

與翻譯相比,編譯者在進行編譯時,創作的自由度更大。不同的編譯者,自我發揮的能力與程度也各有不同,很難一概而論。故佛典編譯中的文化加工程度的深淺,與該編譯者的"文化位勢"相關。佛典編譯中的文化加工還與疑僞經深相交涉,使得近現代的疑僞經學術研究色彩斑斕。

(三) 佛教發展中的"文化匯流"現象

上文已經對"文化匯流"加以定義,此不贅述。

以往研究者已經發現,《大方等大集經》中出現的十二生肖原屬中國文化元素,中國道教對印度密教具有一定的影響。日本矢吹慶輝發現,不空所譯《百千頌大集經地藏菩薩請問法身贊》中的偈頌,部分與《示所犯者瑜伽法鏡經》第二品偈頌内容相同。而《示所犯者瑜伽法鏡經》却爲中國佛教三階教僧人所撰。[①]筆者也對屬

---

① 矢吹慶輝:《三階教の研究》,岩波書店,1926 年。

於《灌頂拔除過罪生死得度經》系列的《藥師經》①、《淨度三昧經》②、《般若心經》③、《四天王經》④進行過程度不等的探討。

上述經典不同程度地蘊含著中國文化元素，但依據經録進行考訂，除了《示所犯者瑜伽法鏡經》《灌頂拔除過罪生死得度經》以外，其他經典確屬翻譯經典。這些翻譯經典中的中國文化元素，無法用前述“佛典翻译中的文化反浸现象”“佛典編譯中的文化加工現象”來解釋。如用“佛教發展中的‘文化匯流’現象”來解釋，則可以豁然貫通。即這些中國文化元素所以出現在翻譯佛典中，是因爲這些中國文化元素乃至這些由中國人編纂的典籍傳播到狹義的西域乃至廣義的西域，在當地産生影響，被當地的佛經所吸收，或者被翻譯爲當地文字。在這一過程中，它們又接受了當地文化的改造。其後回傳中國，翻譯爲漢文。簡而言之，這些中國文化元素、中國佛教典籍，經歷了一個“出口→接受改造→轉内銷”的過程。

“文化匯流”可以説是文化交流的正常現象。這種現象不但産生在中印文化之間，也産生在中國與朝鮮半島、中國與日本之間。衆所周知，新羅元曉等著名高麗僧人，曾對中國佛教有過重要的影

---

① 指《灌頂拔除過罪生死得度經》及其衍出的隋達摩笈多譯《佛説藥師如來本願經》、唐玄奘譯《藥師琉璃光如來本願功德經》、唐義淨譯《藥師琉璃光七佛本願功德經》等專門論述藥師佛的系列經典。筆者對該系列經典的探討，主要在幾次演講中發表。其後伍小劼對《灌頂拔除過罪生死得度經》有進一步研究，參見伍小劼《〈灌頂拔除過罪生死得度經〉與“文化匯流”》(《南亞研究》2010 年第 3 期)。更詳盡的研究參見伍小劼博士論文《〈大灌頂經〉研究——以〈灌頂拔除過罪生死得度經〉爲中心》(上海師範大學，2010 年)。

② 方廣錩：《〈淨度三昧經〉的目録學考察》，載《七寺古逸經典研究叢書》第二卷，日本大東出版社，1996 年 4 月。又以《從經録著録看〈淨度三昧經〉的真僞》爲名，載《周紹良先生欣開九秩慶壽文集》，中華書局，1997 年 3 月。已收入本書，略有修訂。

③ 方廣錩：《〈般若心經〉——佛教發展中的“文化匯流”之又一例證》，載《深圳大學學報》(人文社會科學版)2013 年第 4 期。中國人民大學書報資料中心《宗教》2013 年第 5 期全文轉載。

④ 見方廣錩《再談佛教發展中的“文化匯流”》，載《敦煌研究》2011 年第 3 期。中國人民大學書報資料中心《宗教》2012 年第 1 期全文轉載。

響。又如古代被視爲疑僞經的《佛説孝順子修行成佛經》後來傳到高麗，演化爲講唱文學《金犢太子》，而《金犢太子》中的一些情節，又出現在清代的《三俠五義》中。[①]自然，這裏到底是誰影響了誰，又是怎樣影響的，還需要再做進一步的研究與清理，但這種現象的客觀存在，值得我們注意。至於近代以來日本佛教、日本的佛教研究與中國佛教、中國的佛教研究的交流會融，已經是我們親聞、親見乃至親身經歷的事實。

總之，印度佛教進入中國時，並非進入一個文化的真空；它進入中國文化圈的全過程，並非是拓荒的歷史，而是一個與中國文化進行深度互動、互補的歷史。這一過程，值得我們進一步剖析。

二、"僞經"及其判别標準

回顧歷史，人們對佛教疑僞經的認識隨著時空的變化而變化。如果仔細梳理其歷史，可以發現在印度、在中國，在兩國的不同時期，對疑僞經的理解互有差異。近代以來，疑僞經成爲佛教學術研究的一個重要内容。如果考察近代以來疑僞經研究的歷史，可以發現研究者對什麼叫疑僞經，各有各的理解，各有各的標準，觀點相差很大，研究的進路也各不相同。這固然繁榮了疑僞經學術研究，却也使相關研究者難以在同一平臺上對話。

在此先簡單評述佛教疑僞經的研究史。

佛教僞經問題，最早是佛教内部産生的宗教理論命題。經典因爲流傳而産生歧義，這在釋迦牟尼逝世不久就已經出現。阿難

① 參見方廣錩《關於〈佛説孝順子修行成佛經〉的新資料》，載《南亞研究》2007年第2期。

想要糾正一個小沙彌的錯誤偈頌但未能成功，就是一個顯著的例子。[①]《長阿含》卷三“遊行經”記載的“四大教法”[②]，説明部派佛教内部對經典内容的正確與否，已經産生較大争議。但當時並没有出現“僞經”這一概念。相反，部派佛教認爲，一根金手杖雖然斷爲十八截，每截依然是金的。因此，部派佛教諸派雖然互不贊同對方的觀點，却也没有排斥對方的存在。因爲在印度人看來，各種異質文化的同時並存，乃是一種正常的現象。

印度佛教大乘初起時，小乘信徒不承認大乘理論，提出“大乘非佛説”[③]。所謂“大乘非佛説”，也就是説大乘經典並非佛金口所説。雖然當時仍然没有出現“僞經”這一概念，但既稱“非佛説”，則按照小乘佛教的觀點，大乘經典顯然屬於僞經。大乘經典的形態與小乘經典有很大的不同，很多佛法並非由佛金口所説，而是由一些大菩薩乃至其他身份的有情所説。但不管由誰所説，最終一定得到經中出現的佛的認可。由此，大乘認爲自己的經典也是佛經。其實小乘經典中也有非佛所説，但爲佛認可的情況，所以大乘的觀點當然可以自圓其説。也就是説，儘管對“佛”的解説可以不同[④]，但無論小乘，還是大乘，都以“佛”金口所説或得到佛的認可作爲判别佛典真僞的核心標準。筆者把這一標準稱爲“身份標準”。所有的佛“經”，經首必須有六事證信並要求三分具足，就是印度佛教對佛“經”貫徹“身份標準”的證據。

---

① 參見《付法藏因緣傳》卷二。

② 大意爲無論從誰那裏聽到佛法，應先采取“不應不信，亦不應毁”的態度，然後“當於諸經推其虚實，依法、依律究其本末”。“若其所言非經、非律、非法者”，應該否定；“若其所言依經、依律、依法者”應該肯定。參見《長阿含》卷三，CBETA(2016)，T01，no.1，pp.0017(b29)～0018(a22)。

③ 參見《大乘莊嚴論》卷一，CBETA(2016)，T31，no.1604，p.591，a24。

④ 參見方廣錩《説佛》，載《隨緣做去，直道行之》，國家圖書館出版社，2011年11月，第289頁。

從漢譯佛典看，印度佛教典籍中最早明確提出"僞經"概念的是《瑜伽師地論》卷九九：

> 諸以如來所説法教相似文句，於諸經中安置僞經，於諸律中安置僞律。如是名爲"像似正法"。①

這裏明確講，所謂"僞經""僞律"，就是"如來所説法教相似文句"。也就是"看起來是這些文句與如來所説教法相似，但實際並非如來所説"。這裏采用的也是上文所説的"身份標準"。

坦率地説，如非釋迦牟尼的親傳弟子，很難徹底貫徹"身份標準"。"定中見佛""夢中授經"之類宗教體驗，因其本身的超驗性，難以證實或者證僞，衹能轉化爲個人的信仰或者不信仰。它們固然是我們學術研究的對象，但我們不可能像宗教徒那樣以個人信仰爲標準去承認或否定。至於六事證信乃至序分、正宗分、流通分之類經典的外在形式，無論什麼典籍都可以模仿、可以追加，並不能真正起到辨别真僞的作用。所以，釋迦牟尼逝世以後，所謂"身份標準"在實踐中很快轉化爲"内容標準"，即依據佛典的内容來判别它的真僞。然而"内容標準"最容易見仁見智，於是到底什麼叫佛經、什麼叫疑僞經也就很難講得清。小乘各派、大乘與小乘、大乘各派、顯密各派、密宗内部紛争不已。

佛教初傳中國時，中國佛教徒還不具備辨别經典真僞的能力，於是也就没有人提出所謂"疑僞經"之類的問題。根據現有資料，在中國佛教史上，最早提出疑僞經問題的是東晋著名僧人釋道安。筆者認爲，釋道安是中國佛教的一個標志性人物。他的出現標志

---

① 《瑜伽師地論》卷九九，參見 CBETA(2016)，T30，no.1579，p.872，c21～23。

著中國佛教初傳期的結束，標志著中國佛教開始掙脱附庸地位，踏上獨立發展的道路。[①]道安提出應對疑僞經進行鑒别，也是筆者提出上述對道安的評價理由之一。

道安當時采用的是“疑經”這一名詞。仔細研究可以明白，道安所謂的“疑經”，實際所指乃後代所謂的“僞經”。道安爲什麽把“僞經”稱爲“疑經”，也許是爲了表示謙虚，表示他對這些經典的判斷並不固執己見。事實證明，他提出的二十六部疑經中，確有判斷錯誤的。但是，如此使用“疑經”這一名詞，也證明在道安的心目中還没有産生後代所謂“真僞難辨”的“疑經”概念。

道安判别佛典真僞的標準是什麽？道安自己這樣表述：

> 經至晋土，其年未遠。而憙事者以沙標金，斌斌如也。而無括正，何以别真僞乎？農者禾草俱在，后稷爲之嘆息；金匱玉石同緘，卞和爲之懷恥。安敢預學次，見涇渭雜流，龍蛇並進，豈不恥之？今列意謂非佛經者如左，以示將來學士，共知鄙信焉。[②]

從上面這段文字，可以得到如下兩條結論：

第一，道安既然在判别佛經的真僞，心目中必然有一個“真經”的標準，他以心目中的“真經”標準衡量此前的佛經，認爲其中某些經典屬於“非佛經”，亦即僞經，並將它們標列示衆。那麽道安心目中的“真經”標準到底是什麽？道安没有明確講。道安爲什麽不公開宣布他心目中“真經”的標準？筆者認爲，這很可能是客觀上没

---

① 參見方廣錩《道安評傳》，昆侖出版社，2004 年 7 月。

② 《出三藏記集》卷五，參見 CBETA(2016)，T55，no.2145，p.38，b0～16。

有這種必要。想必在道安時代，這個標準是佛教界公認的、當然的，用不著特意説明。就好像人們一般不會對“男人”“女人”這樣的名詞去作特意説明一樣。那麽，道安的這個不用説明的標準到底是什麽？筆者認爲，道安的標準應該就是印度佛教的傳統標準。

如前所述，印度佛教的傳統標準，開始是“身份標準”，其後演化爲“内容標準”。由於道安，乃至任何一個正統的中國佛教徒都没有親自追隨過釋迦牟尼或其他什麽佛[①]，無法執行“身份標準”，所以當時中國佛教界流行、道安所執行的，實際上衹能是“内容標準”。

第二，對“内容標準”，應該有一個把握尺度，亦即什麽樣的内容算“真經”，什麽樣的内容爲“非佛經”。道安説“今列意謂非佛經者如左”，説明他是以自己對佛法的理解去判别先前佛經的真僞。道安時代，中國人對佛教的理解還相當有限。道安無疑是當時的佛學高峰、佛教巨匠，即使如此，既然采用“内容標準”，也就不可能不犯錯誤。老實説，無論什麽人，無論他的佛學水平有多高，由於當時無論在中國、在印度，佛教都還在發展中，佛教理論也在發展中，佛經尚處在相對動態的發展過程中。因此衹要采用“内容標準”，那到底什麽是“真經”，勢必有仁智之見，難以定於一尊。

其後僧祐在道安“疑經録”的基礎上編纂“新集疑經僞撰雜録”，他説：

> 祐校閱群經，廣集同異，約以經律，頗見所疑。夫真經體趣融然深遠，假託之文辭意淺雜，玉石朱紫，無所逃形也。今區别所疑，注之於録。並近世妄撰，亦標於末。並依倚雜經而自製名題。進不聞遠適外域，退不見承譯西賓。“我聞”興於

① 劉薩訶之類的人物除外。

户牖，印可出於胸懷。誑誤後學，良足寒心。既躬所見聞，寧敢默已。嗚呼來葉，慎而察焉！[①]

這段文字非常重要。

第一，僧祐提出"疑經""僞撰"兩個名詞，這是否意味著他已經認識到既有僞妄亂真的"僞經"，又有真僞難辨的"疑經"，需要在經録學上予以區分並單獨立目？不是的。從他的著録可以清楚分辨，他所謂的"僞撰"，固然是指僞經；他所謂的"疑經"，實際上也是指"僞經"。衹不過前者編撰者清楚，後者編撰者不清楚罷了。

是否僧祐没有遇到那種真僞難辨的經典呢？不是的，他遇到了。就是《出三藏記集》卷五著録的江泌之女僧法誦出經。[②]當時僧祐稱之爲"取捨兼懷"，就是很爲難，不知道該怎麽辦，無法對這批經典的真僞做出判斷。但他没有對這批經典冠以"疑經"這一名詞，也没有列入"新集疑經僞撰雜録"，而是寧肯將它們單獨列爲一類。可見僧祐雖然在實踐中已經遇到真僞難辨的"疑經"，但就佛教目録學的理論而言，還没有把"疑經"上升到理論高度去認識，故此顯得無所適從。僧祐代表了當時中國佛教目録學的最高水平。這説明，僧祐時代人們還不能準確地把握疑經與僞經的本質區别。[③]

第二，僧祐提出三條判别僞經的方法：

（1）"真經體趣融然深遠，假託之文辭意淺雜。"

這一條討論的實際是佛典的内容與風格。内容問題，上文已

---

① 《出三藏記集》卷五，參見 CBETA(2016)，T55，no.2145，pp.38(c25)～39(a5)。

② 參見方廣錩《關於江泌女子僧法誦出經》，載《普門學報》2001 年第 2 期。又載《藏外佛教文獻》第九輯，宗教文化出版社，2003 年 7 月。已收入本書，略有修訂。

③ 方廣錩：《僧祐的疑經觀》，載日本《中外日報》2001 年 11 月 22 日第一版。中文本載《世界宗教研究》。

經討論,此處從略。

所謂風格,亦即傳統所謂的“文”“質”。就佛經的風格而言,既有原文的問題,因爲不少梵文佛經的原文就非常質樸;也有翻譯的問題,這自然涉及參與翻譯人員的水平。此外,僅就風格而言,我們不能排除有些僞經也可以達到“體趣融然深遠”的程度。起碼主張《大乘起信論》爲僞經的研究者,很難指責《大乘起信論》的風格“辭意淺雜”。所以“風格”牽涉的問題比較多,很難一概而論。

由此,僧祐的這一條方法,在實踐中很難貫徹。必欲貫徹,其效果依然會是見仁見智。

(2)“依倚雜經而自製名題。”

這一條討論的是僞經的定名規律。説明考察典籍名稱,是僧祐鑒别僞經的方法之一。

這一條方法,至今依然可以作爲我們鑒别疑僞經的參考,但也僅是參考而已。比如《妙法蓮華經度量天地品》《妙法蓮華經馬明菩薩品》確爲僞經,但經名所“依倚”者,不是“雜經”,而是著名的《妙法蓮華經》。

(3)“進不聞遠適外域,退不見承譯西賓。‘我聞’興於户牖,印可出於胸懷。”

這一條最爲關鍵。僧祐上文的意思是説:“既不見你到西域去(即你没有可能得到梵文原本),也不見你那裏有從西域來從事翻譯的人。在自己房中胡説什麼‘如是我聞’,按照自己的理解隨意確定經典的真僞。”也就是説,真經必然翻譯有緒,僞經則是中國人自己撰寫、判定的。將判别真僞佛典的標準定位爲考察這部漢文典籍是在中國“翻譯”,還是中國人“撰著”。

如前所述,印度佛教用“身份標準”與“内容標準”來判别佛典的真僞。中國早期佛教徒衹能采用“内容標準”來判别漢文佛典的真僞，但單純采用“内容標準”容易見仁見智。此外，僧祐又發現“内容標準”與“身份標準”有時難以統一。即有些典籍的内容雖然没有問題，但編纂者並非佛，於是他主張這樣編纂出來的典籍也不能稱爲“經”。在他的“新集疑經僞撰雜録”中，著録了如下經典：

> 《佛所制名數經》，五卷。右一部，齊武帝時，比丘釋王宗所撰。抄集衆經，有似數林，但題稱“佛制”，懼亂名實，故注於録。①

也就是説，雖然這些名數抄自衆經，内容本身没有問題，但既然是王宗編纂，就不能稱爲“佛制”。其實，王宗本人未必敢犯“妄語戒”，自稱爲“佛”。筆者猜測其本意是指那些名數都是“佛所制”，而不是説這部抄集的典籍是“佛所制”。即使如此，僧祐“懼亂名實”，也不許可。

“身份標準”難以執行，“内容標準”又有漏洞。如上所述，僧祐的辦法就是進而考察這些經典到底是否翻譯還是撰著。如果是翻譯的，那就判爲“真”，否則就判爲“僞”。筆者把這一標準稱爲“翻譯標準”。

這裏有一個問題，即在道安時代，“翻譯標準”是否已經産生？由於缺少文獻依據，在此難以做出明確的回答。但從常理推測，“翻譯標準”不可能在某一天突然形成。筆者認爲，僧祐的“翻譯標準”應該在前人的相關研究基礎上總結提煉而成。因此，雖然並無文獻依據，我們可以推測，在道安時代，“翻譯標準”或許已經出現。但由於道安本人並没有提到這一標準，故此，即使當時“翻譯標準”已經産生，也没有占據主導地位。占據主導地位的，應該還是“内容標準”。

① 《出三藏記集》卷五，參見 CBETA(2016)，T55，no.2145，p.39，b8～11。

筆者推測"翻譯標準"可能在僧祐之前已經出現,是因爲"翻譯標準"的形成與印度佛教進入中國以後,"經"這一名詞的外延逐漸擴展相表裏。

按照印度佛教傳統,佛對佛教教法的言論稱爲"經",佛對佛教戒律的論述稱爲"律",弟子們對佛法的闡述則稱爲"論",由此組成佛教"三藏"。但早期的漢譯經典並没有嚴格遵守印度佛教的這一規範。如《鼻奈耶》十卷,在道安主持下,由竺佛念翻譯,該典籍屬於"律",道安却在經序中稱之爲"鼻奈經"①。智昇著録該律曾以諸多異名流傳:"一名《誡因緣經》,亦云《鼻奈耶經》,亦云《戒果因緣經》。"②又如《尊婆須蜜菩薩所集論》《三法度論》等,按照"三藏"分類均屬於"論",但在其譯出之初,都曾被稱爲"經"。上述現象都發生在僧祐之前。由此可知,就早期中國佛教信徒而言,相對於經、律、論三藏的區分,真僞的鑒别更爲重要。③這應該是"翻譯標準"所以出現並能夠流通的重要背景。

隨便説一句,其後,"經"的外延進一步寬展。《開元釋教録》卷二十之"賢聖集"中"梵本翻"部分,多部典籍均被冠以"經"名。漢文佛教大藏經,最早被稱爲"衆經"或"一切經",後來被稱爲"經藏""藏經"。在"衆經""一切經"或"經藏""藏經"中,實際包含了經、律、論乃至賢聖集等多種類型的佛典。亦即在中國,"經"這一名詞的外延不斷擴展、泛化,這與印度佛教"三藏"分類體系中"經"形成鮮明對照。尤其應該指出的是,早期的"衆經""一切經"或"經藏""藏經",除了個别例外,基本遵循衹收翻譯典籍,不收中華佛教撰著的立場。亦即

---

① 《鼻奈耶》卷一,CBETA(2016), T24, no.1464, p.851, a19。

② 《開元釋教録》卷四,CBETA(2016), T55, no.2154, p.512, a6。

③ 這也與早期中國佛教徒尚無區分三藏的能力有關。參見筆者在《道安評傳》(版本同前)中的有關論述,此不贅述。

在這一時期，凡是翻譯的典籍，都被視爲“經”。所以，在中國佛教中，所謂“經”，實際可以分爲狹義的“經”與廣義的“經”兩類。狹義的“經”，僅等同於印度佛教三藏中“經藏”之“經”；廣義的“經”，不僅包括印度之“三藏”，還包括“雜藏”等一切漢譯佛教典籍。①

佛典翻譯爲中國佛教提供了源源不斷的新理論與新學説，所以翻譯活動原本就在佛教中占據獨特的地位。僧祐正式提出“翻譯標準”，使得漢譯佛典的真僞判別有章可循，大大增加了判別真僞的可操作性。所以，僧祐以下，這一標準被中國佛教廣泛接受，也使得佛典翻譯的地位進一步提高。這種提高，不僅反映在翻譯典籍具有絶對的權威，也體現在梁《高僧傳》將“譯經”列爲第一篇，並由此奠定了中國僧傳的體例。

“翻譯標準”確立以後，在佛典的真僞鑒別的具體操作中，怎樣纔能確定一部佛典是否翻譯呢？於是譯經史與佛教經録的重要性開始凸顯。僧祐的《出三藏記集》特意設立“總經序”“述列傳”兩目，就起到譯經史的作用。而中國佛教經録的發達，固然受到中華文化整理典籍的傳統的影響，同時也體現了中國佛教爲保持佛法純潔性所做出的堅持不懈的努力。

當然，考察譯經史並不能解決所有的問題，這是由於在中國佛教翻譯史上還出現了很多所謂“失譯”經典，即缺失譯人姓名的典籍。僧祐曾經分析失譯經出現的原因：

> 尋此録失源，多有大經。詳其來也，豈天墜而地涌哉？將是漢魏時來，歲久録亡；抑亦秦涼宣梵，成文届止；或晉、宋近

---

① 其後，隨著中華佛教撰著的大批入藏，“廣義的經”甚至包括中國人的著作，最終成爲所謂“大藏經”。

> 出,忽而未詳。譯人之闕,殆由斯歟!尋大法運流世移,六代撰注群録,獨見安公。以此無源,未足怪也。[①]

對這批失譯經,又該怎麽辨?當時没有什麽好辦法,衹能采用"内容標準",然後再參考僧祐所謂的風格以及考察名題、追索來源等等。采取上述方法,自然不能完全解决問題,於是爲後人判别佛典真僞留下難題,紛紛至今。

總之,從僧祐開始,中國佛教確立以"翻譯標準"判别佛典的真僞,並輔之以"内容標準"。

從南北朝其他一些經録看,僧祐以後,人們開始區别疑經、僞經這兩個不同的概念。由於這些經録已經失傳,當時詳情如何,難以考訂。但起碼到了隋朝,法經等人編纂的《衆經目録》(以下簡稱《法經録》)對疑經、僞經已經有了非常清晰的認識。其中對疑經的解釋是:"多以題注參差,衆録致惑。文理複雜,真僞未分。事須更詳,且附疑録。"[②]對僞經的解釋是:"並號乖真。或首掠金言,而末申謡讖。或初論世術,而後託法詞。或引陰陽吉凶,或明神鬼禍福。諸如此比,僞妄灼然。今宜秘寢,以救世患。"[③]這裏需要注意的是,既然從僧祐起,中國佛教已經確立了以"翻譯標準"判别佛典的真僞,"内容標準"衹起輔助作用,那爲什麽《法經録》的有關表述完全從典籍内容出發,未見"翻譯標準"的痕迹?如何解釋這一現象?

筆者認爲,這是"表述"與"操作"的差異。"表述"反映的是當時僧人對疑僞經的認識。"操作",即具體的真僞鑒别方法則主要依據"翻譯標準"。這裏可以舉《占察經》爲例加以説明。

---

① 《出三藏記集》卷四,參見 CBETA(2016), T55, no.2145, p.21, c1～6。

② 《衆經目録》卷二,參見 CBETA(2016), T55, no.2146。依據校記訂正文字。

③ 同上,p.12, c14～17。依據校記訂正文字。

《占察經》二卷。

右一部二卷，檢群録無目，而經首題云：“菩提登在外國譯。”似近代出，妄注。今諸藏内並寫流傳。

而廣州有一僧行塔懺法：以皮作二枚帖子，一書“善”字，一書“惡”字。令人擲之。得“善”者好，得“惡”者不好。又行自撲法，以爲滅罪，而男女合雜。青州亦有一居士，同行此法。

開皇十三年，有人告廣州官司云：“是其妖。”官司推問。其人引證云：“塔懺法，依《占察經》；自撲法，依諸經中‘五體投地，如太山崩’。”廣州司馬郭誼來京，向岐州具狀奏聞。勅不信《占察經》道理，令内史侍郎李元操共郭誼就寶昌寺問諸大德沙門法經等。報云：“《占察經》，目録無名及譯處。塔懺法，與衆經復異。不可依行。”勅云：“諸如此者，不須流行。”

後有婆羅門來云：“天竺見有經。”(出《六根聚》曰)[①]

關於《占察經》的真僞，近代學術界多有研究，此處不贅。如上所載，法經等人對《占察經》真僞的判定理由是“目録無名及譯處”，説明在鑒别真僞的實際操作中，他們所采用的，的確是“翻譯標準”。

到了唐代，對疑經與僞經的定義進一步細密，如《開元釋教録》對“疑經”與“僞經”的定義如下：

疑惑録者，自梵經東闡，年將七百。教有興廢，時復遷移。先後翻傳，卷將萬計。部帙既廣，尋閲難周。定録之人隨聞便上，而不細尋宗旨，理或疑焉。今恐真僞交參，是非相涉。故

① 《歷代三寶紀》卷十二，CBETA(2016)，T49，no.2034，p.106，c8～23。文字據校記有訂正。

爲别録，以示將來。庶明達高人，重爲詳定。①

偽經者，邪見所造，以亂真經者也。自大師韜影，向二千年。魔教競興，正法衰損。自有頑愚之輩，惡見迷心，僞造諸經，誑惑流俗。邪言亂正，可不哀哉！今恐真僞相參，是非一概。譬夫昆山寶玉與瓦石而同流，贍部真金共鉛鐵而齊價。今爲件别，真僞可分。庶涇渭殊流，無貽後患。②

智昇上述論述的基本精神，與《法經録》没有明顯的差異，亦即他們的"表述"基本相同。再考察智昇的"操作"，從《開元釋教録》卷十八之"别録中疑惑再詳録第六""别録中僞妄亂真録第七"來看，智昇對"疑經"與"僞經"的鑒别實踐，主要依據前代經録記載，加上本人實地調查。他所遵循的方法，依然是僧祐確立的"翻譯標準"爲主，"内容標準"爲輔。可以説，到了智昇的時代，中國佛教對疑僞經的判别標準已經成熟，形成慣例，即以"翻譯標準"作爲第一標準。祇要判定某佛典的確屬於翻譯，即使其中内容有些問題，都允許入藏流通。反之，祇要是中國人撰著的，即使内容没有問題，也被斥爲"僞經"。在判别實踐中，確定某部經典是否翻譯，亦即是否真經，主要依靠經録著録。後代比較重要的經録都附有譯人小傳，所以，檢索經録著録本身，同時包括了考察譯經史。至於失譯經典，則除了考察前代經録著録外，依然祇能由編纂經録的作者根據自己的佛學水平去考察它的内容，進行判定。

需要强調指出，"翻譯標準"的確立與流傳，關鍵在於當時人們存在這樣一種當然的思維模式：佛教是佛在印度創立，從印度傳入

① 《開元釋教録》卷十八，參見 CBETA(2016)，T55，no.2154，p.671，b20～24。

② 《開元釋教録》卷十八，參見 CBETA(2016)，T55，no.2154，p.672，a9～15。

中國。按照這種思維模式，其邏輯的推衍是：第一，印度傳入的佛經均屬“真經”。中國無佛，中國佛教徒學習佛經，可以寫出疏釋，寫出論著，但不可能寫出佛經。①第二，域外傳入“真經”的原文爲非漢文，必須經過翻譯，所以凡是翻譯的佛典都是真的。那些沒有經過翻譯的典籍，無疑是中國人自己撰寫的，自然都是僞的。

上述思維模式又可以得出如下兩個邏輯判斷：第一，佛教在印度的發展，是純而又純的印度文化的自我邏輯演化。第二，中國佛教徒應該學習與流通正統的印度佛教，並努力保持它的純正性。②

---

① 《壇經》被稱爲“經”，是因爲當時人們認爲惠能已經成佛。《壇經》形態也仿照佛經，有六事證信。

② 在部分佛教研究者中，這兩種邏輯判斷，表現爲如下兩種形態：

(1) 就印度佛教而言，他們認爲佛教在印度産生，純屬印度的宗教。其後佛教的發展，是純而又純的印度文化的自我邏輯演化，沒有絲毫其他文化的因素加入。一旦發現漢譯佛教典籍中有其他文化的因素，他們就認爲“這不是印度佛教”“這是疑僞經”。或者對其他文化的元素加入閉目不見，聽而不聞，一概視之爲印度本地“土産”。

(2) 就中國佛教而言，他們認爲佛教傳入中國以後，在中國，以佛教爲代表的印度文化與以儒、道爲代表的中國文化的關係，不過是涇水與渭水的關係，涇水、渭水雖然合流，但依然“涇渭分明”。在他們看來，中國佛教徒應該學習、傳承與流通正統的印度佛教，並努力保持它的純正性，從而表現出一種宗教基要主義的傾向。

其實，從古到今，從來沒有人論證過上述思維模式及其衍生的兩個邏輯判斷的合理性，甚至至今爲止，也沒有人公開揭示過這兩點。但很長時間内，人們一直把它們作爲當然的事實，作爲思考、研究其他問題的基礎。佛教界是如此，佛教研究界也是如此。佛教傳入中國，儒家、道教很多人攻擊它是夷教，反對以夷變夏。南北朝三教論衡，夷夏論是個大題目。唐代韓愈依然拿它做文章。乃至直到宋代以下，還能聽到這種聲音。這祇能説明儒家思想的剛性。筆者贊同殷海光先生在《中國文化的展望》（文星書店，1966 年 1 月）一書中對儒家文化的分析。

二十世紀以來，通過諸多學者的共同努力，人們發現佛教傳入中國以後，實際上一直在與中國文化相融攝，並不斷因中國社會的變化而變化，乃至逐漸由印度佛教演化爲中國佛教。人們把這一過程稱爲“佛教的中國化”。八十年代以來，有關佛教中國化的討論十分興盛，現在已經成爲中國學術界的共識。也就是説，上述兩個基本思維模式中的關於中國佛教的模式，實際上已經被打破，但是，關於印度佛教的模式，即“佛教在印度的發展，是純而又純的印度文化的自我邏輯演化”，至今還沒有受到挑戰。佛教發展中的“文化匯流”這一命題的提出，就是對這一模式的挑戰。可以預計，隨著研究的逐步深入，我們將更加清楚地描繪出古代世界的佛教是怎樣在亞洲各種文化的共同作用下，不斷演化發展的。

但世界上問題是複雜的。由於“文化匯流”的作用,有些明明是翻譯的佛經,其中偏偏有著中國文化的元素。中國古代有些高僧也發現了這一問題,他們自然不可能有“文化匯流”這種問題意識,但他們也要解決爲什麽在翻譯經典中會有中國文化元素這一問題。他們的辦法是盡力將這些經典判定爲是中國人撰寫的僞經,但經録已經明確著録這些經典是翻譯,怎麽能夠説它是僞經呢? 於是,他們的進路就是想方設法否定經録的著録。古代的經録,産生時代不同、編纂的條件(占有資料)不同、編纂者的能力不同,經録的水平也就參差不齊,往往會有相互矛盾的記載。古代的經録學家就利用這種情況,做出翻案文章。

這裏依然以智昇爲例。南北朝有一部經典,名爲《淨度三昧經》。曾先後兩次被翻譯,後來南朝蕭子良又依據譯本摘抄爲“抄經”,於是有多個傳本傳世。由於該經的確是翻譯的,所以從來没有人對它的真僞提出疑問,不但一直被收録在大藏經裏,还被摘引到《經律異相》《法苑珠林》等佛教類書中。但智昇發現,這部經典中夾雜了很多中國文化元素。翻譯經典怎麽能夠存在中國文化元素呢? 然而經録又明確著録該經爲翻譯。於是智昇利用經録中對這部經典的不同著録,大膽提出“大藏經中所收的《淨度三昧經》也許是蕭子良的抄經”[①]這樣一個假設。也就是説,智昇也承認中國曾經翻譯過《淨度三昧經》,但主張當時被大藏經收録的《淨度三昧經》,可能不是原來的譯本,而是竄入的蕭子良“抄經”。但這畢竟衹是他個人的猜測,所以他不敢把大藏本《淨度三昧經》公然列爲僞經,而僅是把它列爲“疑經”。按照傳統,疑經不能入藏。於是智

① 《開元釋教録》卷十八:“蕭子良抄撰中有《淨度三昧經》三卷,疑此經是。”參見 CBETA(2016), T55, no.2154, p.671, c20。

昇名正言順地把《淨度三昧經》驅逐出自己所編的《開元釋教録·入藏經》。但一方面,他又把它列入"入藏録"的附録,以示謹慎。關於該經的真僞,筆者在《〈淨度三昧經〉的目録學考察》做了考證,結論是原大藏本《淨度三昧經》並非蕭子良"抄經",確爲譯本,智昇的假設站不住脚。[①]但不管怎樣,由於智昇把這部經趕出大藏,此經後來亡佚。如果不是日本保留了若干古抄本,敦煌藏經洞保留若干殘本,我們今天就無法對它進行討論。

總之,中國佛教徒爲了純正佛教理論,需要鑒定佛典的真僞。由於傳統的"身份標準"已經無法執行,祇好采用"内容標準"。但是,在實踐過程中他們認識到,完全根據内容來判别真僞,即使具有很高的佛學素養,依然難免仁智之見。於是改用"翻譯標準"爲主,輔之以"内容標準"。在實踐中,鑒别真僞的方法主要表現爲檢索前代經録著録。這是中國古代佛教目録學極其興盛,佛教目録學水平遠遠超出同時代四部書目録學水平的内在動力。

如前所述,"翻譯標準"的確立,使得漢譯佛典的真僞判别有章可循,大大增加了判别真僞的可操作性。具體來講:

這時,如果遇到"翻譯標準"與"内容標準"的考察結果一致,亦即:(1)某佛典,從經録考察,有明確著録,確爲翻譯;從内容考察,没有發現疑點。(2)某佛典,從經録考察,被著録爲疑僞經,或查不到相關著録,或有關著録相互矛盾;從内容考察,教義、教理或文風、表述亦有疑點。遇到上述兩種情況,真僞判别問題就比較簡單,可以直接得出結論。

這時,如果遇到"内容標準"與"翻譯標準"的考察結果不一致,亦即:(1)某佛典,從經録考察,未見著録;從内容考察,並無疑點。

---

① 方廣錩:《〈淨度三昧經〉的目録學考察》,載《七寺古逸經典研究叢書》第二卷。

(2)某佛典,從經録考察,有明確著録,確爲翻譯;但從内容考察,却頗有疑惑。凡遇到上述第一種情況,一般會把這部經典判爲失譯。凡遇到上述第二種情況,最終結果無非兩種:第一種,相信經録的著録,打消自己的懷疑;或雖然無法消除懷疑,但保持沉默,就像佛教史上有人對《大乘起信論》那樣。第二種,堅持己見,那就要想方設法去尋找經録著録的矛盾,推翻經録的著録,由此證明這部經不是翻譯的,就像智昇對待《淨度三昧經》那樣。

應該説明,站在佛教的宗教立場上,上述依次形成的三個標準中,"身份標準"始終是最基本的、第一位的。其次纔是"内容標準"與"翻譯標準",後兩者都是在不得已情況下出現的方便法門。因此,雖然"翻譯標準"確立以後,人們一般均會首先依據"翻譯標準"判定真僞,但特殊情況下依然會出現依據"内容標準"甚至"身份標準"來進行真僞判定。如遼代曾火燒《壇經》。在遼代僧人看來,惠能是個中國人,他的言論集怎麼能夠稱之爲"經"?故必須予以禁絶。這裏執行的就是"身份標準"。當然,這是由於遼代佛教的主流信從華嚴、密教,禪宗在遼代疆域内無大勢力。火燒《壇經》,與禪宗僧人無關。

古代對佛教疑僞經的研究,基本上局限在佛教内部,屬於佛教自己的宗教問題。從佛教徒的立場來説,僞經是淆亂正法的雜草,必須剷除。疑經在没有辨明身份以前,也不能隨便流傳。僞經與疑經的身份雖有不同,但在不准流通這一點上是一致的。因此,大量的疑經與僞經均被人爲湮没,今天我們也往往把它們相提並論。

近代以來,佛教成爲人文社會科學研究的對象,逐漸成爲宗教學中一個重要的研究領域,疑僞經現象也日益爲人們所關注。當疑僞經現象從宗教領域走入學術視野,人們對它們的評價也發生翻天覆地的變化。這一變化,首先表現爲對疑僞經的"去污名化"。

研究者認爲，雖然疑僞經並非正統的佛經，但同樣能反映當時當地的社會歷史及思想狀態。於是，原本被視爲應該“今宜秘寢，以救世患”的疑僞經，成爲研究者眼中重要的佛教研究資料。不僅如此，二十世紀上半葉，當日本學者及中國金陵刻經處系學者討伐《大乘起信論》時，梁啓超大聲爲《大乘起信論》叫好。他贊同日本、中國有關學者關於《大乘起信論》是中國人所撰，屬於“僞經”的觀點，但爲中國人能夠撰寫如此思想深邃的佛教論著感到自豪。

二十世紀以來，以日本學者爲代表，包括部分中國學者及歐美學者，學術界對漢傳佛教中大量典籍進行考證、辨析，認爲有不少經典都有問題，是中國人所撰，屬於疑僞經。除了上面提到的《大乘起信論》，還有諸如《梵網經》《仁王經》《四天王經》，等等，不一一枚舉。

考察這些學者的研究方法，主要是在有關經典中發現有中國文化的元素。由於前述思維模式的影響，在這些學者看來，既然佛教在印度產生，從印度傳入中國，則印度佛教不會有中國文化元素。如果漢譯本的確依據印度佛教原典翻譯，其中也不應該有中國文化元素。現在既然發現有中國文化元素，那該典籍肯定不是翻譯經典。於是有的研究者遵循中國佛教的傳統方法去查考歷代經録的著録，如果發現有著録稱該經確是翻譯，則像前面所說的智昇那樣，要想法設法去推翻經録的記載。也有的研究者完全無視經録著録，根據自己對經典內容的辨析，直接做出真僞判定。

在對“疑僞經”命名方面，這一時期在經歷了“疑經”“庶民經典”等一系列過渡與猶豫以後，逐漸將它們定名爲“中國撰述經典”。這一名稱的提出，原意是想進一步消除或削弱“疑僞經”這一名稱所藴含的負面含義，凸顯其學術價值及歷史地位。亦即這些“中國撰述經典”雖然不能成爲研究印度佛教的依據，但依然是研究中國佛教的重要資料。但細究這一定名,它在學理上實際又提出了一個新的疑僞經判别標準,筆者稱之爲"作者標準"。其内在的基本思路是,經典内容含有中國文化元素,其作者必定是中國人。

二十一世紀以來,學術界在研究疑僞經時,又出現新的提法,就是所謂"編譯經典"。有關研究者指出,漢譯佛典中,有不少經典實際不是翻譯的,而是編譯的,並做了非常細緻的經典梳理與比對工作。筆者認爲,漢譯佛典中的確有相當數量的佛典是編譯的,祇要對佛典翻譯史有所瞭解的研究者都不會對此提出異議。佛典在中國被編譯時,很自然會出現加入中國文化元素的現象,上文筆者把這種現象稱爲"編譯中的文化加工",但我們能不能把這些編譯經典都列入"疑僞經"範疇,這恐怕需要謹慎處理。毫無疑問,我們應該進一步推進對"編譯經典"的研究,進一步搞清漢譯佛典中各類各種佛典具體是怎樣産生的①,探討中國文化元素是怎樣通過"編譯"這種方式進入這些佛典的,研究其規律。我們似乎不能簡單地把"編譯經典"視同疑僞經。如果那樣做,實際是對疑僞經判别又提出一個新的標準——"文體標準"。

三、近代疑僞經研究簡述

在此想對近代以來的疑僞經研究做一個簡單的評述。

首先,無論在教理的梳理,還是文獻的考訂,近代以來的疑僞經研究都取得了大量的優秀成果。經過研究,使我們對大批典籍

---

① 參見船山徹《仏典はどう漢訳されたのか》,岩波書店,2013 年 12 月。承作者寄贈,特致謝意。

的産生背景、理論傾向、經録著録、作者考證都有了新的認識。不少研究不但揭示問題、解決問題，還使我們的視野更加開闊，並凸顯了疑僞經研究領域現存的問題點。這些研究已經並將繼續成爲今後疑僞經研究深入發展的基礎。

其次，我們也應該指出，部分研究者繼承了前此的形而上學的思維方式，把佛教典籍這樣一個在複雜的時空中經歷近兩千年運動的事物，看成是一成不變的東西。二十世紀八十年代日本興起的“批判佛教”，其研究思路與上述疑僞經研究者可謂一脉相承。大家知道，“批判佛教”的基本論點之一，是認爲中國佛教是以儒家的“理”與道教的“道”爲基礎的，與主張緣起論的印度佛教完全不同。因此，他們主張中國佛教並非真正的佛教，應該予以批判。[①]這種思維方式，正是本文已經指出的，把佛教的發展看作完全是、也衹能是印度文化自我邏輯的演化的結果，完全無視，也不允許佛教因爲不同文化元素的加入而使自己的形態發生的變化。在筆者看來，像“批判佛教”這樣以純而又純的印度文化爲標準來研究佛教史，其方法論上的謬誤，使得它所得出的結論，從學理上講，衹能是一個僞問題。

如果我們贊同“宗教是社會文化的一種表現形態，宗教的傳播從本質上説是文化的傳播”，贊同“文化的交流與影響從來是雙向的”，用“文化匯流”這一更爲寬廣的視野來研究中國佛教史上的疑僞經現象，那麽佛教疑僞經可以爲我們的佛教研究打開全新的境界。

舉例而言，考察經録著録，《仁王般若經》是一部翻譯經典，無可懷疑。但考察該經内容，其所載“國王、大臣、太子、王子，……立

---

① 參見伊藤隆壽《中国仏教の批判的研究》，大藏出版株式會社，1992年5月。

統官制衆,安籍記僧"①云云,在流傳著"僧不拜俗"傳統的印度是不可想象的,衹有在中國大一統專制社會中,纔會出現這種現象。有些研究者根據這段文字,判定《仁王般若經》爲僞經,但拿不出足夠的證據來否認這是一部翻譯經典。我們如果考慮到該經的譯者是鳩摩羅什,則一切疑慮或可冰釋。鳩摩羅什本人是著名的佛學大師,是當時中國佛教的第一人。他自視甚高,稱:"吾若著筆作大乘阿毗曇,非迦旃延子比也。"②他注意到"秦人好簡"③這一中國文化的特質,翻譯佛典的時候,會采取"裁而略之"④的方法,也就是編譯。當年在道安譯場,竺佛念翻譯《阿毗曇八犍度論》時,曾對經文有所潤飾。後來被法和指責,道安"亦深謂不可"⑤。於是將竺佛念潤飾的文字統統删除,數量達四卷之多。删餘文字編成三十卷《阿毗曇八犍度論》。其實,對譯文加以潤飾,是竺佛念的一貫風格。⑥他在自己翻譯的《王子法益壞目因緣經》序中説:"佛念譯音,情義實難。或離文而就義,或正滯而傍通,或取解於誦人,或事略而曲備。"⑦但翻譯《阿毗曇八犍度論》時,主事者是道安,竺佛念便不得不遵命删除。采用"文化位勢"的説法,與道安相比,竺佛念顯然處於下位。而對鳩摩羅什的譯經,在當時誰有資格可以評論是非?采用"文化位勢"的説法,當時無人能夠與鳩摩羅什相抗衡。鳩摩羅什的翻譯風格既然存在編譯,則出現"編譯中的文化加工"也就

① 《佛説仁王般若波羅蜜經》卷下,CBETA(2016),T08,no.245,p.833,b19～22。

② 《高僧傳》卷二,CBETA(2016),T50,no.2059,p.332,c4～5。

③ 《大智度論》卷一,CBETA(2016),T25,no.1509,p.57,b23。

④ 同上。

⑤ 《出三藏記集》卷十,CBETA(2016),T55,no.2145,p.72,b3。

⑥ 《出三藏記集》卷十,"[竺佛]念洒學通内外,才辯多奇。常疑西域言繁、質,謂此土好華。每存瑩飾文句,滅其繁。長安公趙郎之所深疾。"CBETA(2016),T55,no.2145,p.71,c1～4。

⑦ 《出三藏記集》卷七,CBETA(2016),T55,no.2145,p.51,c12～16。

毫不奇怪。也就是説，如果我們承認《仁王般若經》是一部翻譯佛典，同時承認其中確有中國文化元素，那擺在我們面前的問題就是要研究何以在翻譯佛典中出現中國文化元素。這將促使我們進一步研究鳩摩羅什的翻譯風格、譯場組織，鳩摩羅什所處的社會環境，鳩摩羅什的思想，由此可以進一步研究“佛教中國化”的進程與表現形態，認識中國佛典翻譯活動中的“編譯中的文化加工”及其表現。誠如此，我們面前將展現出一批新的研究課題，爲我們研究中國佛教打開新的進路。反之，如果簡單地把《仁王般若經》斥爲“僞經”，則自我封閉了研究的進路。

《仁王般若經》的情況相對簡單，在此再舉一例。

二十世紀以來，對《大乘起信論》的討論對佛教研究界的影響極爲深遠，黄夏年先生曾撰有《二十世紀〈大乘起信論〉研究述評》[①]，可以參見。主張《大乘起信論》爲“僞”的研究思潮，進而發展爲“批判佛教”；主張《大乘起信論》爲“真”的研究思潮，進而提出印度佛教中存在一個與中觀、唯識兩派鼎足而三的“真常唯心系”。那麽《大乘起信論》到底是不是一部翻譯典籍？楊維中先生做了很好的考證[②]。筆者贊同他的觀點，《大乘起信論》的確是一部翻譯的佛典。既然《大乘起信論》是翻譯的典籍，是否説明印度佛教存在“真常唯心系”的觀點可以成立呢？顯然很難。筆者認爲，在印度，的確存在“如來藏緣起”思想，但不存在與中觀、唯識鼎足而三的所謂“真常唯心系”。既然《大乘起信論》是翻譯的典籍，那是否其中完全是純粹的印度文化元素？百年來諸多研究者的研究已經證

---

① 黄夏年：《二十世紀〈大乘起信論〉研究述評》，載《華林》第一卷，中華書局，2001年4月。又載《普門學報》2001年第6期。

② 參見楊維中《〈大乘起信論〉的翻譯考辨》，載《藏外佛教文獻》第十四輯，中國人民大學出版社，2010年8月。

明,《大乘起信論》理論與中國傳統文化確有諸多共通之處。如何解釋這一現象？如果我們從"文化匯流"的角度來研究這個問題,那就可以考慮第三種可能,向西傳播的中國文化有可能影響到《大乘起信論》的産生地,從而反映在《大乘起信論》中。當然,就《大乘起信論》而言,筆者在此衹是提出一種可能,並非是一種結論,做結論需要有充分的資料與更爲詳盡的研究。此外,就"文化匯流"這一命題的原意而言,考察《大乘起信論》時,我們還需要考慮印度本土文化的因素,特别是四世紀以後婆羅門教逐漸成爲印度的强勢文化這一因素。這裏涉及的問題非常複雜,本文難以展開,但它是一個可以進一步研究的問題。因爲已經有大量的事實證明,中國文化的確西傳,並且在西域發揮作用,産生影響。

總之,中國文化向西傳播,對中亞,特别對"狹義西域",亦即今天中國新疆地區的影響不可忽略。這種影響既有歷史文獻的記録,也有近代考古實物的證據,是實實在在的一種歷史存在。如前所述,這一區域實際是印度文化圈與中國文化圈的交匯之地,而古代新疆又是大乘經典的産地之一。①既然如此,在這裏産生的佛教經典,同時兼具印度文化與中國文化元素,並非不可理解。即使對印度本土,雖然由於資料的缺乏,我們難以作出詳盡而準確的描述,但有不少蛛絲馬迹,還是可以啓發我們的思路。歷史上很多僧人西行求法,其中不少人留在印度,没有回國。那些留在印度的中國僧人,是否會對印度文化留下影響,就是一個應該探討的

---

① 隋費長房《歷代三寶紀》卷十二、唐玄奘《大唐西域記》卷十二都提到收藏在"斫句迦國"的大乘經典,所謂"此國東南二十餘里,有山甚險。其内安置《大集》《華嚴》《方等》《寶積》《楞伽》《方廣》《舍利弗陀羅尼》《華聚陀羅尼》《都薩羅藏》《摩訶般若》《八部般若》《大雲經》等,凡十二部,皆十萬偈"。《歷代三寶紀》卷十二,CBETA(2016), T49, no.2034, p.103, a20～24。據考訂,該"斫句迦國"應在今中國新疆境内。

問題。衆所周知，玄奘在印度曾撰寫《會宗論》三千頌，力圖會融中觀、唯識兩派的觀點。據説：“戒賢師已下，見咸稱善，彼具流行。”[①]這一著作未能流傳下來，我們現在也難以探索這部著作對印度佛教的影響，但我們知道，“空有之争”以後，印度佛教的確産生一個“瑜伽中觀派”。我們現在没有任何理由説玄奘的《會宗論》曾經對瑜伽中觀派的形成産生過什麽影響，但站在純學理的立場上，當我們探討瑜伽中觀派的形成時，無疑應該提一下那部産生在那爛陀寺、由中國僧人玄奘出於中國文化背景而撰寫的《會宗論》。

總之，從“文化匯流”的角度去考察中國佛教史上的疑僞經現象，認識到所謂“疑僞經”實質是中印兩大文化的深層互動的結果，是文化交流中的正常現象，這不僅可以爲疑僞經研究、佛教研究賦予新的内涵，可以爲解決佛教研究中長期以來滯礙不清的若干問題開拓新的進路，還可以進而深入研究文化交流的一般規律，以爲今天世界文化大交流的鏡鑒。

從“文化匯流”這一角度研究中國佛教史上的疑僞經現象，並不排斥前此的疑僞經研究成果。相反，它必須在廣泛吸取先行研究的基礎上，在更寬廣的視野中考察疑僞經現象，利用疑僞經資料。亦即並不僅僅局限在對個别經典真僞的判定，也不僅僅局限在對佛教典籍形成史的研究，而是通過文獻、思想、歷史的綜合研究，探討古代亞洲兩大主流文化——中國文化與印度文化如何在交融中前進。從世界歷史上看，兩種異質文化的交融往往伴隨著戰争與流血，但印度佛教與中國文化的交融却没有這種現象。原因何在？這固然需要探討兩種文化的本質屬性，同時也需要探討

① 《大唐故三藏玄奘法師行狀》卷一，CBETA(2016)，T50，no.2052，p.217，a21～22。

中國文化圈爲印度佛教提供的生存環境，印度佛教所采取的生存策略，以及兩種文化深度互動、互補的全過程。在當前所謂"文明的衝突"的時代，在世界全球化的浪潮中，印度佛教與中國文化深度互動、互補的歷史經驗顯然值得我們重視，值得我們研究。

從"文化匯流"這一角度研究中國佛教史上的疑僞經，需要解決"疑僞經"判别標準這一長期困擾研究界的問題。本文按照歷史發展綫索簡單論述了至今爲止疑僞經判别標準的演化，亦即先後出現的"身份標準""内容標準""翻譯標準""作者標準"以及"文體標準"。筆者贊同對同一個研究對象進行多角度、多層次的掃描與全景的研究，祇有這樣纔能真正把握"疑僞經"這一研究對象的諸多面向，從而深入把握"疑僞經"的本質。但也主張疑僞經研究者要有一個共同的平臺，否則難以進行有效的對話。在此，筆者主張回歸中國古代經録學家提出的"翻譯標準"，以重建疑僞經研究的共同平臺。理由如下：

第一，我們要研究某一時代的文獻，首先要把該文獻回歸到那一時代自存的學術架構中，祇有這樣，纔能真正體現該文獻在當時的學術地位，也纔能正確地評價它、研究它。筆者目前正在從事敦煌遺書的調查與編目，前此諸位編目者編纂的敦煌遺書的目録，一般均將佛教文獻按照《明南藏》《大正藏》的結構、次序來編排。筆者不贊同這種方式，主張按照藏經洞封閉時代，亦即北宋初年的佛教典籍體系——以《開元大藏》爲基礎的《開寶藏》的結構、次序來編排這些典籍。[1]對疑僞經，我們應該采取同樣的態度，采用古代佛

---

① 方廣錩：《關於敦煌遺書之分類》，載《中國敦煌吐魯番學會研究通訊》1991 年第 1 期。《敦煌漢文遺書分類法（草案）附説明》，載《九洲學刊》（香港）1992 年敦煌學專刊。《中國國家圖書館藏敦煌遺書的分類與解説》，載《敦煌吐魯番研究》第十三卷，上海古籍出版社，2013 年 8 月。

教經録學家長期、廣泛使用的“翻譯標準”，把它們放回古代固有的學術架構中。比如某一部經典，古人已經把它判定爲疑僞經，則在正統佛教體系中，它的影響就可能會非常有限。而一部典籍，古人並没有認識到它是疑僞經，没有認識到其中的中國文化元素是“文化反浸”“文化加工”乃至“文化匯流”的産物，當作印度佛教的“真經”來學習，來流通，則它在當時所起到的作用顯然非前者可以比擬，對研究那個時代佛教的價值也就更大。

第二，讓疑僞經回歸其古代的學術架構，便於我們從“文化匯流”角度研究中國佛教史上的疑僞經現象。也就是説，如果某部漢文佛典確爲翻譯，其中又藴藏有中國文化元素，且可以確認這種中國文化元素並非由於“文化反浸”“文化加工”所致[①]，那麽，該典籍不僅成爲我們研究佛教中國化的重要資料，也將成爲我們研究中國文化西傳印度，然後“出口轉内銷”的重要證據，成爲研究中印兩大文化交融的重要依據。這不僅對研究中國佛教有重大價值，對研究印度佛教同樣具有重大價值，進而對研究古代世界的文化交流都具有重大價值。

相反，如果不采用“翻譯標準”，凡見到經典中具有中國文化元素，就簡單地把它們判定爲中國撰著的疑僞經，這會抹殺古代中印文化雙向交流這一事實，也堵死了我們進一步探討古代世界文化交流的通路。

總之，疑僞經問題在中國佛教史上牽動面極廣。二十世紀日本部分學者提出的“批判佛教”，甚至力圖撼動中國佛教的正統性。筆者認爲，如果從“文化匯流”這一角度考察印度佛教史、中國佛教

---

① 從這一角度講，對“編譯經典”的進一步研究，將爲從“文化匯流”角度研究中國佛教史上的疑僞經現象奠定堅實的基礎。

史乃至日本佛教史,可以充分揭示所謂"批判佛教"在思想方法上的錯誤,並告訴我們歷史是不能割裂的。

有些研究者主張對"疑僞經"另行命名,主要是考慮該詞表達了一種負面的價值觀。可能由於筆者不是佛教信徒的緣故,故在使用這個名詞的時候,並無負面的情感,完全把它當作一個學術名詞來使用,從而把"疑僞經"作爲一個歷史現象來研究。筆者認爲,許多名詞,其産生之初,或許帶有一定的感情色彩或價值判斷,但隨著時空的轉换,這種感情色彩或價值判斷已經淡化。比如"小乘",其産生之初是大乘信徒對部派佛教的一種貶稱。但我們現在使用這個名詞,完全没有貶斥的含義,衹不過承認有這麽一個佛教派别而已。"疑僞經"一詞,完全可以作如是觀。佛教本來主張"諸法空相",更不必有諸多罣礙。當然,如果有更好的名稱可以取代"疑僞經",且能夠得到佛教界、佛教研究界的共同承認,筆者樂見其成。

四、兩點感想

本文已經很長,最後談兩點感想。

第一點感想是關於研究方法論。

筆者認爲,疑僞經研究首先涉及對有關歷史現象的認定以及對這些歷史現象背後的佛教觀念以及文化現象的考察。在進行這一認定與考察時,我們必須注意"物質在時空中運動"這一規律,亦即隨著歷史的發展,不僅新問題會不斷出現,老問題也會在新形勢下不斷地嬗衍爲新問題,或以新的形式出現。這也是中國佛教史上疑僞經層出不窮的重要原因之一。

其次,從理論上講,歷史現象及其背後的觀念及現象雖然是既存的客體，但對它們進行認定與考察則是研究者的主體行爲。就客體而言，它本身具備諸多面向。所以，理論上的既存客體能否轉化爲現實中的研究對象，取決於客體所具備的諸多面向是否能夠完全呈現，而這又取決於留存下來的相關歷史資料，或者研究者所掌握的相關歷史資料是否具足。就主體而言，研究者可以而且應該從諸多角度對客體進行研究，但主體的研究角度與客體的固有面向能否完全契合，將決定研究成果的成敗與水平。所以，研究者需要根據自己掌握的資料，針對客體呈現的不同面向，調整研究的角度，設計出最適合的研究方法。此外，無論作爲研究者個體，還是研究者群體，對研究客體的認識總是隨著條件的變化而不斷開拓、不斷加深。凡此種種，都需要我們加强對研究方法論的反思。

第二點感想是對中國佛教的一點思考。十年前，筆者曾把這一思考歸納爲四點，寫在《〈蒙古文甘珠爾丹珠爾目録〉前言》中。由於該文已經收入本書，可以參看，此不贅述。

2014 年 3 月於古運河北端

參考文獻

一、佛典：

《鼻奈耶》卷一

《長阿含》卷三

《出三藏記集》卷四、卷五、卷七、卷八、卷十

《大乘莊嚴論》卷一

《大唐故三藏玄奘法師行狀》卷一

《大唐西域記》卷十二

《大智度論》卷一
《佛説仁王般若波羅蜜經》卷下
《佛説藥師如來本願經》
《付法藏因緣傳》卷二
《高僧傳》卷二
《灌頂拔除過罪生死得度經》
《開元釋教録》卷四、卷十八
《歷代三寶紀》卷十二
《藥師琉璃光七佛本願功德經》
《藥師琉璃光如來本願功德經》
《瑜伽師地論》卷九九
《衆經目録》卷二
參考佛典版本：CBETA,《電子佛典集成》2016版。

二、論著：

船山徹：《仏典はどう漢訳されたのか》，岩波書店，2013年12月。

方廣錩：《〈淨度三昧經〉的目録學考察》，載《七寺古逸經典研究叢書》第二卷，日本大東出版社，1996年4月。

方廣錩：《中華文化通志・佛教志》，上海人民出版社，1998年10月。

方廣錩：《關於江泌女子僧法誦出經》，載《普門學報》2001年第2期。

方廣錩：《僧祐的疑經觀》，載日本《中外日報》2001年11月22日第一版。

方廣錩：《〈蒙古文甘珠爾丹珠爾目録〉前言》，載《蒙古文甘珠爾丹珠爾目録》，蒙古人民出版社，2003 年。

方廣錩：《道安評傳》，昆侖出版社，2004 年 7 月。

方廣錩：《關於〈佛説孝順子修行成佛經〉的新資料》，載《南亞研究》2007 年第 2 期。

方廣錩：《再談佛教發展中的“文化匯流”》，載《敦煌研究》2011 年第 3 期。

方廣錩：《説佛》，載《隨緣做去，直道行之》，國家圖書館出版社，2011 年 11 月。

方廣錩：《〈般若心經〉——佛教發展中的“文化匯流”之又一例證》，載《深圳大學學報》（人文社會科學版）2013 年第 4 期。

黄夏年：《二十世紀〈大乘起信論〉研究述評》，載《華林》第一卷，中華書局，2001 年 4 月。

牧田諦亮：《疑經研究》，京都大學人文科學研究所，1976 年 3 月。

牧田諦亮監、落合俊典編：《七寺古逸經典研究叢書》第一卷至第六卷，日本大東出版社，1994 年 2 月—1998 年 2 月。

矢吹慶輝：《三階教之研究》，岩波書店，1926。

伍小劼：《〈大灌頂經〉研究——以〈灌頂拔除過罪生死得度經〉爲中心》（上海師範大學博士論文），2010 年。

伍小劼：《〈灌頂拔除過罪生死得度經〉與“文化匯流”》，載《南亞研究》2010 年第 3 期。

楊維中：《〈大乘起信論〉的翻譯考辨》，載《藏外佛教文獻》第十四輯，中國人民大學出版社，2010 年 8 月。

伊藤隆壽：《中国仏教の批判的研究》，大藏出版株式會社，1992 年 5 月。

殷海光：《中國文化的展望》，文星書店，1966 年 1 月。

［附記］

本文爲2014年3月22日至23日在上海師範大學召開的"佛教疑僞經國際學術研討會"的會議論文。後收入《佛教文獻研究》第一輯(廣西師範大學出版社,2016年6月)。

2010年5月27日,筆者曾在蘭州大學敦煌學研究所(蘭州)演講,題目爲《疑僞經研究與"文化匯流"》。2010年11月27日,在"中央研究院"史語所(臺灣)演講,題目爲《再論佛教發展中的"文化匯流"——兼論佛典翻譯中的文化嬗衍及疑僞經的判别標準》。兩次演講稿均未發表。本文采用了上述兩次講演的部分内容。

收入本書時略有修訂,特别是删掉末尾《〈蒙古文甘珠爾丹珠爾目録〉前言》之引文。

2016年10月22日

季羨林與佛教研究

一、前　　言

我這個人有一個壞毛病，看書、看文章以開卷爲快，不大注意作者。往往書看完了，還説不清作者是誰。記得 1978 年夏天參加研究生復試，口試時我提到《十日談》，試官金宜久先生問我該書的作者是誰？我回答是“薄丘伽”。金先生當場糾正，説應該是“薄伽丘”。鬧了笑話自然臉紅，但臉紅之餘未免惴惴。自己的毛病自己知道，這樣的笑話將來還會犯。

果然，當年秋天進北京大學，入南亞所正式開始研究生學業，知道我們的所長是季羨林先生，學部委員，一級教授。言之者嘖嘖，聞之者歆歆。我來自新疆，孤陋寡聞，不知道季羨林是誰，無從嘖嘖與歆歆，但當時心中也略有所感，似乎這個名字曾經在哪裏見過。過了若干日子，一天整理從新疆帶來的書籍，忽然發現季羨林就是《中印文化關係史論叢》的作者。

這本《中印文化關係史論叢》是人民出版社 1957 年 5 月的初版本。這本書是怎樣到我手中的，已經記不清了。時間呢，從書上所鈐的我的那方名章看，應該是在“文化大革命”时期，1968 年左右。當時我已經成爲逍遥派，逍遥於派仗外，逍遥於書海中。説“書海”

是大大地誇張。我所在的新疆通古特沙漠南緣，祇有沙海戈壁灘，没有書海。那時我到處找書讀。祇要找得到，不管懂不懂，硬讀。但能夠找得到而又值得讀的書很少，值得讀而又值得保留的書就更少，於是就珍貴。這本書在那時落到我手中，當時硬讀過。後來隨我下鄉再教育，隨我到塔城師範，有時翻翻。最後隨我來到北京，没想到就是我們所長，著名學者的著作。

二三十年以後，再來回憶當時讀這本書時的收穫，恐怕不會很可靠。主要是當時我自己的有關知識太貧乏，根本不足以認識這本書的價值，但在得到該書的十年後竟有機會親炙先生教誨，則不能不贊嘆因緣之不可思議。佛教主張"惜緣"，今天，坐在電腦前寫這篇文章，心中是深深的惜緣之情。

二、佛教研究中的語言學派

佛教傳入中國大約已有两千年，已經溶化到中國人的血液中。説起中國人對佛教的研究，應該説從佛教傳入之日起就開始了。或者爲了信仰而研究，或者爲了反對而研究。真正把佛教作爲一個客觀對象，並在現代科學的意義上進行學術性的研究，則是二十世紀纔出現的。

二十世紀中國的佛教研究，其實也有各種各樣的形態。有些承古代的餘緒，其研究的目的仍爲信佛或反佛。當然，時代不同了，表現的方式也有不同。如以楊仁山、歐陽漸爲代表的金陵刻經處系與以韓清淨爲代表的三時學會系，就是爲信仰而研究。但他們不是單純爲個人的信仰，而是企圖由此找到一條挽救積貧積弱的中國的良方。范文瀾爲反對而研究，這是把佛教當作神權的代表，不破不立。真正把佛教當作客觀對象来研究的，在二十世紀上半葉，則主要有梁啓超、胡適、湯用彤、馮友蘭等。當然，世界上的事情是複雜的，絶對的純也是不存在的。承古代餘緒的，不少人接受了現代的研究方法。而把佛教當作客觀對象的，本人有時則不免對佛教産生這樣、那樣的感情。更有一些人的立場大體處於上述兩者之間，典型的如周叔迦先生。他既是一個虔誠的佛教徒，又是一個嚴謹的學者；既爲信仰去從事研究，也不懈追求學理的真實。

二十世紀上半葉，在把佛教作爲客觀對象進行科學研究的學者中，湯用彤是從史學角度研究佛教的代表，胡適實際上也把精力主要放在史學的考據與研究上。從事佛教思想研究的，有梁漱溟、馮友蘭及熊十力等。梁漱溟止步於資料的羅列與簡單的歸類，僅是初步涉獵。馮友蘭有進一步研究，但正如他自己所評價，“對於佛學没有學通，所以也不能講透”①。熊十力則是借佛教的名相，建自己的體系，與其將他歸入佛教研究者，还不如歸入獨立的哲學家。真正在思想研究方面卓有成就者，自五六十年代起，先是吕澂與任繼愈，然後又有印順。如果要作評價，上述三位的立場、方法、取得的成果乃至對社會的影響自然又各有不同，但這不是本文的任務。八十年代以來，佛教研究星光燦爛，人才輩出。但就其研究理路而言，大多數研究者仍從歷史、思想等角度切入，大體仍可追溯到前面提到的諸位。本文既無法也無意羅列所有的佛教研究者、他們的師承譜系、研究方法及成果，僅想借助上述粗略的叙述，説明在把佛教作爲客觀對象，並進行科學研究的學者中，季羡林先生與上述諸位都不同，有其獨特的視角與方法。中國的佛教研究界似乎無所謂什麼學派，如果説有，那季羡林先生就是其中一

① 《三松堂自序》，人民出版社，1998年11月，第214頁。

派——語言學派——的創始人。

季羨林先生青年時代遠涉重洋到德國去學習古代印度語言，在印度中世語言研究方面做出了傑出的成績，爲西方語言學界所公認，甚至頗引起一點轟動。西方的語言學家在研究印度古代語言時，大多探求語音、語法演變情況，以梵文爲基礎，加以對比引申，從中尋找發展演變的規律。本來季先生也可以順著這條路走下去，但他將重點轉到把印度中世語言的變化規律的研究與印度佛教史的研究結合起來，從中探求一些重要佛教經典的產生、流傳的過程，並藉以確定佛教重要派別的產生、流傳的情況，從而在印度佛教史乃至在中國佛教史領域取得了許多重要的成果。

季先生之所以走上一條與西方語言學家不同的、將印度中世語言研究與印度佛教研究相結合的治學道路，有兩方面的原因。

首先，五十年代之後，由於衆所周知的原因，外無與國際語言學界正常溝通的渠道，內無必需的資料與安定、正常的學術研究環境。正像季先生後來在一篇文章中所說的，在這種情況下搞研究，衹能有什麽碗，吃什麽飯。[①]

更加重要的，印度佛教是整個佛教的源頭，季先生曾經指出："不弄清印度佛教思想的發展，中國思想史的研究是無從著手的。"[②]但是，研究印度佛教，需要多方面的條件，特别是外語的功力，而這恰恰是許多中國研究者最爲缺乏的。研究印度佛教，需要坐冷板凳，下苦功夫，這又是不少"聰明人"不屑於做的。所以，雖然中國擁有完整的漢文大藏經與藏文甘珠爾、丹珠爾，具有研究印度佛教的得天獨厚的條件，但至今中國佛教界、中國佛教研究界對

---

① 參見《原始佛教的語言問題・自序》，載《原始佛教的語言問題》，中國社會科學出版社，1985年1月。

② 《研究佛教史的意義和方法》，載《季羨林文集》第七卷，江西教育出版社，1998年6月，第276頁。

印度佛教大抵若明若暗。季先生説,研究印度佛教“我們的客觀條件是十分優越的,是任何别的國家所没有的。然而,唯其如此,我們肩上的擔子也就更重,外國學者期望於我們的也就更多。這一點應當是我們的共識”①。正是基於這一認識,季先生義無反顧地投入這一領域。

三、原始佛教語言問題

季先生在印度佛教領域的成果是多方面的。按照佛教發展的順序,這裏首先談談季先生對原始佛教的語言問題的研究。

季先生對這個問題的研究,從1956年到1984年,先後近三十年,發表論文一組,包括《原始佛教的語言問題》(1956年)、《再論原始佛教的語言問題》(1958年)、《三論原始佛教的語言問題》(1984年)、《中世印度雅利安語二題》(1984年)等四篇。這些論文後來集結成册,由中國社會科學出版社出版(1985年),先生爲此作《自序》一篇。

在《原始佛教的語言問題》中,季先生主要利用漢文大藏經律部的資料,對照巴利文《小品》的有關記載,論述了國際學術界曾經糾纏不清的問題:原始佛教時期,佛教徒到底用什麽語言來傳播佛教。文章指出,原始佛教時期,爲了方便佛教在人民大衆中的流傳,釋迦牟尼禁止弟子們以婆羅門教的梵文作爲標準語,而要求弟子們各自使用自己的方言俗語來傳播佛教。文章並指出,佛教的這一語言政策,產生了兩個明顯的後果:一是使佛教迅速流傳起

---

① 《季羡林佛教學術論文集・自序》,載《季羡林佛教學術論文集》,臺北東初出版社,1995年4月,第7頁。

來,一是使佛經産生許多語言歧雜的異本。

這個問題看來很具體,其實在印度佛教史上十分重要。釋迦牟尼死後不久,印度佛教産生部派分裂,其後進一步分裂爲十八派或二十派。部派分裂的原因是多方面的,但無疑與釋迦牟尼死後佛教没有出現一個統一的權威領導,各地教團各自爲政有密切關係。而原始佛教的這一語言政策,無疑支持了各地教團的離心傾向。

近十多年來,我主要研究佛教文獻學,也一直在考慮一個問題:爲什麽在中國産生標準的、統一的大藏經,而在印度則從來没有出現這樣的大藏經呢?這固然有政治方面、組織方面、思想意識方面的原因,但還有一個重要原因,就與季先生在這裏論述的原始佛教語言的政策有關。與原始佛教主張各自爲政的語言政策相適應,印度佛教的經典也百花齊放、歧雜多樣。這一傳統一直被保存下來。

《再論原始佛教的語言問題》主要研究歧雜的佛教經典有没有統一的源頭,即有没有一種"原始的佛教經典"。如果有,這種經典是用什麽語言寫成的。這個問題與原始佛教的語言政策既有關聯,又有區别。道理很簡單,既然釋迦牟尼要求弟子們在各地傳教時分别使用各地的方言,那麽是否最初的佛教典籍由各地的佛教徒用自己的方言分别纂成?如果這樣,就不會有一種"原始的佛教經典"。所以説佛典問題與佛教的語言政策有關聯。但是,典籍畢竟是典籍,釋迦牟尼雖然有用方言傳教的語言政策,這並不妨礙存在著一部"原始的佛教經典"。佛弟子們可以將這部"原始經典"翻譯爲各種方言去流通,也可以用各種方言來朗讀這部經典。比如,我們現在也可以用上海話來念用標準普通話寫成的《人民日報》一樣。所以,有没有這樣一種原始的佛教經典,與佛教上述語言政策又是兩個截然不同的問題。

德國的梵文學家吕德斯(Heinrich Luders)主張有這樣一種原始的經典,這種經典所用的語言是印度古代東部的方言——半摩揭陀語。美國的梵文學家愛哲頓(Franklin Edgerton)否認有這樣的佛典。季先生贊同吕德斯的觀點,並針對愛哲頓的觀點撰寫了《再論原始佛教的語言問題》。

在《再論原始佛教的語言問題》中,季先生比較了巴利文、其他中世印度俗語、混合梵文、梵文的佛教典籍。他指出,這些典籍雖然語言不同(自然包括地域不同),派别不同,但無論在偈頌部分還是散文部分,有些内容簡直是逐字相當,説明它們乃從一個共同的來源衍變出來,這雄辯地證明了的確存在過一種原始佛教經典。

那麽,這種經典用什麽語言寫成呢?這是一個極其專門的研究領域,但這正是季先生最擅長的領域。當年他在這個領域著力研究,並取得了重要成果。文章列舉大量證據,指出:這一原始佛教經典是用半摩揭陀語寫成的,這是古代東部印度的一種方言。由於釋迦牟尼主要在這一帶活動,他用這種方言傳教,順理成章。可以設想,當年釋迦牟尼有一些常説的話,在弟子們的腦海中留下深刻的印象,並逐漸成爲佛典的基礎部分。“在這個基礎上,隨著時代的推移,一代一代的師父和徒弟逐漸增添上一些新的東西,到了編纂寫定的時候,已經是一部比較大的書了。”①

佛教典籍的起源就是佛教文獻學的起點。季先生的上述論述,給予佛教文獻學一個最合理的起點。其實,這不僅僅是佛教文獻學上的大問題。我們研究佛教的思想、佛教的歷史,其依據都是

① 《再論原始佛教的語言問題》,載《原始佛教的語言問題》,中國社會科學出版社,1985年1月,第23頁。

佛教的經典。如果佛教的經典没有一個共同的起源,那麼佛教的思想也就没有一個共同的源頭。當然,佛教的思想也可以是群衆運動的産物。誠如此,我們便没有任何依據來研究釋迦牟尼這個人的思想。此外,如果佛教經典是群衆運動的産物,那麼,由群衆運動編造出來的初期佛教的歷史,豈不如同構築在沙灘上的大厦。但是,正因爲佛教經典確有一個共同的起源,所以我們可以追根溯源,追索其早期的思想與歷史,順流而下,研究這種思想與歷史的種種演化。所以,季先生的上述觀點,給予了初期佛教研究一個堅實的基礎。

二十多年以後,季先生又寫了《三論原始佛教的語言問題》與《中世印度雅利安語二題》,這兩篇文章實際是一個整體。與前兩論相比,論述的基本主題没有變,但涉及面要大得多,它涉及原始佛教經典的形成、佛教的傳播、宗派的形成以及對阿育王碑的評價等一系列問題。文章針對以貝歇特(Heinz Bechert)爲代表的部分國外學者的觀點,他指出,公元前四、前三世紀,摩揭陀語是北印度的主要語言。這種語言被佛教徒,特别是上座部看作“聖語”“一切(生物)的根本語言”。雖然釋迦牟尼主張弟子們用方言傳教,但釋迦牟尼自己在摩揭陀國生活的時間很長,所講的大約是摩揭陀語的改良形式半摩揭陀語。這種半摩揭陀語在當時是一種通用的語言(Hochsprache)。這種語言就是原始佛典的語言基礎。早期的佛典比較簡單,不成體系,以佛平時常説的話爲主。以後,隨著時間的推移,逐漸擴大、發展與體系化。巴利藏約於公元前89—前77年之間在斯里蘭卡寫定,故佛典在印度本土的寫定應該更早一點,而佛典的寫定又與古印度的梵文復興及梵文化大體同時。這些因素都不能不影響到佛教經典的形態。文章對什麼叫“原始佛典”、爲什麼不同派别的典籍對釋迦牟尼語言政策的表述會有不同做出解釋。文章還對“巴利語是一種西部方言”的傳統觀點提出質疑，認爲它具備摩揭陀語的特點，是東部方言摩揭陀語的一種形式。

應該説，初期佛教的真相，本來隱藏在一片混沌之中。經過一百多年來中外學者的辛勤勞動，現在它的面目開始逐漸清晰起來，但還有不少問題仍然没有最後的定論，需要進一步研究。季先生在原始佛教語言問題方面的研究，對於廓清這個問題上的迷霧，起到很大的作用。他的不少觀點，現在已經被證實，被公認。有的觀點，比如巴利語的屬性問題，雖然還在討論中，但也具有很大啓發性，是任何人研究巴利語時不能忽視的。

四、關於初期佛教研究

季先生關於初期佛教的研究，還有《原始佛教的歷史起源問題》《商人與佛教》《佛教開創時期的一場被歪曲被遺忘了的“路綫鬥争”——提婆達多問題》等一系列重要論文。

關於佛教的起源，從十九世紀以來，學術界有種種觀點。很多學者認爲，古印度衹有一個哲學與宗教的傳統，佛教與婆羅門教有繼承關係。但季先生指出，從地區與民族的角度來考察，上述觀點是站不住脚的。因爲釋迦牟尼的宗教活動大部分在摩揭陀國。摩揭陀國位於印度東方，是雅利安人到得比較晚的地方。在最後形成的《阿闥婆吠陀》①中，摩揭陀國被認爲是極遠極遠地方的象徵，西方的婆羅門很少到這裏來。在雅利安人的心目中，這裏是没有開化的邊遠地區。因此，從地區上來看，婆羅門教流行於西方雅利

① 《阿闥婆吠陀》大約從公元前1000年開始産生，但最終完成的年代相當遲，起碼在佛教興起的公元前六、前五世紀，該吠陀還没有完全成形。因此，在早期佛教典籍中，一般衹提到“三明婆羅門”，即誦習《梨俱吠陀》等前三部吠陀的婆羅門，從未提及《阿闥婆吠陀》。

安人聚居與統治的地方,沙門流行於東方婆羅門教文化圈外印度原始居民聚居的地方。這種情況是從《梨俱吠陀》以來逐漸發展演變的結果。季先生的上述論點,從婆羅門教的發展歷史以及佛教興起時代婆羅門教勢力的分布範圍切入,從文化的傳播與發展來考察佛教的起源,極具啓發性。實際上,成書於公元前二世紀至公元二世紀的《摩奴法論》稱"婆羅門中國",亦即婆羅門教的根據地當時還僅在"位於喜瑪瓦特山與文底耶山之間的,維那舍那以東賀鉢羅耶迦以西的地區"①。也就是説,直到部派佛教時期,雖然婆羅門教已經傳到恒河中下游一帶,但它的根據地仍然没有超出阿拉哈巴德一綫。既然這樣,不少學者所謂的釋迦牟尼時代婆羅門教已經在恒河中下游地區擁有很大的勢力,甚至説當時婆羅門教已經趨向衰落的觀點就完全失去依據。以這一觀點爲基礎分析得出的佛教產生的時代背景以及各種推論也就完全失去其存在的合理性。我們應該從釋迦族土著文化、恒河中下游土著文化的角度考察與研究佛教的起源。②

關於佛教的階級與種姓基礎,以往的研究者千口一詞,幾乎没有異議地認爲釋迦牟尼本人既出身於刹帝利階層,他所創立的佛教也主要依靠刹帝利,並爲刹帝利服務。也有的研究者曲解了釋迦牟尼"四姓平等"的内涵,稱釋迦牟尼對首陀羅感情特别深厚,是"偉大的社會改革家"。有些研究者雖然也發現了佛教與吠舍之間的關係,但没有能夠擺脱傳統思維的影響,於是主張佛教的階級與種姓基礎是刹帝利與上層吠舍。季先生則指出:"釋迦族本來不大可能有什麼種姓制度,這衹是受了婆羅門教的影響而模擬出來的。

---

① 《摩奴法論》,2.21,蔣忠新譯,中國社會科學出版社,1986 年 5 月。

② 參見拙作《關於佛教起源的幾點思考》,載《南亞研究》1990 年第 2 期、第 3 期;《初期佛教的年代、分期及其他》,載《佛教與歷史文化》,宗教文化出版社,2001 年 1 月。

他們自稱是刹帝利，據我看，這也是冒牌貨……我看，佛教最可靠的基礎是吠舍……如果純粹從階級關係這一個角度來看一下佛教的話，與其說它同奴隸接近，還不如說它同奴隸主更接近一些。"[①]在《商人與佛教》這一長篇論文中，季先生利用佛教典籍，特别是律藏的資料，詳細探討了商人在印度的起源和在古代社會中的地位、佛教與商人的密切關係及其原因。他認爲二者都以城市爲據點，在思想上同源，同屬沙門思潮體系，同是歷史的不自覺的工具。因此，"釋迦牟尼雖然出身於刹帝利種姓，而且有時候以此自傲，但是他和他的繼承者和僧伽所代表的却是商人和農民等吠舍的利益。商人與佛教相互依賴，相互影響，商人靠佛教發財，佛教靠商人傳播，二者的關係有點像狼與狽，都是爲了適應當時的社會生産力的發展而産生而發展的"[②]。

在上述引文中，季先生雖然説佛教代表"商人和農民等吠舍的利益"，但季先生的眼光更多地注目於商人。這是因爲在《商人與佛教》這篇重要論文中，季先生提出一個前此没有人涉及過的新的觀點：印度佛教是一個以城市爲基地的宗教。他説："根據我自己多年來讀佛教的印象，印度佛教是在城市中成長起來的一個宗教……我多少年來在腦筋裏就有一個問號：爲什麼馬克思、恩格斯常常提到的農村公社在佛經裏面幾乎看不到任何影子呢？我自己對於這個問題的回答是：佛教是以城市爲大本營的，對鄉村情況不了解，没興趣。後來當然也到鄉村去傳教，但是在最初他們傳教的對象衹是住在城市裏的商人。佛祖釋迦牟尼的活動場所就是大城市。根據佛典的記載，他每年夏坐的地方都是城市，夏坐和平時停

① 《原始佛教的歷史起源問題》，載《季羨林文集》第七卷，江西教育出版社，1998年6月，第48—49頁。

② 《商人與佛教》，載《季羨林文集》第七卷，江西教育出版社，1998年6月，第197頁。

留的地方,所謂什麽精舍之類,也都在大城市中。"①

印度初期佛教是一個城市宗教,這也是一個新穎而頗具啓發性的觀點。季先生已經用這個觀點揭示了印度初期佛教與商人的關係,也用這個觀點解釋初期佛教的某些思想與戒律。這説明這個觀點具有强大的生命力。無論是贊同還是反對,對將來繼續研究印度初期佛教的研究者來説,這都是一個不能忽視的重大問題。我本人相信,這個觀點一定會在今後的研究中進一步深化與發展,並爲初期佛教的研究做出貢獻。

在初期佛教領域,季先生的又一個成果是對提婆達多的研究。這主要體現在論文《佛教開創時期的一場被歪曲被遺忘了的"路綫鬥争"——提婆達多問題》與長篇論文《玄奘與〈大唐西域記〉》中。

提婆達多是釋迦牟尼的堂兄弟,跟隨釋迦牟尼出家。其後他在一系列問題上與釋迦牟尼産生分歧,企圖奪取僧團的領導權,失敗後自立教團。佛教傳統視他爲惡人的典型。季先生認爲,提婆達多實際上是一個非常有才能、威望很高的人。"他有自己的戒律,有自己的教義,有群衆。他同釋迦牟尼的矛盾决不是個人恩怨,而是'兩條路綫'的鬥争,在佛教史上是重大事件。"②並從文化背景分析了提婆達多與釋迦牟尼分歧的性質。關於提婆達多問題,印順法師等國内外研究者前此也有研究,但正如臺灣佛教學者藍吉富指出的:季先生的研究"是對提婆達多的純學術討論,與印順法師文章之佛教徒立場不同"。"季教授這篇論著的一大特色,是純從學術角度爲提婆達多事件作一與傳統佛教觀點截然異趣的

① 《商人與佛教》,載《季羡林文集》第七卷,第179頁。

② 《佛教開創時期的一場被歪曲被遺忘了的"路綫鬥争"——提婆達多問題》,載《季羡林文集》第七卷,江西教育出版社,1998年6月,第278頁。

詮釋。他提出的兩條對立路綫的鬥争的看法，雖然與印順法師文中針對‘苦行與中道行的差異’所做的討論内容大體相似，但是由於印順法師所持是佛教徒觀點，與季教授的純學術、非信仰的觀點不同，因此所做的判斷也頗有差異。……在文章裏，他鮮明地提出‘兩條路綫的鬥争’，這種將釋尊與提婆達多放在平等對立的地位上所做的考察，雖然不易爲佛教徒接受，却較符合學術界討論歷史問題的客觀原則。此外，他對‘提婆達多派’的論述，雖然著墨不多，但也可視爲這一研究領域的進一步開拓，有一定的價值”①。還有一點是藍吉富教授的評論所没有提到的，就是季先生指出提婆達多的若干戒條與大乘佛教有共通之處，主張應該考慮兩者是否有什麽聯係，這是一個值得探討的問題。

五、大乘佛教研究

大乘佛教是季先生佛教研究的另一個重點。

講大乘佛教，首先遇到的問題是它的起源。關於大乘佛教的起源，一百多年來，經過衆多學者的研究，提出各種各樣的觀點，至今還没有一個學術界公認成説。即使在大乘起源的時間、地點問題上，也有著種種不同的説法。比如，學術界較爲通常的説法是，在所有的大乘經典中，般若經出現得最早。而般若經最早産生在南印度，其後逐漸傳播到北印度。至於般若經從南印度傳到北印度的路綫，也有種種不同的説法，但在《論梵本〈妙法蓮花經〉》《論梵本〈聖勝慧到彼岸功德寶集經〉》等論文中，季先生提出與前人完全不同的觀點。

---

① 《提婆達多》，東大圖書股份有限公司，1999年9月，第145—146頁。

《論梵本〈妙法蓮花經〉》一文是1947年寫的，在該文中，季先生通過對梵本《妙法蓮花經》語言特點的分析，指出："《妙法蓮花經》的原本是用純粹東部方言寫成的。以後經過不知多少次的傳抄，受了時代風氣的影響，漸漸梵文化起來，同時東部方言的特點也逐漸消失。又因了傳播的關係，容納了西北部方言的成分。根據這從文字上觀察得來的結論，我們對《妙法蓮花經》的產生和傳播的時代、地域也可以得到一個清楚的概念：《妙法蓮花經》是產生在印度東部古摩揭陀地方。時代一定比一般學者相信的要早。從那裏漸漸傳到印度西北部，再由西北部傳入中亞，終於傳到中國和日本。"①八十年代初，在中國宗教學會的一次會議上，季先生提出，大乘佛教的起源要比一般學者所說的時間更早，應該在公元前三世紀的孔雀王朝時期。其後，在《論梵本〈聖勝慧到彼岸功德寶集經〉》一文中，通過對梵本《聖勝慧到彼岸功德寶集經》的研究，季先生詳細論述了自己的這一新觀點，提出："大乘起源應分爲兩個階段：原始大乘和古典大乘。這兩個階段使用的語言不同，内容亦不相同。原始大乘使用的是混合梵語，内容是處於由小乘思想漸漸向大乘過渡的階段。古典大乘則使用梵語，内容幾乎是純粹的大乘思想。"他進而指出："原始大乘的起源地應該是東印度，時間應該上溯到公元前二、前三世紀，濫觴於阿育王統治時期。從某種意義上來看，般若經可以說是大乘佛教的一個象徵，它的起源（包括時間與地點）與傳布隱含著大乘佛教的起源與傳布的路綫。"②他認爲："《法華經》的產生地是摩揭陀，時間是公元

---

① 《論梵本〈妙法蓮花經〉》，載《季羡林文集》第七卷，江西教育出版社，1998年6月，第33頁。
② 《論梵本〈聖勝慧到彼岸功德寶集經〉》，載《季羡林文集》第七卷，江西教育出版社，1998年6月，第216頁。

前二世紀左右……從語言特點方面來看,《法華經》應該屬於原始佛教[1]這一範疇。"[2]

《妙法蓮花經》是大乘佛教的重要典籍之一。在日本,它的影響尤其重要,以致有人主張日本佛教就是《妙法蓮花經》的佛教。限於梵文的功力,一般的學者衹能從思想的繼承及風格的比較去研究《妙法蓮花經》的產生年代。因此,學術界通常的觀點認爲《妙法蓮花經》所宣揚的"會三歸一",應該是大乘基本站穩脚跟後,爲了團結其他佛教徒而提出的;這部經典形式華麗,也應該屬於成熟期的大乘典籍。但季先生從語言的角度提出,它應該是原始大乘的著作。就大乘佛教研究而言,這一觀點是爆炸性的,起碼對我是一個極大的衝擊。佛典中蘊藏的古代語言特徵,猶如地層中的化石,它提供了斷代的直接證據。季先生新觀點的提出,要求我們必須從頭來考察大乘的起源,包括它的思想、它的經典。由於研究重點的轉移,這些年來,我的主要精力放在敦煌遺書的整理與佛教文獻學的構建,但季先生提出的這個大乘起源的問題始終橫亘在心頭。中國佛教以大乘爲主,對於中國的佛教研究者來説,搞清這一問題尤爲重要。我希望將來有可能回到這個課題上來,更希望中國年輕的學者能夠知難而進,徹底完成這方面的研究。

季先生關於大乘佛教的另一重大貢獻是關於大乘上座部的研究。

治印度佛教史者都知道,釋迦牟尼逝世後百年左右,印度佛教發生分裂,産生上座部與大衆部。其中大衆部偏於革新,上座部偏於保守。其後兩部輾轉分裂,出現了許多部派。迨至大乘出現,將

① 經當面請教季先生,此處的"原始佛教",應爲"原始大乘"之誤。

② 《論梵本〈聖勝慧到彼岸功德寶集經〉》,載《季羨林文集》第七卷,第 259 頁。

前此的各部派統統貶斥爲“小乘”，由此出現大乘與小乘的分列。但是，在玄奘的《大唐西域記》中，多處出現“大乘上座部”的提法，頗讓研究者迷惑。因爲大乘中並無“上座部”，既是上座部，就應該是小乘。對《大唐西域記》中的這一名詞，研究者或者視而不見、置而不論，或者搪塞過關、不知所云，或者企圖解決而終未如願。總之，没有一個人能夠做出合理的解釋。

季先生在《玄奘與〈大唐西域記〉——校註〈大唐西域記〉前言》及《關於大乘上座部的問題》兩篇論文中，利用各方面的資料，對這個問題做了詳盡研究。他指出：“錫蘭[①]佛教信仰雖以小乘上座部爲主，但大乘思想始終輸入未斷，無畏山住部[②]更是特别受到大乘的影響。許多典型的大乘思想滲入小乘，在大乘萌芽時期更爲明顯。這在印度佛教史上是一個非常重要的問題。錫蘭小乘的三個部派（主要是兩個部派），所遵行的律並無歧義，但在學説方面，無畏山住部却不斷接受大乘影響。早期接受的是原始大乘的功德轉讓思想，到了玄奘時期，又接受大乘瑜伽思想（可能也有中觀思想）。因此，所謂‘大乘上座部’，並不是大乘與上座部兩種東西，而是接受大乘思想的小乘上座部一種東西，可是又包含大乘與小乘兩方面的内容，因此纔形成了‘大乘上座部’這種奇特的教派。”[③]

上述研究的意義不僅在於澄清了印度佛教史上的一個千年之謎，而且告訴我們，在印度佛教史上，大乘與小乘是怎樣互相滲透、互相影響的。這對我們研究印度佛教史具有方法論的指導意義。

---

① 即今斯里蘭卡。

② 斯里蘭卡小乘佛教曾經出現三個派别：一派稱爲“大寺住部”，又稱“大寺派”；一派稱爲“無畏山住部”，又稱“無畏山派”；一派爲“逝多園住部”。前兩派勢力較大，其中無畏山派受印度佛教大乘的影響較多。經過長期的、反復的鬥争，大寺派最終取得勝利，成爲斯里蘭卡佛教的正統派。現斯里蘭卡佛教均爲大寺派。

③ 《關於大乘上座部的問題》，載《季羡林文集》第七卷，江西教育出版社，1998 年 6 月，第 52 頁。

文中關於功德轉讓思想在大乘佛教中的地位與作用的論述,對我們理解大乘的性質,乃至佛教在中國的流傳都有很大的啓發價值。

六、關於印度佛教

上面分爲若干問題點介紹了季先生在印度佛教史領域的突出成果。其實季先生對印度佛教的研究並不是局限在這些問題點上,而是有著一系列想法,甚至可以説形成了自己的一個體系。1988年11月在香港講學時,季先生曾經介紹過自己對印度佛教的這個研究體系:

> 公元前六、前五世紀是印度古代思想上、政治上大震蕩時期,有點像中國的春秋戰國時期。人民已經有的宗教,婆羅門教,不能滿足東部人民的,特别是新興商人階級以及個體勞動者的需要,於是産生了新宗教:佛教與耆那教。它們反對婆羅門,反對種姓制度,都得到商人階級的大力支持。佛教最初的教義比較簡單,無非是四聖諦、八正道、十二因緣。用另一種説法是三法印或三共相:苦,無常,無我。佛教講因緣,講因果,符合商人資本産生利潤的心理。修習方式是個人努力,求得解脱,又投合個體勞動者的心理狀態,容易接受。大商人也支持,比如給孤獨長者,他們自己並不想成佛。社會不斷進化,人創造的宗教也必須跟著變化。公元前三世紀,孔雀王朝大帝國建立後,宗教需要與生産力發展之間的矛盾日益暴露。小乘的格局太狹隘,不能滿足社會的需要。於是大乘思想逐漸萌芽。大乘思想是在小乘思想上慢慢成長、發展起來的。二者不是對立的,大小界限有時難以嚴格區分。我把大乘分

爲原始大乘與古典大乘兩個階段。在第一階段上,後來的典型的大乘學説還没有完全興起,使用的語言是佛教混合梵文。在第二階段上,大乘典型學説"空"發展起來了,使用的語言是梵文,出了一些有名有姓的大師。兩個階段共同的特點是佛的數目不斷增多,菩薩觀點代替了涅槃觀點、拜佛像、佛塔等等。最重要的改變是在修習方式方面。小乘是"自了漢",想解脱必須出家。出家人既不能生産物質産品,也不能生産人。長此以往,社會將無法繼續存在,人類也將滅亡。大乘逐漸改變這個弊端。想解脱——涅槃或成佛,不必用上那樣大的力量。你衹需膜拜,或口誦佛號等等,就能達到目的。小乘功德要靠自己去積累,甚至累世積累;大乘功德可以轉讓。這樣一來,一方面能滿足宗教需要,一方面又與物質生産不矛盾。此時居士也改變了過去的情況。他們自己除了出錢支持僧伽外,自己也想成佛,也來説法,維摩詰是一個最典型的例子,他與小乘時期的給孤獨長者形成鮮明的對照。這就是所謂"居士佛教",是大乘的一大特點。這樣不但物質生産的問題解決了,連人的生産的問題也解決了,居士可以在家結婚。[①]

上面這段話的含義極其豐富,涉及印度佛教的歷史、思想、典籍、與社會的關係,乃至教團的構成等等。其中很多問題是前此没有人注意與提出的,也有很多問題是學術界長期研究而没有結論的。比如,季先生在這裏所説的大乘佛教與居士佛教的關係問題,就是印度佛教史上一個大問題。回顧印度佛教史,可以發現大乘

① 《中國佛教史上的〈六祖壇經〉》,載《季羡林文集》第七卷,江西教育出版社,1998年6月,第340頁。

後期的許多著名大師都是在家居士。小乘佛教有戒律,大乘佛教到底有没有戒律,這也曾經是佛教界長期争論的問題。如果站在居士佛教的立場上去觀察印度佛教,是不是可以給我們以新的啓發呢?

七、關於中國佛教

除了印度佛教之外,季先生對中國佛教也有不少研究。

舉其大者,首先應該提到1947年寫的《浮屠與佛》與1989年寫的《再談"浮屠"與"佛"》。在上述兩篇文章中,季先生考察了印度梵文以及中亞各種文字中關於"Buddha(佛陀)"的讀音,從而論證了佛教初傳中國的路綫與時間。他提出佛教初傳中國可以分爲兩個階段:第一階段是從印度傳到大夏(大月氏),然後傳到中國。也就是中國史傳記載的西漢大月氏使臣伊存口授《浮屠經》説以及東漢明帝遣使求《四十二章經》説。因受大夏語的影響,將"Buddha(佛陀)"翻譯作"浮屠"。第二階段是從印度傳到西域小國,然後傳入中國内地。即東漢起安世高、支讖等人的傳教活動。這時受中亞諸語言的影響,將"Buddha(佛陀)"翻譯作"佛"。

從二十世紀上半葉起,關於佛教初傳問題就是佛教界研究的熱點。由此涉及永明求法的真僞,《四十二章經》的真僞等等。其後,學術界基本贊同湯用彤先生的觀點:永明求法説不能輕易否定。《四十二章經》確爲早期譯本,但有前後兩個不同的流通本。雖則如此,仍有研究者保留有不同的看法。季先生的上述論文從語言學的角度支持了湯用彤先生從歷史學角度所做的考證。應該説,已經爲這個問題的争論畫上了句號。

此外,如《〈列子〉與佛典》《佛教對於宋明理學影響之一例》《玄奘與〈大唐西域記〉》《〈西遊記〉裏面的印度成分》等論文從不同角度對中國佛教及其對中國文化的影響進行了深入的研究。限於篇幅,這裏就不一一介紹與評述了。

在佛教研究領域,季先生還有一篇論文《佛教的倒流》,專門研究中國佛教向印度的倒流。這是一個十分重要的問題,值得引起重視。

佛教是在古代印度起源,然後傳遍南亞、東亞、中亞、東南亞等整個古代東方世界的,對於這一點,没有人有異議。但是,這種傳播是否純粹的單行道?除了印度佛教對外傳播,其他各地的佛教對印度本土的佛教是否也有影響?對於這個問題,前此也有人曾經注意,比如曾經有人提出中國道教對印度密教的影響,但没有人進行過深入系統的研究。季先生的《佛教的倒流》一文應該是系統研究這一問題的第一篇文章。在這篇文章中,季先生從《宋高僧傳》中贊寧的一條"系"生發開來,用大量的證據證明,佛教從印度傳入中國後,中國人並不是墨守成規,原封不動地把它保留下來,而是加以改造和提高,加以發揚光大,並將中國對佛教的新發展"倒流"回印度。

季先生文章中一些具體例證,這裏没有必要一一列舉。季先生指出的"倒流"現象則對我們是一個極大的啓發。宗教的傳播,其實質本來就是文化的傳播形式之一。而文化的傳播從來都不是單行道,都是雙方面的。佛教雖然起源於印度,但其後佛教的發展並没有局限在印度一隅,而是遍布亞洲各國。在這個過程中,它受到各國文化的滋養,呈現種種形態,既影響了各國佛教,也改變了自己。這種改變,不僅體現在佛教適應所在地文化的需要,與所在地文化相融合,也體現在佛教融攝各地的優秀文化與思想,營養自己,發展自己。舉例而言,《大方廣華嚴經》等一批大乘經典的産生地其實不是在印度，而是在我國的新疆等中亞地區，而中亞地區又是印度文化、伊朗文化與中國文化交匯的地方。因此，這些大乘經典實際是上述諸種文化共同培育的結果。所以，從季先生的“倒流”説，我們可以進一步推出“匯流”説，亦即佛教的發展其後得益於印度文化、中國文化乃至其他地區文化的匯流。研究佛教，不僅要考慮印度文化與社會的情況，還要考慮中國佛教的“倒流”，乃至考慮諸種文化的“匯流”。比如《大方等大集經》中出現了中國的十二生肖，説明《大方等大集經》的確受到中國文化的影響。當然，古代東方地域廣大，講“匯流”的同時，不可忽略地區性。如傳統所謂的疑僞經，有相當一批實際是在我國的新疆地區産生的佛教經典，所以像《淨度三昧經》之類，可以非常明顯地看到有中印文化交匯的痕迹。用這個觀點來考察佛教經典的産生、佛教思想的演化乃至佛教歷史的發展，佛教研究將會打開一個全新的局面。

從二十世紀八十年代以來，日本的部分學者提出“批判佛教”，或稱“中國佛教批判”。他們認爲，印度佛教傳入中國，受到中國固有思想的影響，已經發生了很大的變化。是道家的“道”與儒家的“理”構成了中國佛教的基礎，而所謂“道”“理”與印度佛教的“緣起論”是完全對立的。由此，他們提出“到底什麽叫佛教”這樣一個十分尖鋭的問題。在他們看來，需要從佛教的立場出發，對上述非佛教因素進行理論的批判與清算，從而回歸“真正的佛教”，所以出現“中國佛教批判”這樣的提法。①

中國傳統思想對佛教具有重大的影響，這是一個客觀的存在。對於這個存在，古往今來，已經有許多研究者提出，並進行過許多深入的研究。日本的這些研究者致力進一步清理中國傳統思想對

① 參見伊藤隆壽《中国仏教の批判的研究》，大藏出版株式會社，日本東京，1992年5月。

佛教影響，這種的努力是值得贊許的，他們的研究也的確產生了不少可以借鑒的成果，但是，他們的基本思想方法恐怕還值得認真探討。他們似乎把佛教的發展看作一條滚滚向前的大河，當這條大河匯攏沿途的支流浩浩向前時，他們説，這條河的水量變化了，水質也變化了，已經不是原來的河流了。而站在上述“倒流”或“匯流”的立場上，佛教這一種社會文化現象，它與它的支流、分流就成爲一個不可分割的整體，一張相互聯係並在時空中不停變動的“因陀羅之網”，這張網既擁有深厚的歷史積澱，又表現爲繁雜的現實存在。我們的任務，就是研究這張網是怎樣形成與發展的，又是怎樣隨著時空條件的變化而變化的，這張網的總體與局部的關係，以及這一局部與那一局部的關係等等，從而總結它發展的規律，探索它未來的方向。從“倒流”或“匯流”觀點看問題，世界上没有絶對的“純粹”，也就不存在絶對的“正統”，因此，我們不能用一段凝固了的古代歷史爲標準，判定現代的或歷史的哪一支佛教更加符合“正統”。日本學者提出的“中國佛教批判”對中國佛教來説是一件大事，本文不可能對它進行詳盡的評述，但季先生的“倒流説”從方法論的角度爲我們理解、分析與評價“中國佛教批判”提供了重要的啓示。

不僅如此，在世界經濟日益全球化的今天，地球上各種不同的文明，其發展的總趨勢到底是矛盾與衝突，還是融合與發展，已經成爲人們關注的焦點之一。所以，季先生的“倒流”説不僅指出了佛教歷史的一個重要現象，提出佛教研究的一個重大課題，對於究明當今世界的文化走向，也具有重要的現實意義。

八、小　結

今年是季羨林先生九十大壽，季先生從事佛教研究也已經超出一個花甲。縱觀季先生六十多年來的佛教研究，我以爲可以歸結有如下三個方面的特點：

（一）以歷史唯物主義爲指導

季先生不信任何宗教，包括佛教。但是他始終認爲，宗教是人類社會的必然現象，“即使人類進入大同之域共産主義社會，在一定的時期内，宗教或者類似宗教的想法，還會以某種形式存在著”①。從這個基本觀點出發，季先生説：

> 我認爲，對任何宗教，佛教當然也包括在内，我們一方面决不能去提倡；另一方面，我們也用不著故意去“消滅”。唯一的原因就是，這樣做，毫無用處。如果有什麼地方宗教勢力抬頭了，我們一不用張皇失措，二不用憂心忡忡。張皇無用，憂心白搭。宗教是在人類社會發展到某一階段産生出來的，它也會在人類社會發展到某一階段而逐漸消滅。操之過急，徒費力氣。我們的職責是對人民進行唯物主義、無神論教育。至於宗教是否因之而逐漸消滅，我們可以不必過分去考慮。②

上面這番話是 1986 年説的，在當時，有很大的針對性；在現在，同樣有很大的現實意義。

對於佛教在中國歷史上、文化史上、哲學史上所起的作用，季先生主張更加細緻、具體、實事求是地進行分析。他説：“佛教既然是一個宗教，宗教的消極方面必然會有。這一點是不能否認的。如果我們説佛教簡直渾身是寶，完美無缺，那也不是實事求是的態

① 《我和佛教研究》，載《季羨林文集》第七卷，江西教育出版社，1998 年 6 月，第 272 頁。

② 同上书，第 273 頁。

度。但是佛教在中國産生的僅僅是消極的影響嗎？這就需要我們平心静氣仔細分析。……佛教作爲一個外來宗教，傳入中國以後，抛開消極的方面不講，積極的方面是無論如何也否定不了的。它幾乎影響了中華文化的各個方面，給它增添了新的活力，促其發展，助其成長。這是公認的事實。”①

所以，季先生特别强調：“在今天的中國，研究佛教首先必須懂得馬克思主義。……我們必須掌握馬克思主義的精神實質，缺少這一點，必將陷入迷途而不能自拔。”②

季先生是這樣説的，自己也是這樣做的。從季先生的論著，處處可以看到科學的態度，實事求是的精神。力求把宗教問題放在一定的歷史環境中，從歷史的發展、社會的變遷來説明研究宗教的方法論。正因爲使用歷史唯物主義這一利器，使得季先生在解剖佛教時顯得游刃有餘。

（二）以文化爲切入點

在對佛教進行研究時，季先生更多的時候是把佛教看作人類的一種文化形態。所以，他研究佛教，心目中考慮的是文化的交融與發展。他説：“現在大家都承認，不研究佛教對中國文化的影響，就無法寫出真正的中國文化史、中國哲學史甚至中國歷史”③，正因爲佛教“公元前傳入中國以後，經歷了試探、適應、發展、改變、滲透、融合許許多多階段，最終成爲中國文化、中國思想的一部分”④，所以季先生主張“佛教在中國的發展是一個非常有意義的研究課題”⑤。

---

① 《我和佛教研究》，載《季羡林文集》第七卷，第 271 頁。

② 《研究佛教史的意義和方法》，載《季羡林文集》第七卷，江西教育出版社，1998 年 6 月，第 276 頁。

③ 《我和佛教研究》，載《季羡林文集》第七卷，第 272 頁。

④ 同上。

⑤ 同上。

中國傳統的知識分子,從來不把學問當作單純的學問。或者是安身立命,或者是經世致用。達則兼濟天下,窮則獨善其身。季先生骨子裏也屬於這一類知識分子。人在作學問,心中想的是治平大計。他研究佛教對中國文化的交融與影響,實際是注目於中國文化的過去與未來,中國文化的命運。他說:

從整個世界自古至今文化發展的情況來看,一個文化,不管在某一時期内發展得多麼輝煌燦爛,如果故步自封,抱殘守缺,又没有外來的新成分注入,結果必然會銷聲匿迹,成爲夏天夜空中的流星。打一個很未必恰當的比方,一種植物,必須隨時嫁接,方能永葆青春。放任不管,時間一久,就會退化。中華民族創造了極其卓越的文化,至今仍然没有失去活力,歷史之久,爲世界各民族所僅見。原因當然是很多的,重要原因之一,我認爲,就是隨時吸收外來的新成分,隨時"拿來",决不僵化。①

佛教就是被古代中國人"拿來"的外國文化之一,而且是與中國文化結合得最爲成功的外國文化,其中必定有許多值得我們今天去研究,去借鑒的東西。

中國經歷過開放的强漢盛唐,也經歷過海禁閉關的明清末世。今天,當世界網絡化聯結,人類電子化交往的時候,人類的各種文化以前所未有的勢頭接觸、碰撞、交流、影響。鑒古可以識今,辨往可以知來,爲當今中國的對外開放提供歷史的經驗與教訓,這應該是從文化角度研究佛教的一大使命。

---

① 《我和佛教研究》,載《季羡林文集》第七卷,第271頁。

當然,從另一方面講,學問就是學問。學問有自己的獨立品格,它尊崇科學、尊崇真理。經世致用的目的,不能扭曲學問的這一品格,否則衹能是阿世的假學問。康有爲的學問不被當時人佩服,也不被現在人佩服,原因正在這裏。衹有尊崇科學、尊崇真理,學問纔真正擁有力量。季先生的文章,從選題到研究,我們所看到的,是純粹的學理與冷静的分析。當然,每當論辯起來,季先生的文章雖不到嬉笑怒駡的程度,但文風犀利,有虎氣,有生氣。比如季先生的《再論原始佛教的語言問題》與《三論原始佛教的語言問題》(以下簡稱《三論》)都是在論辯中破立,行文相當不客氣。季先生在論文集《原始佛教的語言問題・自序》中提到:"一個青年朋友説,這是我的文風。"[①]序中所説的青年朋友,指的就是我。當時拜讀先生的這些文章,尤其是《三論》,切切實實感受到一種戰鬥性,於是曾向先生講起過我的感受。

(三)以語言爲工具

季先生是語言學家。對於自己的研究工作,他曾經這樣説:"我個人研究佛教是從語言現象出發的。我對佛教教義,一無興趣,二無認識。我一開始就是以一個語言研究者的身份研究佛教的。我想通過原始佛典的言語現象來探討最初佛教的傳播與發展,找出其中演變的規律。"[②]在《季羨林佛教學術論文集・自序》中,他有一段更加詳盡而全面的總結:

> 我把語言研究與對佛教史實的探索緊密地結合了起來。我探討古代佛教語言,並不嚴格地限於語言的形態變化。我

---

① 見《原始佛教的語言問題》,1985 年 1 月,第 5 頁。
② 《我和佛教研究》,載《季羨林文集》第七卷,第 274 頁。

> 努力探究的是隱蔽在形態變化後面的東西。古代佛教語言或方言的形態變化,往往能透露出來這種語言或方言産生和流行的年代(時間)和地域(空間)。這能對研究佛教部派的分布地區和産生時間提供重要的依據。大乘佛教的興起是佛教史上一個重大變革,古今中外從事研究這個問題的學者衆矣,然而没有哪一個學者從語言特點入手探討,有之自季羡林始。竊以爲分析語言特點是探究大乘起源問題的必由之路。大乘興起和發展的每一個階段,都表現在語言特點上。我在這方面做過一些工作,今後還將繼續做下去。把語言特點與義理發展結合起來,加以綜合、分析,必能使這一項研究工作大大地向前邁進一步。對於我的做法,海外學者有贊成者,也有反對者,也有先反對後贊成者(或者正倒轉過來,我還没有弄清楚)。對於外國學者這些意見,我充分重視,既不簡單盲從,也不單純否定,而是從各方面加以推敲,然後做出結論。可惜直至今日在反對我的學者中我還没能發現哪怕有一點根據的論證。因此,這些充滿了矛盾的反對意見,更增加了我堅持己見的信心和勇氣。①

在這段話裏,季先生把他的研究方法、研究目的、研究成果,以及這種研究方法的地位與現狀講得清清楚楚。以致我再説什麽都是畫蛇添足,所以,也就無須多囉唆了。

但是,季先生的一段忠告必須記載在下面:從事佛教研究,"必須掌握多種外國語言,有一點梵文和巴利文的知識也是必要的……此外,英文、德文、法文、日文、俄文,最好多會幾種。'韓信

---

① 《季羡林佛教學術論文集·自序》,載《季羡林佛教學術論文集》,1995年4月,第5—6頁。

將兵,多多益善',不懂外文,無法進行佛教史的研究"[①]。我屬於被耽誤的一代,外語底子没有打好,佛教研究也没法深入,至今引爲憾事。希望年輕的朋友們能夠掌握外語工具,奠定文史基礎,向季先生等老一輩學者學習,把我國的佛教研究推向新的高峰。

2001年1月14日

[附記]

如《債,總是要還的》[②]一文所說,本文原是應湯一介、樂黛雲兩位先生之約,爲季先生九十華誕紀念論文集寫的。其後因爲中途傳送失誤,湯先生没有收到這篇文章,故没有收入慶壽文集。後來便發表在《敦煌研究》2002年第1期。收入本書時,行文略有修飾。

本文主旨爲對季羨林先生的佛教研究進行評述,所以收入本書,主要是要説明筆者提出"佛教發展中的'文化匯流'",最早是受到季羨林先生的"佛教的倒流"這一觀點的啓發。可以說,"佛教發展中的文化匯流"實際是對季羨林先生"佛教的倒流"這一觀點的繼承與發展。

2016年10月20日

---

① 《研究佛教史的意義和方法》,載《季羨林文集》第七卷,江西教育出版社,1998年6月,第277頁。

② 方廣錩:《債,總是要還的》,載《永遠的懷念——我們心中的季羨林先生》,北京大學出版社,2010年7月。收入《隨緣做去,直道行之》,2011年11月,有删節。

《蒙古文甘珠爾丹珠爾目録》前言

人們常説，中國是佛教的第二故鄉。我以爲，這句話有四重含義。

首先，佛教在印度產生後，歷史上曾出現部派佛教(小乘)、大乘佛教、密教等三大派系，但後來，佛教在印度衰亡，三大派系都不復存在。而在中國，却保留了承襲印度部派佛教而來的雲南南傳上座部佛教、承襲印度大乘佛教而來的漢傳佛教、承襲印度密教而來的藏傳佛教。在當今世界上，如此完整地保留了三大系佛教形態的，唯有中國。

其次，宗教的傳播，就其實質而言，是文化傳播的方式之一。而文化本來都是適應一定的時空、在一定的民族人群中產生、發展的，當它傳播到另一個時空、另一個民族人群中的時候，必然會與當地的原有文化相互影響。如果我們忽略過程，祇講結果，則其結果可能有三種：外來的壓倒原有的，像伊斯蘭教傳入中亞等地；原有的消化外來的，像開封猶太教消融在漢文化的汪洋大海中；相互促進、相互提高，成爲一個有機的整體，像佛教傳入中國。

我以爲，佛教傳入中國，可視爲不同文化相互交流的優秀典範。在兩千多年的漫長交流中，佛教滋養了中國文化，極大地影響了中國文化；同時，佛教受到中國文化的滋養，也極大地改變了自己。最終,印度佛教演化爲中國佛教。就漢傳佛教而言,它與儒、道兩教一起,成爲支撑中國文化之鼎的三大支柱之一;就藏傳佛教而言,它與藏族、蒙古族等有關民族的文化相結合,成爲藏族、蒙古族及有關民族地區的主流文化。南傳佛教的情況也同樣如此。佛教爲中國文化輸送了新的血液;中國文化爲佛教重塑了肌體與靈魂,賦予了更頑强、更活潑的生命力。

第三,受中國文化滋養而形成的中國佛教,其後在周邊國家廣泛流傳,對周邊國家的文化發展又産生了深遠的影響。

就這一點而言,在傳入中國的三大系佛教中,漢傳佛教與藏傳佛教表現得尤爲突出。印度大乘佛教與漢文化相結合形成的漢傳佛教,其後在朝鮮、日本、越南等所謂"漢文化圈"國家成爲社會文化中的主流文化之一。印度密教與藏蒙文化相結合形成的藏傳佛教,曾經在古代世界廣泛傳播,至今仍在蒙古國、俄國、尼泊爾、不丹等各相關國家中保持著强勁的影響。

第四,從更深層次上講,我們説中國是佛教的第二故鄉,還在於中國文化,包括漢文化與藏蒙文化,在歷史上對印度佛教的發展曾經起到過重要的作用。這個問題以往没有引起人們足夠的重視,但這些年來,已經越來越得到人們的注意。

佛教是在古代印度起源,然後傳遍南亞、東亞、中亞、東南亞等整個古代東方世界的。對於這一點,没有人有異議。但是,宗教的傳播,其實質既然是文化的傳播形式之一,那麽文化的傳播從來都不是單行道,都是雙向的。佛教雖然起源於印度,但佛教的發展並没有局限在印度一隅,而是遍布亞洲各國。在這個過程中,它受到各國文化的滋養,呈現種種形態,即如前所述,既影響了各國文化,也改變了自己。這種改變,不僅體現在佛教適應所在地文化的需要,與所在地文化相融合,也體現在佛教融攝各地的優秀文化與思想，營養自己，發展自己。舉例而言，《大方廣佛華嚴經》等相當一批大乘經典的産生地其實不是在印度，而是在我國的新疆。而新疆又是印度文化、伊朗文化與中國文化（包括漢文化與藏文化）交匯的地方。因此，這些大乘經典實際是上述諸種文化共同培育的結果。至於印度佛教密教受中國道教的影響，已經是人們公認的事實。由此，我們可以得出這樣一個結論：佛教的産生雖然得益於印度文化的孕育，而佛教的發展則得益於印度文化、中國文化乃至其他地區文化的匯流。也就是説，中國是佛教的第二故鄉，這不僅體現在現實的結果中，也體現在歷史的過程中。

中國是一個多民族的國家。佛教在各民族歷史上所起的作用，乃至在中華民族多民族共同體形成過程中所起的作用，值得我們注意。在拙作《佛教志》中，當論及十六國後趙佛圖澄的歷史貢獻時，我曾經有這樣一番論述：

> 民族的融合，往往伴隨著戰爭與流血。其原因，除了當時當地的政治、經濟原因外，還包括兩個民族的文化差異，乃至心理素質的差異。後趙統治者尊崇佛教，本意是爲自己入主中原尋找理論依據，以與儒家的“内諸夏而外夷狄”的學説相對抗。但事物的發展往往出於人的本來願望之外。由於佛教本身的包容性與超越性，它並不因爲後趙統治者認爲它是戎神，所以僅在後趙流傳，而是普遍流傳於廣闊中國大地的各個民族中。這樣，隨著佛教的日益普及，它在各個民族之間起到一種在意識形態方面認同的作用，從而在消融民族文化差異、泯滅民族意識隔閡方面起到積極的作用。當然，過分强調佛教在民族融合中的積極作用，如同過分强調佛圖澄勸諫後趙統治者慈悲戒殺的實際作用一樣，都是錯誤的。但否認這種

作用的存在同樣是不合適的。①

縱觀歷史,佛教在加强各民族意識形態方面的認同,促進民族團結方面,顯然起到過積極的作用。就藏傳佛教而言,自元代以來,便成爲藏、蒙兩大民族團結與聯繫的重要的精神紐帶。當年清朝統治者正因爲認識到這種精神紐帶力量的强大,所以始終采取"興黄教以安蒙古"的政策。當然,世界上任何事物都有正反兩個方面,都可以進行一分爲二的分析。我們既要充分總結歷史上佛教曾經起到的積極作用,也要清醒認識它曾經有過的消極影響。祇有這樣,我們才能在充分吸收包括佛教在内的歷史上各民族一切優秀文化精華的基礎上,創建新時代的社會主義新文化。

佛教自元代傳入蒙古以來,逐漸成爲蒙古民族的主流文化形態,對蒙古社會的各個方面産生了巨大的影響。我們甚至可以説,如果離開佛教,我們將無法完整地撰寫十三世紀以來的蒙古歷史與文化。因此,認真地研究與總結佛教文化對蒙古族與蒙古文化的影響,乃至蒙古文化對佛教的影響,無疑是我們面臨的一項重要的任務。

就佛教而言,傳統認爲,佛教的基本構成要素有三個,也就是平常所説的佛、法、僧三寶。對於三寶,佛教傳統有種種解釋,歸納起來可以分爲兩類:一類叫"事相三寶",即三寶的外在的體現;一類叫"理體三寶",即三寶的内在的理法。它們之間的關係,相當於現象與本質的關係。

所謂"事相三寶",指在現實世界中存在著、活動著的,具有一

① 方廣錩:《佛教志》,載《中華文化通志》,上海人民出版社,1998年10月,第34—35頁。

定形象的三寶形態。它又分"住持三寶"與"化相三寶"。

住持三寶指三寶存在的一般性形態。例如,所有金、玉、木、石製作,乃至紙繪、絹繡的佛像,統統都是佛寶;所有的三藏典籍,乃至古今大德、居士們闡揚佛教義理的著述,統統都是法寶;所有出家服緇的比丘、比丘尼統統都是僧寶。釋迦牟尼逝世後,佛教就是依靠上述三寶體現出來並持續下去。用佛教的語言來説,就是"住世教化""續佛慧命"。所以稱爲"住持三寶"。

化相三寶指三寶存在的具體形態。例如,在釋迦牟尼時代,所謂佛寶就是指釋迦牟尼,所謂法寶就是釋迦牟尼所説的四諦、八正道、十二因緣等佛教的教理教法,所謂僧寶就是跟隨釋迦牟尼出家修行的諸弟子們。而到了現代,我們到某個寺廟去,看到大雄寶殿供養的莊嚴佛像,那就是佛寶;所見到的各種各樣的大藏經乃至藏外佛教典籍,那就是法寶;接待我們的諸位男僧、女尼,那就是僧寶。佛教認爲,由於上述三寶都是在某一特定的時期,以某一特定的形象表現出來,所以稱爲化相。在這裏,"化"是"化現"的意思,佛教經常用這個詞來表示非本質的、外在的特殊表現形式。住持三寶與化相三寶的關係,實際就是共性與個性的關係。

所謂"理體三寶",指三寶内潛藏著的一種統一的理法。這也有種種解釋。其中一種解釋認爲,三寶雖然表現爲三,但本質是一致的,因而相互是統一的。例如,佛雖是佛寶,但佛能説法,於法得自在,本身就是法寶;佛也具有出家僧人的德行,又屬於僧寶。法雖屬法寶,但它的本體具備能夠産生諸佛的性質,所以也是佛寶;法法平等,也具有僧人不諍的德行,具備僧寶的性質。僧固然是僧寶,但它具備觀照的智慧,可稱爲佛寶;有軌持之用,也屬於法寶。如此等等。這種理論認爲佛、法、僧任何一寶均能圓滿地體現著其餘二寶的特性,所以任何一寶都可以作爲整個三寶的代表,這稱爲

“一體三寶”。

一體三寶的理論强調了佛、法、僧三者的地位平等，强調必須三者兼持，不可偏廢。從健全佛教的宗教品性來説，這自然是必不可少的。不過，從另一個方面來講，它也兼有另一種含義：可以用三寶中的某一寶或某二寶來替代全部三寶。中國早期禪宗的寺院不立佛堂，祇設講堂，與這種思想就不無關係。

佛教傳統又認爲，佛法本身是天地之間的永恒的宇宙真理，無論佛出世也罷，不出世也罷，佛法本身都永遠存在。所謂“佛”，原意不過是“覺者”。他之所以能夠成佛，就是因爲他覺悟了天地間的這種佛法。任何人祇要能夠覺悟佛法，都能夠成佛。根據這一理論，佛之所以偉大，就在於他傳播與體現了佛法；僧之所以值得尊崇，是因爲他正在體認與實踐著佛法；歸根結底，祇有佛法本身纔是佛教的基礎，纔是三寶中最根本的東西，纔是天地間至尊至上的存在。這樣，上述一體三寶的理論與這裏的祇有佛法纔是佛教基礎的理論就略有參差了。所以另一種觀點認爲，所謂法寶，就是佛法本身，它是遍於十法界而不增不減、無二無别的真實法界，是永存不滅的世界真理；能夠完全地、圓滿地體認這一最清淨法界的，就是佛寶；祇能部分地體認這一最清淨法界的，就是僧寶。後一種理論在肯定最高理念——佛法的前提下，將佛寶、僧寶都統一在法寶的基礎上，並按照體認佛法的深淺程度來區分修行者層次的高低。這種理論突出了佛法在整個佛教體系中的地位與作用，與釋迦牟尼逝世前提出的“以法爲依止”的遺教精神完全一致。由於這種理論更爲圓滿地融合了佛教的三寶理論與“以法爲依止”的觀點，所以爲很多人接受，成爲大乘佛教的基本理論之一。隋費長房所撰《歷代三寶紀》卷十五稱：“論益物深，無過於法。何者？法是佛母，佛從法生。三世如來，皆供養法。故《勝天王般若經》云：

‘若供養法,即供養佛。’是知法教津流,乃傳萬代。”[①]反映的正是這種觀點。

思想主要靠典籍來傳述。正因爲有了典籍,思想的傳播纔能夠超越時間與空間。佛法也要靠佛教典籍來傳承載述。由於佛教典籍載述了佛法真理,所以,在佛教中,佛教典籍實際相當於佛法的代表。出於這種認識,佛教的各個派别在發展自己的理論時,必須編造出新的經典,以便使自己的理論蒙上權威的靈光,佛教的經典由此源源不斷地湧現出來。也由於這個原因,歷來認爲抄寫、供養經典可以得到無限的功德,如顧況所撰《虎丘西寺經藏碑》稱:“瞿曇教迹,不捨有表,不住無表。……譬如無根,安得有華?故覺華長者得定光如來授記,鹿仙長者得釋迦如來授記,寶手菩薩得空王如來授記,皆因造藏而得作佛。”[②]既然寫經造藏的功德無量,甚至可以因此而成佛,所以寫經造藏自然成爲四部弟子宗教生活中的一件大事。翻開中國佛教史,歷朝歷代,虔心收集、翻譯、整理、傳寫、供養、修造佛典與大藏經的人前赴後繼,以致出現唐李肇説的情況:“歷代精舍,能者藏之,方之蘭臺秘閣,而不系之官府也。五都之市,十室之邑,必設書寫之肆。惟王公達於衆庶,靡不求之。以至邀衆福、防患難,嚴之堂室,載之舟車,此其所以浩瀚於九流也。”[③]漢傳佛教地區是這樣,藏傳佛教地區也是這樣。

最早的蒙文佛教典籍是元代依據藏文、梵文、漢文佛典譯出,以寫本形式流傳。元朝滅亡後,蒙古地區的佛教也趨於衰落。十六世紀末,隨著藏傳佛教格魯派的傳入,蒙古地區的佛教得到復興,佛典的翻譯事業也再次興盛起來,並於十七世紀前期完成《甘

---

① 《歷代三寶紀》卷一五,CBETA(2016),T49,no.2034,p.120,b14～17。

② 《全唐文》卷五三〇,中華書局影印本,第5378頁。

③ 《全唐文》卷七二一,中華書局影印本,第7416頁。

珠爾》的翻譯與結集，於 1628—1629 年完成著名的《林丹汗金字甘珠爾》。蒙文刻本《甘珠爾》，是清康熙五十七年(1718)至康熙五十九年(1720)，依據北京版藏文《甘珠爾》校對補譯後，在北京雕版印刷的。漢文資料稱之爲"如來大藏經"或《番藏經》。蒙文刻本《丹珠爾》則於乾隆六年(1741)至十四年(1749)，根據北京版藏文《丹珠爾》翻譯刊刻。漢文資料稱之爲《續番藏經》或《續藏經》。至此，蒙文大藏經全藏完備。

佛教典籍固然屬於宗教著作，但它的内容並不僅僅局限於宗教，還包括哲學、歷史、語言、文學、藝術、音韵、天文、地理、曆算、醫學、建築、科技、民族、社會、中外關係等諸多領域。因此，它是人類文化的寶貴遺産，對中國乃至整個東方世界都産生過不可估量的影響。今天，它不但是我們研究佛教的重要資料，也是我們研究中國文化、東方文化的不可或缺的重要資料。就蒙古文化而言，由於十三世紀以來，佛教文化逐漸成爲蒙古文化的主要組成成分之一，因此，蒙文佛教典籍對研究蒙古文化意義之大，也就是不言而喻的了。

本《蒙古文甘珠爾丹珠爾目録》，即以上述清康熙、乾隆年間所刻印的《甘珠爾》《丹珠爾》爲底本而編纂。這是蒙文大藏經史上第一個現代意義上的目録，其著録的詳盡與完備、分類的科學與實用、檢索的準確與方便，都是前所未有的。烏林西拉、色・斯琴畢力格、敖・德力格爾、阿尤爾、張學勤等同志爲這部目録的編纂付出了大量的艱辛勞動。其附録《佛教典籍目録綜録》更是烏林西拉同志的創設，著録了各種佛教目録三百餘種，也是目前收集最爲詳盡的關於佛教目録的綜録，具有很大的參考價值。現目録已經完成，出版在即。我相信在未來的歲月中，本目録將成爲蒙古學的必備參考書，學習與研究蒙文大藏經的人們將因得到本目録的指導、幫助,而在蒙文佛典的浩瀚海洋中順利遨遊。

[附記]

本文寫於2002年9月,發表在《蒙古文甘珠爾丹珠爾目録》(蒙古人民出版社,2003年)中。

我雖然在三十多年前學過一年藏文,但因爲平時不用,已經遺忘殆盡。至於蒙文,則從來没有學習過。由於我與蒙文佛典實際上没有什麽關係,所以寫作本文完全是另一種因緣。

1989年到1993年我曾經在中國國家圖書館善本部工作過幾年,並主持館藏敦煌遺書的編目。1993年調離時,編目工作尚未結束。在當時主持工作的唐紹明常務副館長的批准下,善本部與我簽訂了一個書面協定。我承諾繼續主持並完成敦煌遺書編目,善本部承諾繼續爲我提供與在館時同樣的工作條件。於是,我每周都有幾天在善本部編目。由於家住得比較遠,有一段時間,國圖還在招待所給我安排過一間宿舍,免得往返奔波。

某一天,我正在善本部工作,有電話説孫蓓欣副館長找我。來到孫蓓欣副館長辦公室後,她介紹了在場的另一位女同志烏林西拉,説她們正在編纂《蒙古文甘珠爾丹珠爾目録》,希望得到我的幫助。我説明,我研究的是漢文大藏經,與蒙古《甘珠爾》《丹珠爾》關係不大,又不懂蒙文,恐怕幫不上什麽忙,但烏林西拉同志表示,不需要我做什麽具體的工作,僅希望能在他們有疑問時儘量答疑。我自然不便推託。

如本文所説:“本《蒙古文甘珠爾丹珠爾目録》,即以上述清康熙、乾隆年間所刻印的《甘珠爾》《丹珠爾》爲底本而編纂。這是蒙文大藏經史上第一個現代意義上的目録,其著録的詳盡與完備、分類的科學與實用、檢索的準確與方便,都是前所未有的。”烏林西拉等諸位的工作值得稱道，但我的確沒有起到什麽作用，僅是有時略備諮詢而已。2002年，目録編完，計劃出版，烏林西拉同志希望我寫一篇前言。坦率地説，我覺得自己没有資格寫這個前言，但在烏林西拉同志的執意要求下，自己覺得既然在編目過程中没有發揮什麽作用，現在這一要求又不答應，有點説不過去，衹好勉爲其難。

本文實際分爲三部分。

第一部分論述"中國是佛教的第二故鄉"的四點理由。其中第四點，正是我當時在思考的"文化匯流"問題。在《季羡林與佛教研究》一文中，我已經正式提出"文化匯流"這一命題，但没有進行解説。本文則第一次對這一命題進行了解説。當然，這一解説依然是非常粗略的。

第二部分論述佛教在各民族歷史上所起的作用，乃至在中華民族多民族共同體形成過程中所起的作用。這衹是重複我在《佛教志》中已經提出的觀點。

第三部分論述佛典在佛教中的價值與意義，這纔算回到"蒙古文甘珠爾丹珠爾"這一主題上。

坦率地説，文章本身衹是應景之作。説它對我還有一點價值，在於文章第一次系統論述了"中國是佛教的第二故鄉"的四點理由，第一次正式對"文化匯流"這一命題進行了解説。所以此次把這篇文章收入本書。

2015年3月25日

試論佛教發展中的“文化匯流”(附贅語)

——從《劉師禮文》談起

一、前　　言

宗教是一種社會文化形態。任何一種社會文化形態都是歷史現象。歷史在一定的時間與空間中活動,文化的發展也離不開時間與空間。猶如滔滔的長江,從巴顔喀拉山麓發源,到崇明島出海,一路上吸納百川,浩浩向前。那麽,什麽叫長江?是它發源地的清清溪流,是在横斷山脉間怒號的金沙江,是伴著三峽的猿啼滚滚向東的巨浪,還是在肥沃的東部平原上緩緩徜徉的河流?同樣,佛教從印度傳到中國,又從中國傳到周邊各國,乃至近代走向世界的歷史過程中,在不同的時間與空間中,不斷地吸收不同文化的營養,依據不同的條件,變幻著自己的形態。我們既不能像日本“批判佛教”的宣導者,因爲佛教吸收了别的文化的營養,形態有了變化,從而否認它是佛教;也不能如教内某些法師,忽視佛教吸收别的文化營養自己的事實,忽視活動於不同時空的佛教出現形態差别的必然性,追求回歸初期佛教。我們的任務,就是要説明佛教在怎樣的時空條件下,受到什麽因素的作用,産生了什麽樣的變化,及這種變化對後來的發展又有什麽影響。

從上述立場出發,從古代印度傳入,在古代中國成長、發育的中國佛教,理所當然的是印度文化、中國文化共同孕育的產物。

但問題還不僅僅局限於此。在印度,在中亞,在這些佛教經典的原產地,中國文化乃至亞洲其他文化,對佛教的發展,是否也產生過影響?

宗教在不同國家與地區的傳播,其實質是文化在流通。文化的流通從來都具有雙向性,並非單行道。那麽,在印度佛教傳到中國,印度的佛教文化影響中國的同時,中國的傳統文化是否也影響印度,又是怎樣作用於印度佛教呢?上述問題或者可以改換一個提問方式:在佛教從印度傳到中亞、傳到中國、傳遍整個亞洲的同時,中亞文化、中國文化、亞洲其他文化怎樣介入佛教這一文化形態,並在佛教的發展過程中對其施加影響?

中國道教對印度佛教密教的影響,已經引起研究者注意。有研究者主張印度佛教的淨土信仰中,可以看到有伊朗文化的因素。《大方等大集經》中出現中國的十二生肖,也是衆所周知的事實。[①]在此想以敦煌遺書中保存的《劉師禮文》爲切入點,對佛教的發展與文化的匯流問題作一個初步的考察。

二、從《劉師禮文》談起

《劉師禮文》被抄寫在英國圖書館斯坦因特藏的一個寫卷中,該寫卷編號爲斯4494號,首殘尾全,現存文獻如下(文獻名稱除註明爲擬名外,其餘均爲原名):

1.《方廣經典懺悔文》(擬)[②]

---

① 除了將虎改爲獅子,十二個動物的名稱、次序,乃至所處的方位完全相同。

② 原卷首殘,第一個文獻的名稱不詳。從這個文獻的内容看,應爲禮佛懺悔文一類。行文中有"復行方廣經典懺悔"云云,故擬名作"方廣經典懺悔文"。

2.《請觀音咒》

3.《除疫毒陀羅尼咒》

4.《除睡眼陀羅尼》

5.《觀世音菩薩陀羅尼》

6.《咒眼陀羅尼　咒水洗眼陀羅尼》

7.《法華咒　藥王菩薩咒》

8.《勇施菩薩咒》

9.《毗沙門天王咒》

10.《持國天王咒》

11.《十羅刹女咒》

12.《普賢菩薩咒》

13.《法數釋》(擬)[①]

14.《劉師禮文》

15.《受八關齋文》

16.《施食咒願文》

卷尾有題記:“大統十一年乙丑歲(545)五月廿九日寫乞(訖),平南寺道養許。”由此可知,該遺書乃平南寺僧人道養個人持有[②]之寫卷,故定名爲“道養文本”,爲南北朝西魏寫卷。

除英國翟林奈之《不列顛博物館藏敦煌漢文寫本注記目録》對該號有著録外,至今未見有研究者對此文獻進行過專門的研究。[③]該《道養文本》抄寫了十多個文獻,本身是否是一個整體,體現出南

---

① 本文獻解釋“八不淨”“十不淨肉”“三十六物不淨”“十四音”等四個法數,故擬此名。

② 除了尾題中的“道養許”外,文中另有兩處“養許”。一處在《請觀音咒》下,一處在《劉師禮文》下。“養”爲道養的簡稱,“許”,在此即“所有”之意。

③ 法國蘇鳴遠在《敦煌寫本中的地藏十齋日》中,注意到與《地藏十齋日》抄寫在一起的《十二月禮佛文》,並提到斯 2565 號、伯 3588 號、伯 3809 號等,但並未對該《十二月禮佛文》展開研究,也没有涉及斯 4494 號。

北朝時期的一種儀軌形態,還需要進一步研究。本文主要研究其中第十四個文獻《劉師禮文》,先録文如下:

[録文]

劉師禮文

正月廿四日,平旦寅時,向東北丑地,禮八拜,除罪廿一。

二月九日,雞鳴丑時,向東南辰地,禮十拜,除罪卅一。

三月廿六日,人定亥時,向正南午地,禮四拜,除罪四百。

四月七日,夜半子時,向正北子地,禮四拜,除罪四萬。

五月六日,黄婚(昏)戌時,向西北未(?)地,禮六拜,除罪一千八百。

六月三日,食時辰時,向南午地,禮六拜,除罪一千四百。

七月四日,甫(晡)時申時,向東南巳地,禮四拜,除罪二千八百。

八月八日,日出卯時,向正南午地,禮九拜,除罪六千。

九月十日,食[時]辰時,向東南巳地,禮九拜,除罪一千八百。

十月十一日,吴(午)中巳時,向正南仵(午)地,禮九拜,除罪六千。

十一月十一日,日入酉時,向正西酉地,禮九拜,除罪六千。

十二月二日,黄婚(昏)戌時,向正東卯地,禮卅拜,除罪卅萬。

玄始十一歲次己卯[①],劉師唯法,教化後生,除罪禮拜。若有信者,能如不失時節,禮拜滿三年,即得道。所願隨意,不違

---

① 玄始爲北凉年號,十一年爲422年,干支應爲壬戌,與“歲次己卯”不合。

心。欲生向處,隨意求願。欲生彌勒佛國,願人求畢,不違心意。住(往)生西方妙樂國土,亦得住(往)生。生卅三天上,亦得如是。禮敬禮盡,更如法界諸佛,並及得道沙門。

[録文完]

文獻的標題作"劉師禮文",其後的流通功德文中又有"玄始十一歲次己卯,劉師唯法,教化後生,除罪禮拜"云云,故知道養於西魏大統年間(435—451)抄寫這個文獻時,社會上認爲該《劉師禮文》是由一個叫"劉師"的人在北凉玄始年間(412—427)流布的。那麽,這個"劉師"究竟是誰?

我認爲,這個"劉師",應是早期中國信仰層面佛教的代表人物——劉薩訶。

劉薩訶,梁慧皎《高僧傳》有傳,列爲興福門正傳第一人。唐道宣《續高僧傳》亦有傳,列爲感通門正傳第三名。此外,道宣的《釋迦方志》《集神州三寶感通録》《廣弘明集》以及與道宣同時道世的《法苑珠林》亦均有記載。早期記載還可見《出三藏記集》《冥祥記》《佛記》《梁書·諸夷傳》等。敦煌遺書及莫高窟壁畫中也保存不少以劉薩訶爲主題的資料。從上述資料,我們可以肯定歷史上曾經有過劉薩訶其人,大體應活動於東晋。但其後事迹日益被增益、神話,以致有關他的傳説歧雜,記載矛盾。①在這一過程中,也可能曾將不同人物的故事,歸併在一起,構成劉薩訶紛繁歧雜的經歷。本文不打算介紹、梳理有關劉薩訶的各種紛繁複雜的資料以及其中記録的身世、事迹,衹是指出,依據道宣的實地考察,從南北朝晚期直到初唐,劉薩訶在民間深受崇奉,"圖像嚴肅,日有隆敬。

① 可參見史葦湘、孫修身、陳祚龍、魏普賢(Helene Vetch)、饒宗頤等諸位的論文。

自石、隰、慈、丹、延、綏、威、嵐等州,並圖寫其形,所在供養。號爲‘劉師佛’焉”①。因此,把斯4494號中的這個“劉師”,判定爲當時民間佛教信仰中甚爲崇仰的劉薩訶,當無大差。

考察《劉師禮文》,它的形態其實很簡單,僅僅要求修持者在特定月份的某個特定日子的特定時辰,向某個特定的方向,禮拜特定的次數。認爲這樣的禮拜,均可減除特定的罪孽。堅持三年,則能得道,所得遂願。

在此首先需要考察的是,這種禮拜法是否符合印度佛教的傳統。

佛教大藏經中收有《尸迦羅越六方禮經》一卷,後漢安世高譯。傳統列爲小乘經典,《大正藏》將它收入《阿含部》。該經有三種異譯本:《長阿含經·善生經》(後秦譯出)、《善生子經》(西晋譯出)、《中阿含經·善生經》(東晋譯出)。即使從譯出年代,也可以肯定該經確爲印度佛教中時代較早的經典。上述四部經典叙述雖有差異,内容大體相同,謂尸迦羅越的父親要求尸迦羅越每天要向東南西北及天地等六方禮拜。釋迦牟尼詢問原因,尸迦羅越回答是遵循父親的教誨。釋迦牟尼説:“父教汝使六向拜,不以身拜。”②然後講述了應該如何處理父母子女、師傅弟子、夫妻、親朋、主奴、在家人出家人等六種社會關係的倫理規范,成爲我們研究小乘佛教倫理思想的重要資料。

《尸迦羅越六方禮經》中釋迦牟尼所説“父教汝使六向拜,不以身拜”,這句話,在相應的異譯本中,是這樣的——

《長阿含經·善生經》:“爾時,世尊告善生曰:‘長者子,有此方

---

① 《續高僧傳》卷二五,CBETA(2016),T50,no.2060,p.645,a26～28。

② 《尸迦羅越六方禮經》卷一,CBETA(2016),T01,no.16,p.250,c20～21。

名耳,非爲不有。然我賢聖法中,非禮此六方以爲恭敬。'"①

《善生子經》:"衆佑報曰:'居士子,父所言者非此六方也。旦而晞坐六面之欲,如有四面垢惡之行不能悔者,則是身死,精神當生惡道地獄之中。'"②

《中阿含經·善生經》:"世尊聞已,告曰:'居士子,我説有六方,不説無也。居士子,若有人善别六方,離四方惡不善業垢,彼於現法可敬可重。身壞命終,必至善處,上生天中。'"③

文字表述不同,基本意思相通。釋迦牟尼並不贊同這種六方禮拜法。在初期佛教,乃至早期部派佛教中,也没有發現曾經流行這種禮拜法。

那麽,《劉師禮文》提倡的這種禮拜法,緣於何處呢?如果翻閱《白虎通義》,看看王充《論衡》及早期的道教經典,就可以明白,這種將某一特定方向賦予某種神秘含義的思想,正來自中國的傳統文化。

再考察時辰問題。

《劉師禮文》要求在特定月份的某個特定日子的特定時辰進行禮拜,這在印度佛教中是否可以找到根據呢?這個問題比較複雜。

首先,就日期而言,印度雖然以朔望爲界,將每月分爲白月、黑月,但没有賦予神秘的宗教含義。如下述《佛説四天王經》中的六齋日,就平均分配在白月、黑月中,各有三個齋日。而《劉師禮文》中的十二月禮拜,除了正月、三月選擇在後半月之廿四日、廿六日

---

① 《長阿含經》卷一一,CBETA(2016),T01,no.1,p.70,b4~6。

② 《善生子經》卷一,CBETA(2016),T01,no.17,p.252,b22~25。

③ 《中阿含經》卷三三,CBETA(2016),T01,no.26,p.639,a28~b3。

外,其餘十個月均安排在前半月。中國傳統認爲,前半月爲陽月,後半月爲陰月,陽月禮拜,功德更大。由此可知,《劉師禮文》中每月禮拜日的選擇,深受中國傳統文化的影響。①

其次,《佛説四天王經》這樣説:"須彌山上即第二忉利天,天帝名因,福德巍巍,典主四天。四天神王,即因四鎮王也,各理一方。常以月八日遣使者下,案行天下。伺察帝王臣民龍鬼蜎蜚蚑行蠕動之類,心念口言身行善惡。十四日遣太子下。十五日四天王自下。二十三日使者復下。二十九日太子復下。三十日四王復自下。四王下者,日月五星二十八宿其中諸天僉然俱下。"②

亦即每月的八日、十四日、十五日、二十三日、二十九日、三十日,四天王會派遣使者、太子乃至親自巡察天下。經中説,巡察時,如果見衆生行善,會"具分别之,以啓帝釋……釋勑伺命,增壽益算;遣諸善神,營護其身"③。否則,"即令日月無光,星宿失度,風雨違時,以現世人。欲其改往修來,洗心齋肅"④。經中稱:如果人們能夠改惡從善,所謂"若有改邪行、就正真者,帝釋及四王靡不歡喜。日月即清明,星宿有常;風雨順時,毒氣消歇;天降甘露,地出澤泉;水穀滋味,食之少病;華色奕奕,壽命益長"⑤云云。亦即天人感應,天降祥瑞,如此等等。

這部經以佛經的面目出現,且按照經録記載,它是南北朝劉宋涼州沙門智嚴共寶雲譯,其中反映的却是天神伺察思想。對爲善者,它的獎賞是天降祥瑞、"增壽益算";對作惡者,它的懲罰不是印

---

① 《劉師禮文》的唐代變種《十二月禮佛文》,進而將每月的禮佛日期全部安排在上半月,即陽月。

② 《佛説四天王經》,CBETA(2016), T15, no.590, p.118, b2～10。

③ 同上, b14～17。

④ 同上, b28～c1。

⑤ 同上, c3～6。

度佛教傳統的下地獄,而是中國文化主張的天人感應,敦促自省。那麽,它是真正的印度佛教經典嗎?

如何看待這一現象?我們當然不能説古代印度没有天神伺察思想,其實早在吠陀典籍中,就載有天神伺察的思想。但是,吠陀的天神伺察思想的形態,與《佛説四天王經》所述完全不同。早期印度佛教也的確没有類似《佛説四天王經》這樣的論述,起碼我們在現在公認的早期印度佛教典籍,比如《法句經》《經集》中没有發現這類論述。[①]撇開天神伺察暫且不講,僅從《佛説四天王經》宣揚天人感應來説,説它深受中國傳統文化的影響,應該可以成立。

《佛説四天王經》既然是翻譯典籍,何以深受中國傳統文化的影響?這涉及筆者近年來非常關注的問題,即佛教的發展,並非印度文化單純的自我演化,而是包括中國文化、西亞文化等廣大亞洲文化共同匯流的結果。具體到《佛説四天王經》,很顯然,這是中國文化傳入西域、傳入印度,與西域、印度的佛教文化相結合的典型事例。這一文化匯流的産物又回傳中國,被翻譯成漢文。因此,我曾經撰文説:"佛教的産生雖然得益於印度文化的孕育,而佛教的發展則得益於印度文化、中國文化乃至其他地區文化的匯流。也就是説,中國是佛教的第二故鄉,這不僅體現在現實的結果中,也體現在歷史的過程中。"[②]這是一個很大的課題,在此不擬展開。

當然,相對於《佛説四天王經》中明確的天神伺察,《劉師禮文》

---

① 《增一阿含經》高幢品第二十四之三、《雜阿含經》(1117)均有類似的文字,但前者雖然題爲東晋翻譯,現在的傳本實爲南北朝定本,後者爲南北朝劉宋求那跋陀羅譯。兩部經典的時代均與《佛説四天王經》譯出時代相同。

② 方廣錩:《〈蒙古文甘珠爾丹珠爾目録〉前言》,載《蒙古文甘珠爾丹珠爾目録》,蒙古人民出版社,2003年。已收入本書。

雖然主張在特定時辰向特定方向禮拜,却没有明言禮拜的對象,也没有説明爲什麽要做這樣的禮拜。本文把這種禮拜也歸爲天神伺察思想,是否有點牽强呢?我想,衹要注意到《劉師禮文》的後代變種,該《劉師禮文》往往與《地藏菩薩十齋日》等一同抄寫,這樣的疑問可以不再存在。

通過上面簡單的分析,我們可以發現,所謂《劉師禮文》,雖然是佛教文獻,却含有濃重的中國文化色彩,是中印文化相結合的産物。

三、 佛教中的中國文化因素

類似的例子,還有《淨度三昧經》。

《淨度三昧經》也是南北朝劉宋寶雲翻譯,原本一直收入大藏流通。八世紀智昇撰寫《開元釋教録》時對它産生了懷疑,但又没有什麽過硬的證據,於是把《淨度三昧經》作爲附録附於“入藏録”末尾,稱:

> 《淨度經》下十部十五卷,並是古舊録中疑僞之經。《周録》雖編入正,文理並涉人謀。故此録中,除之不載。[①]

智昇的這段話顯然不符合事實,因爲自該經翻譯出來之後,從來没有人懷疑它的身份。我曾經撰文考訂,它的確是一部翻譯出來的經典,參見拙作《〈淨度三昧經〉的目録學考察》,此不贅述。但是,我們也必須指出,《淨度三昧經》中的確有著濃重的中國文化氣

---

① 《開元釋教録》卷二〇,CBETA(2016), T55, no.2154, p.699, c8～10。

息，如：

> 神明聽察，疏記罪福，不問尊卑。一月六奏，一歲四覆。四覆之日皆八王日。八王日者，天王案比諸天、人民、雜類之屬，考校功最。有福增壽，有罪減壽奪算。
>
> 天地浩浩，黎庶無數。諸天、地獄、五道大王、司命、都録、五官、都督、四鎮工使者、承天、大將軍等，春秋冬夏承天統攝，禁察非法。總持衆生名藉，制命長短，毛分不差。人民盲瞑，了不知天地五官所記。不能自知生所從來，死至何所。不能自知命之長短。不知爲五官所收録。不知豫作善求安，不知豫作功德救罪。亦不曉依附三尊，求後世救。不曉求守戒明經道士，從求度世道。如牛老敗不中用，大家言："此牛老敗不中用。煩勞牧養，久已無益我家。但當早殺。可得肉食之，亦可除煩勞。"人亦如是。不奉持戒禁，亦不作功德，如牛煩勞大家甚多。不益大家，又不能自活。人依道生，道氣養之。不肯奉道，亦不能自度。爲五官所收，死付地獄，盡屬三十王所治如是。①

難怪當年智昇將這部經典判爲僞經。

提到僞經，這裏要提及百年來學術界糾纏不清的兩部經典，一部是《大乘起信論》，一部是《仁王般若經》。不少人指出這兩部佛典具有濃重的中國傳統文化的思想傾向，認爲它們不可能是傳入中國的印度佛教典籍。也就是説，它們不是翻譯的，而是中國人自

① 《淨度三昧經》卷一，載《藏外佛教文獻》第七輯，宗教文化出版社，2000年6月，第259—261頁。

己撰寫的。但是,這兩部經典的確是翻譯的。

如何解釋這一現象? 在此必須正視中國文化西傳,與中亞文化、印度文化匯流,共同創造新的佛教形態,而又回傳中國的問題。

中國文化西傳,可以分爲流傳到狹義的西域與廣義的西域兩種情況。

所謂狹義的西域,亦即今天的中國新疆地區。這裏從來是多種文化薈萃的地方。自從張騫通西域以來,漢文化在這裏的影響越來越大。這裏又是一大批大乘經典産生、流傳、貯藏的地方。因此,這裏的佛教、這裏産生的佛教典籍,必然會受到漢文化的影響。

漢文化通過什麽途徑影響新疆地區呢?

首先是漢文化對當地居民的直接影響。敦煌遺書與吐魯番文書都反映出敦煌及西域長期以來一直是一個多民族雜居的地方。許多非漢族居民的生活,已經受到漢文化非常大的影響。他們既使用本民族語言文字,也可以熟練地使用漢語從事各種活動。如統治高昌的麴氏王朝,統治于闐的李氏王朝,都是典型的例子。最近有關這方面的研究成果不少,這裏不一一介紹。

其次是漢族移民的影響。也有研究者注意到這一點,但專門的研究論著還較少。在此以佛教僧人法海爲例,略作説明。

在北圖藏北敦 03339 號(雨 39 號)《金光明最勝王經》卷五末尾有這麽一段譯場列位,共羅列十八位參加義淨譯場的僧人:

> 大周長安三年歲次癸卯十月己未朔四日壬戌,三藏法師義淨奉制於長安西明寺新譯並綴文正字;
>
> 翻經沙門婆羅門三藏寶思惟正梵義;
>
> ……
>
> 請翻經沙門天宫寺明曉,

轉經沙門北庭龍興寺都維那法海，

弘建勘定。

在敦煌遺書伯3532號《慧超往五天竺國傳》中，則有這樣一段記載：

且於安西，有兩所漢僧住持，行大乘法，不食肉也。……龍興寺主，名法海。雖是漢兒，生安西，學識人風，不殊華夏。

上文講到安西有兩所漢人住持的佛教寺院，其中一所名爲“龍興寺”，由一個名叫“法海”的僧人任寺主。這個法海，雖然是漢人，却出生在安西。

長安三年是703年，而慧超於開元十五年（727）到北庭安西。從上面兩條資料，我們可以知道法海生於西域，在西域出家，後到長安參學。長安三年，曾以北庭龍興寺都維那的身份參與義淨譯場，後又回到西域，727年左右任龍興寺寺主。慧超稱他“學識人風，不殊華夏”，想必與他的這種經歷有關。法海的這種經歷，對我們研究當時西域移民文化的形態無疑具有典型意義。

再次是漢文佛典的影響。

敦煌遺書中數量最多的是漢文，其次是藏文，此外還包括回鶻文、粟特文、于闐文、梵文等諸多文字的各種文獻。其中有用藏文音譯的漢文文獻，也有原典爲漢文，但已經翻譯成其他文字的文獻。比如，翻譯成回鶻文的《梁朝傅大士頌金剛經》，翻譯成粟特文的《佛爲心王菩薩説頭陀經》。

這裏特别想談一下《佛爲心王菩薩説頭陀經》，這是一部中國人撰寫的佛經，是典型的“僞經”。它所反映的是受佛教文化影響的中國思想,或者説經過中國文化改造的佛教思想。中國古代經録雖有著録,由於是僞經,故没有收入大藏經,因而亡佚。敦煌遺書中除了保存有粟特文譯本殘卷外①,還有五個漢文原本,分别保存在英國圖書館、法國圖書館、中國北京圖書館、中國天津藝術博物館及日本的三井文庫。保存在英國的粟特文殘卷雖然早就引起研究者的注意,並有多人進行研究,但始終没有搞清楚它到底是什麽經。1933 年,法國戴密微(P.Demieville)根據收入在《大正藏》第八十五卷的漢文殘本,比定出該粟特文本就是《佛爲心王菩薩説頭陀經》。其後日本學者依吹敦先生將這個殘卷還譯爲漢文。

按照中國佛教的傳統,凡明確是中國人撰寫的,一律是"僞經";凡明確按照域外底本翻譯的,都確定爲"真經";無法斷定翻譯還是撰寫的,暫且作"疑經"處理。假設該《佛爲心王菩薩説頭陀經》在歷代經録中没有被著録爲僞經(屬於僞經,而歷代經録未予著録者,數量不少),假設該經的所有漢文原本都没有被保存(這種例子,在中國佛教史上可以舉出不少),假設依吹敦先生是古人,他發現了這個粟特文本,並將它翻譯成漢文,而且他的翻譯活動被古代的經録記載下來。那麽,我們現在如何看待這部經典呢? 上面

① 該遺書的完整編號爲:B.M.Or.8212(160)/SteinCh00353 號。"B.M.Or.8212"是英國博物館爲斯坦因第三次中亞探險所得文物給予的編號,而"Ch"爲"千佛洞"音寫首字,表示該遺書爲斯坦因從敦煌千佛洞得到。從編號看,該遺書應爲 1914 年斯坦因第三次中亞探險時在敦煌所得。

我們知道,斯坦因第三次中亞探險到敦煌時,藏經洞剩餘遺書已經調運北京。斯坦因搞到的敦煌遺書是王道士私自藏匿的,較大的寫卷五百多卷及一千餘件殘片。此外他還從新疆等地發掘到不少古文獻。從斯坦因、伯希和的有關記録可知,由於王道士衹懂漢文,對其他文字的典籍不甚重視。所以王道士最後藏匿的這批東西,衹能是他自認爲最有價值的漢文文獻。如果上述推測可以成立,則該粟特文本《佛爲心王菩薩説頭陀經》是否從王道士手中得到,大可懷疑。這裏有兩種可能:一、該遺書可能是斯坦因從千佛洞其他洞窟所得;二、也可能該遺書並非敦煌遺書,此編號有誤。

的問題雖然建立在一系列假設的基礎上，但它顯然並非一個“僞問題”。

總之，包括印度文化、漢文化在内的諸種文化在西域匯流，不可能不對流行於西域的佛教產生影響，不可能不對部分產生於西域的佛教典籍產生影響。這些典籍傳回中原，與中國文化產生進一步的互動，這是我們在佛教研究中必須重視的問題。

考察諸種文化在狹義西域地區的匯流及其對佛教的影響，是一個非常複雜的問題，並非一篇論文可以講得清楚的，但這是一個值得我們注意並認真研究的問題。這顯然可以成爲我們佛教研究中的又一個制高點，一個新的學術增長點。敦煌遺書中保存的大量疑僞經，以及學術界認定的一批所謂“疑僞經”，爲我們研究這個問題提供了第一手資料。

所謂廣義的西域，主要指中亞及南亞次大陸。就中亞而言，我們知道，唐代著名詩人李白，就出生在中亞碎葉（今屬哈薩克斯坦），可以想見當年中國文化在那裏的影響。就南亞次大陸，亦即古代印度而言，由於古代印度缺乏詳盡的歷史記載，對我們今天研究中國文化對印度的影響，造成了很大的困難。但是，即使從漢文典籍中，我們可以知道古代曾有大批商人、使節、僧人往返兩地。他們都是文化的載體，承擔了傳播文化的功用。其中特别值得注意的是到中國來傳播佛教，然後返回印度的印度僧人，以及到印度去求法，留在印度没有返回的中國僧人。古來流傳這樣一首詩：

晉、宋、齊、梁、唐代間，高僧求法别長安。
去人成百歸無十，後輩馬（焉）知前者難。
雪嶺崎嶇侵骨冷，流沙波浪徹心寒。

後流不辯當時事,往往將經容易看。①

“去人成百歸無十”,其中固然有在路途死亡的,也有不少留在印度的。關於這一點,可以參見義淨《大唐西域求法高僧傳》。

即使那些求法後回國的僧人,他們在印度時的活動,同樣打上了深深的中國文化的烙印。比如,與古印度諸國分立的政治局面相適應,印度佛教從部派分裂開始,就再沒有統一過。印度人傾向於認爲,無數相互對立的集團與派别、各種異質東西的同時並存是一種正常現象。部派佛教時期的印度僧人説:一個金手杖雖然斷爲十八截,但每截都是真金的,由此論證當時分裂的諸多部派都屬於佛教正統,都是合理的存在。出於這種思想方式,他們自然無意於從事統一各派的工作。中國的情況則不相同。從歷史上看,從古到今,中國基本上處於大一統的政治格局。即使國家短暫分裂,有關國家或自詡正統,以統一爲己任,或奉别國正朔,自居於藩屬。因此,在中國人看來,統一是正常的,分裂是不正常的。與此相應,在意識文化領域,中國人總是力圖融會各種矛盾因素,致力於建立一個圓融和諧的體系。南北朝時期中國僧人的判教就是中國人這種思想方法的反映。唐代中國僧人玄奘在印度撰寫《會宗論》,企圖融會印度佛教中觀、唯識兩個不同派别的思想,這也是典型的中國文化的思維方式。《大唐大慈恩寺三藏法師傳》卷四稱:“《論》

---

① 該詩似是義淨所撰。見於民間流傳的《大藏經總目》。

另,村上精專《一切經之由來》亦載有此詩,語句略有不同,作:

晉、宋、齊、梁、唐代間,高僧求法離長安。

去人成百歸無十,後者安知前者難。

路遠碧天唯冷結,沙河遮日力疲殫。

後賢如未諳斯旨,往往將經容易看。

見《大正新修大藏經會員通訊》第16號,1961年11月。

(即《會宗論》。——方按)成,呈戒賢及大衆。無不稱善,並共宣行。"[①]可見玄奘的觀點乃至思想方法,一定程度上影響了戒賢及那爛陀寺的僧衆。印度佛教晚期出現了會同兩派的瑜伽中觀派,我們没有資料可以證明玄奘的《會宗論》直接影響到後代的瑜伽中觀派的産生,但客觀地講,從學理上研究瑜伽中觀派,不能不提到玄奘當年的這部《會宗論》。

四、小　　結

敦煌遺書斯 06884 號《金光明最勝王經》卷二,末尾有這樣一條題記:

> 敬寫金光明最勝王經一部,十卷。/右,已上寫經功德,並用莊嚴/太山府君、平等大王、五道大神、天曹地府、伺命伺録、/土府水官、行病鬼王,並役使、府君諸郎君/及善知識,胡使録公、使者、檢部曆官舅母、/關官、保人可韓及新二使、風伯雨師等,伏/願哀垂,納受功德,乞延年益壽。/

該《金光明最勝王經》抄寫於敦煌歸義軍時期,約九到十世紀。如果將該題記與翻譯於南北朝《淨度三昧經》相比,可以看到有許多共同之處。它提示我們,對文化的匯流,除了義理性的文化形態外,我們還必須注意信仰性的文化形態。但這個問題很大,擬另文叙述。

① 《大唐大慈恩寺三藏法師傳》卷四,CBETA(2016),T50,no.2053,p.244,c9～10。

［附］

贅　語

對佛教發展史中諸種文化的匯流現象,我思考已久,但因忙於敦煌遺書的整理,一直没有抽出時間進行深入的研究。2006年,借上海社會科學院召開"佛教與當代社會"中印佛學會議的機會,寫了上面這篇論文,把這個問題提出來,意在抛磚引玉,引起中國、印度的學術界對這個問題的關注。會後,《華東師範大學學報》編輯部的同志將該文約走,預定發表在今年(2007)第一期。

最近,《法音》編輯部希望將此文交由《法音》轉發,以期在佛教界内部引起對這個問題的進一步關注。在此,應《法音》編輯部的要求,將我對佛教發展史中諸種文化匯流現象的思考過程,簡單叙述如下。

我本人最早是研究印度佛教的,後來主要精力集中在中國佛教研究,特别是漢文佛教文獻的研究方面。在從印度佛教轉而研究中國佛教的過程中,我發現佛教在從印度傳到中國的過程中,形態發生了很大的變化。因此,在二十世紀九十年代初期撰寫的《佛教志》的導言中,我寫了這樣一段話:

世界現存的三大佛教派别在我國均有流傳,成爲中國佛

> 教的有機組成部分。其中漢傳佛教、藏傳佛教完全是在我國成長起來,並傳播到其他各國的,所以不少人把中國稱爲佛教的第二故鄉。兩千年前傳入的異邦宗教,與中國傳統文化相互矛盾、相互吸引、相互衝突、相互融攝。其深入協調的結果,既深深地影響了中國傳統文化的面貌,也極大地改變了自己的形態。正是在這樣的過程中,外來的印度佛教逐步演變成與中國傳統文化緊密契合的中國佛教,並與儒、道兩教一起,成爲支撑著中國傳統文化之鼎的三根主要支柱。①

上面這段話貫穿了一個基本觀點,就是佛教與一切宗教一樣,都是社會文化的表現形態之一。而文化的傳播與影響,從來是雙向的。因此,傳入中國的佛教,既深深地影響了中國傳統文化的面貌,也極大地改變了自己的形態。在《佛教志》中,我力求説明佛教爲什麼會改變自己的形態,怎樣改變自己的形態,以及最終成爲一種怎樣的形態,亦即探討佛教中國化的原因、過程與結果。當然,佛教中國化是一個大問題,《佛教志》作爲《中華文化通志》之一,有固定的寫作規范或稱寫作局限。因此,那本小書遠遠不足以徹底解決這個問題,將來如果有機會,我願意在這個課題上繼續努力。

寫作《佛教志》時,我的思考雖然以印度佛教作爲參照系來考察中國佛教,但基本立足點没有超出中國佛教的範圍,思考的還是中國佛教的問題。但在其後常年整理敦煌遺書的過程中,發現了一系列新資料,特别是一系列以前被人們視爲疑僞經的經典。我發現這些經典形態複雜,内容豐富,絶對不是一句“中國人自己編造的”所能概括。其中有些典籍,從譯經史看,可以肯定它們是域

① 方廣錩:《佛教志》,載《中華文化通志》,第3頁。

外傳入的翻譯作品,但從思想内容看,的確包含著濃重的中國文化因素。如何看待這一現象呢? 我一時感到茫然。當我帶著這個問題去攻讀大藏經時,發現竟然很多經典都有類似的現象。亦即很多公認的翻譯典籍,都蘊含有中國文化的元素。

這裏又可以分爲兩種情況。

一種是中國文化的元素隨著佛經的漢譯而進入佛教文化體系。爲了説明問題,這裏舉一個例子。比如《中阿含》卷三五“雨勢經”與《長阿含》卷二“遊行經”,論述的是同一個主題,即阿闍世王爲了攻打跋耆族而去徵求釋迦牟尼的意見。釋迦牟尼認爲跋耆族擁有“七不衰法”,别人不可能滅亡他們。所謂“七不衰法”,其中有兩法,《中阿含》這樣叙述:“跋耆不以力勢而犯他婦、他童女”,“有名德尊重者,跋耆悉共宗敬、恭奉、供養,於彼聞教則受”。而《長阿含》的相應段落却爲:“跋祇國人閨門真正,潔淨無穢。至於戲笑,言不及邪”,“跋祇國人孝事父母”。兩相對照,《長阿含》譯文中的中國文化元素,不是非常明顯嗎?

在《佛教志》中,我這樣論述這個問題:

> 宗教是以信徒爲載體而發展、傳播的。在中國佛教史上活動的佛教徒可分爲兩類:來華的外國佛教徒與本土的中國佛教徒。我認爲,在考察佛教中國化的進程時,雖然應該兼及上述兩類信徒,但更重要的是以中國佛教徒所承載的佛教作爲標準,亦即主要考察中國佛教徒怎樣理解、接受與消化佛教。例如,我們説佛教在初傳期依附黄老之學、攀緣玄學,主要是指由於當時中國佛教徒還不能真正理解佛教的本意,祇能用中國傳統的目光來看待佛教,用自己相對熟悉的學説來附會佛教,從而在客觀上産生外來的佛教依附、攀緣中國傳統

> 文化的結果。正是從這個角度，我認爲初傳期佛教在意識形態領域裏還缺乏清醒的自我意識。至於外國來華的佛教徒，我想也許也可以分爲兩類：對中國文化較爲隔膜的與對中國文化較爲瞭解的。對於前一類人來説，由於他們不通華語，不瞭解中國文化，衹能通過傳譯來傳播佛教與瞭解中國，但由於擔任傳譯的中國人又不能真正瞭解佛教，在這種近乎雙盲的情況下，佛教大概也就衹能以依附或攀緣中國的某種相近學説的面貌出現。對於後一類人來説，雖然他們瞭解佛教與中國文化的差異，但在當時的大背景下，爲了佛教能夠更加順利地楔入中國社會，他們不得不采取一些變通的手法，主動地向中國傳統文化靠近。康僧會就是後一類人的代表。①

翻譯，本來是把某種文化形態，從甲文化體系，搬移到乙文化體系。中國歷來要求翻譯應該達到“信、達、雅”，其中“信”是第一標準。所謂“信”，也就是要求翻譯者在翻譯活動中，完全忠實翻譯的對象，原原本本地把經典從一種文字翻譯爲另一種文字。但在古代中國，如上述《長阿含經》所反映的，由於種種原因，中國文化的元素通過翻譯活動，進入了外來的佛教文化體系之中。我在給學生上課時，把這種現象稱之爲“翻譯中的文化反浸現象”。另一種情況則更爲複雜，它完全不能用“翻譯中的文化反浸現象”來解釋。典型的是在大量的翻譯典籍中，出現了中國的天人感應思想。如《佛説四天王經》《金光明經》《大雲經》《七佛八菩薩所説大陀羅尼神咒經》《仁王經》等等，不勝枚舉。目前，我正在撰寫一篇名爲《漢譯佛典中的天人感應思想》的論文，計劃進一步探討這一現象。

① 方廣錩：《佛教志》，載《中華文化通志》，第12—13頁。

爲什麽中國的“天人感應”思想會出現在這麽多的佛教典籍中,形態又那麽豐富?考慮到古代中印文化交流的實際情況,我想,答案就在於中國文化西傳到中亞、印度,與當地文化相結合,然後以佛教典籍的方式,又回傳到中國。

最早把這一想法形諸文字,是在《季羡林與佛教研究》[①]一文中。這篇文章本來是應邀爲季先生九十華誕慶壽論文集寫的,因爲某些技術性原因,未能收入論文集。延宕幾年後,發表在《敦煌研究》2002年第1期上。文章説:

> 在佛教研究領域,季先生還有一篇論文《佛教的倒流》,專門研究中國佛教向印度的倒流。這是一個十分重要的問題,值得引起重視。
>
> 佛教是在古代印度起源,然後傳遍南亞、東亞、中亞、東南亞等整個古代東方世界的,對於這一點,沒有人有異議。但是,這種傳播是否純粹的單行道?除了印度佛教對外傳播,其他各地的佛教對印度本土的佛教是否也有影響?對於這個問題,前此也有人曾經注意,比如曾經有人提出中國道教對印度密教的影響,但没有人進行過深入系統的研究。季先生的《佛教的倒流》一文應該是系統研究這一問題的第一篇文章。在這篇文章中,季先生從《宋高僧傳》中贊寧的一條“系”生發開來,用大量的證據證明,佛教從印度傳入中國後,中國人並不是墨守成規,原封不動地把它保留下來,而是加以改造和提高,加以發揚光大,並將中國對佛教的新發展“倒流”回印度。
>
> 季先生文章中一些具體例證,這裏沒有必要一一列舉。

---

① 關于《季羡林與佛教研究》一文,已收入本書。

季先生指出的“倒流”現象則對我們是一個極大的啓發。宗教的傳播,其實質本來就是文化的傳播形式之一。而文化的傳播從來都不是單行道,都是雙方面的。佛教雖然起源於印度,但其後佛教的發展並没有局限在印度一隅,而是遍布亞洲各國。在這個過程中,它受到各國文化的滋養,呈現種種形態,既影響了各國佛教,也改變了自己。這種改變,不僅體現在佛教適應所在地文化的需要,與所在地文化相融合;也體現在佛教融攝各地的優秀文化與思想,營養自己,發展自己。舉例而言,《大方廣華嚴經》等一批大乘經典的産生地其實不是在印度,而是在我國的新疆等中亞地區;而中亞地區又是印度文化、伊朗文化與中國文化交匯的地方。因此,這些大乘經典實際是上述諸種文化共同培育的結果。所以,從季先生的“倒流”説,我們可以進一步推出“匯流”説。亦即佛教的發展其後得益於印度文化、中國文化乃至其他地區文化的匯流。研究佛教,不僅要考慮印度文化與社會的情況,還要考慮中國佛教的“倒流”,乃至考慮諸種文化的“匯流”。比如《大方等大集經》中出現了中國的十二生肖,説明《大方等大集經》的確受到中國文化的影響。當然,古代東方地域廣大,講“匯流”的同時,不可忽略地區性。如傳統所謂的疑僞經,有相當一批實際是在我國的新疆地區産生的佛教經典,所以像《淨度三昧經》之類,可以非常明顯地看到有中印文化交匯的痕迹。用這個觀點來考察佛教經典的産生、佛教思想的演化乃至佛教歷史的發展,佛教研究將會打開一個全新的局面。

“匯流説”的提出,建立在這樣幾個基礎上:

首先,在古代,中國文化與印度文化都是强勢文化。

其次,在古代,中國與印度之間,有著極其頻繁的文化交流。

再次,文化的交流是雙向的,是相互影響的。

因此,邏輯的結論就是,在印度文化傳入中國、影響中國的同時,中國文化也傳入印度,影響了印度文化。幾千年來,中印兩國的文化都不斷地傳播到對方地區,接受對方文化的營養,發展成新的形態,又返傳回來。中印兩國從兩漢之際開始的、以佛教爲紐帶的文化交流,實際是一部中印文化的互動史,一部兩國文化不斷地“出口轉内銷”的歷史。

用這個觀點重新審視全部佛教史,我認爲,我們需要對“中國是佛教的第二故鄉”做出新的詮釋。因此,我在《〈蒙古文甘珠爾丹珠爾目録〉前言》中提出:

人們常説,中國是佛教的第二故鄉。我以爲,這句話有四重含義。即:

第一,中國完整保留了源於印度的三大系佛教。

第二,佛教爲中國文化輸送了新的血液;中國文化爲佛教重塑了肌體與靈魂,賦予了更頑强、更活潑的生命力。

第三,受中國文化滋養而形成的中國佛教,其後在周邊國家廣泛流傳,對周邊國家的文化發展又産生了深遠的影響。

第四,中國文化在歷史上對印度佛教的發展曾經起到過重要的作用。佛教的産生雖然得益於印度文化的孕育,而佛教的發展則得益於印度文化、中國文化乃至其他地區文化的匯流。也就是説,中國是佛教的第二故鄉,這不僅體現在現實的結果中,也體現在歷史的過程中。

匯流説强調各種非印度的文化成分,特别是中國文化在佛教發展史上的地位與作用。它不僅是對佛教歷史的一個解釋,也是對佛教現狀的一種説明。二十世紀三十年代,以吕澂先生爲代表的支那内學院系的諸位學者，曾經對以《大乘起信論》《楞嚴經》爲代表的佛教展開批判。八十年代中期以來，日本興起的“批判佛教”，其理論基礎與争論要點，依然没有跳出三十年代的那場争論。但是，如果我們用“文化匯流”來看待佛教的發展，我們就可以理直氣壯地宣布：“批判佛教”提出的問題，就佛教理論而言，實際上是一個僞問題。

當然，“文化匯流”目前還是一種“大膽假設”，要使這一假設能夠成立，必須經過艱苦的“小心求證”，還有大量的工作要做。就歷史研究的部分而言，由於印度是一個宗教情感大於歷史情感的民族，缺乏翔實可靠的歷史記載，這爲我們從事研究帶來很大的困難。但是，好在漢文資料非常充分，好在現在懂得梵文、藏文乃至其他西域古文字的年輕佛教學者越來越多，好在與前輩學者相比，我們現在收集資料的手段已經無可比擬地先進。我想，年輕一代的佛教研究者，祇要有披荆斬棘的勇氣，有鍥而不捨的精神，一定能夠在“文化匯流”這一新的學術增長點上，開拓出新的天地。

(2007年2月26日於通州皇木廠。本文正文部分已發表於《華東師範大學學報》2007年第1期)

參考文獻

蘇鳴遠：《敦煌寫本中的地藏十齋日》，載《法國學者敦煌學論文選萃》，中華書局，1993年12月。

魏普賢：《敦煌寫本和石窟中的劉薩訶傳説》，載《法國學者敦煌學論文選萃》，中華書局，1993年12月。

魏普賢：《劉薩訶和莫高窟》，載《法國學者敦煌學論文選萃》，中華書局，1993年12月。

饒宗頤:《劉薩訶事迹與瑞像圖》,載《敦煌研究》1988 年第 2 期。

季羡林:《佛教的倒流》,載《季羡林全集》第七卷,江西教育出版社,1998 年 6 月。

[附記]

如《贅語》所交代,本文原是提交給上海社會科學院召開"佛教與當代社會"中印佛學會議的會議論文,主要目的想聽聽印度學者對此觀點的反應。此後被《華東師範大學學報》約走,載於 2007 年第 1 期上。後中國人民大學書報資料中心《宗教》於 2007 年第 3 期全文轉載。在《華東師範大學學報》發稿之前,《法音》雜志索要此稿。我説明已經交給《華東師範大學學報》,但《法音》表示由於讀者受衆不同,希望再發表一次。於是加寫《贅語》,交由《法音》發表於 2007 年第 3 期。此後又發表於《普門學報》(臺灣)2008 年第 43 期、日本東京《國際佛教學大學院大學研究紀要》2007 年第 11 號。

本書收入的是在《法音》的發表本。收入本書時,因《〈蒙古文甘珠爾丹珠爾目録〉前言》已收入本書,故《贅語》之相關内容有所删節,另對行文略有修訂。

2016 年 10 月 21 日

《劉師禮文》中禮拜法初探

一、 問題的提出

《劉師禮文》是抄寫在敦煌遺書斯 4494 號上的一個文獻。斯 4494 號,首殘尾全,現存如下文獻:

1.《方廣經典懺悔文》(擬)[①]

2.《請觀音咒》

3.《除疫毒陀羅尼咒》

4.《除睡眼陀羅尼》

5.《觀世音菩薩陀羅尼》

6.《咒眼陀羅尼　咒水洗眼陀羅尼》

7.《法華咒　藥王菩薩咒》

8.《勇施菩薩咒》

9.《毗沙門天王咒》

10.《持國天王咒》

11.《十羅刹女咒》

---

① 原卷首殘,第一個文獻的名稱不詳。從内容看,應爲禮佛懺悔文一類。行文中有"復行方廣經典懺悔"云云,故擬名作"方廣經典懺悔文"。

12.《普賢菩薩咒》

13.《法數釋》(擬)[①]

14.《劉師禮文》

15.《受八關齋文》

16.《施食咒願文》

卷尾有題記:“大統十一年乙丑歲(545)五月廿九日寫乞(訖),平南寺道養許。”從紙張、字體及總體風格考察,該遺書爲南北朝寫卷。故該遺書確爲西魏大統年間平南寺僧人道養個人持有[②]之文本。

除英國翟林奈之《不列顛博物館藏敦煌漢文寫本注記目録》對該號有著録外,至今未見有研究者對此進行過專門的研究。[③]原卷首殘尾全,無題名。翟林奈僅客觀著録,未予定名。《敦煌遺書總目索引》《敦煌遺書最新目録》《新編敦煌遺書總目索引》均擬名作“雜咒文集”。該遺書現存文獻十六個。這十六個文獻原來是否屬於一個整體,爲南北朝的某種儀軌,尚需進一步研究。本文擬對其中第十四個文獻《劉師禮文》所記録的禮拜法作一番簡單的考察。

二、録　文

在此,先將《劉師禮文》録文如下。録文時以斯 4494 號爲底本,無校本。

---

① 解釋“八不淨”“十不淨肉”“三十六物不淨”“十四音”等四個法數,故擬此名。

② 除了尾題中的“道養許”外,文中另有兩處“養許”。一處在《請觀音咒》下,一處在《劉師禮文》下。“許”,在此即“所有”之意。

③ 法國蘇鳴遠在《敦煌寫本中的地藏十齋日》中,注意到與《地藏十齋日》抄寫在一起的《十二月禮佛文》,並提到斯 2565 號、伯 3588 號、伯 3809 號抄有《十二月禮佛文》,但並未對該《十二月禮佛文》進行研究,也没有提及斯 4494 號。

［録文］

劉師禮文

正月廿四日，平旦寅時，向東北丑地，禮八拜，除罪廿一。

二月九日，雞鳴丑時，向東南辰地，禮十拜，除罪卅一。

三月廿六日，人定亥時，向正南午地，禮四拜，除罪四百。

四月七日，夜半子時，向正北子地，禮四拜，除罪四萬。

五月六日，黄昏①戌時，向西北亥地，禮六拜，除罪一千八百。

六月三日，食時辰時，向正②南午地，禮六拜，除罪一千四百。

七月四日，晡③時申時，向東南巳地，禮四拜，除罪二千八百。

八月八日，日出卯時，向正南午地，禮九拜，除罪六千。

九月十日，食時④辰時，向東南巳地，禮九拜，除罪一千八百。

十月十一日，吴（午?）中巳時，向正南午⑤地，禮九拜，除罪六千。

十一月十一日，日入酉時，向正西酉地，禮九拜，除罪六千。

十二月二日，黄昏⑥戌時，向正東卯地，禮卅拜，除罪卅萬。

玄始十一歲次己卯⑦，劉師唯法，教化後生，除罪禮拜。若有信者，如能⑧不失時節，禮拜滿三年，即得道。所願隨意，不違心。欲生向處，隨意求願。欲生彌勒佛國，願人求畢，不違心意。住（往）生西方妙樂國土，亦得住（往）生。生卅三天上，

---

① “昏”，底本作“婚”，據文意改。

② “正”，底本無，據文意補。

③ “晡”、底本作“甫”，據文意改。

④ “時”，底本無，據文意補。

⑤ “午”，底本作“仵”，據文意改。

⑥ “昏”，底本作“婚”，據文意改。

⑦ 玄始爲北凉年號，十一年爲 422 年，干支應爲壬戌，與“歲次己卯”不合。

⑧ “如能”，底本作“能如”，據文意改。

亦得如是。禮敬禮盡，更如法界諸佛，並及得道沙門。

［録文完］

這裏的“劉師”，應爲“劉師佛”，亦即劉薩訶，當無可疑。[1]從題記可知，南北朝北魏大統年間，我國北方佛教流傳一種禮拜方法，傳爲北涼時劉薩訶所提倡。稱信者按此方法禮拜三年，便可得道，所願隨意。並可隨意往生到兜率淨土、西方淨土以及三十三天。

三、禮拜法考察

考察《劉師禮文》提倡的禮拜方法，形態甚爲簡單。僅僅要求修持者在特定月份的某個特定日子的特定時辰，向某個特定的方向，禮拜特定的次數。認爲這樣特定的禮拜，可以減除特定的罪孽。詳見下表：

表一　《劉師禮文》禮拜法

月日		時辰		方位		禮拜數	滅罪數
月	日	名稱	地支	名稱	地支	—	—
1	24	平旦	寅	東北	丑	8	21
2	9	雞鳴	丑	東南	辰	10	31
3	26	人定	亥	正南	午	4	400
4	7	夜半	子	正北	子	4	40 000
5	6	黄昏	戌	西北	亥	6	1 800
6	3	食時	辰	正南	午	6	1 400

① 參見《試論佛教發展中的“文化匯流”》，已收入本書。

續表

月日		時辰		方位		禮拜數	滅罪數
月	日	名稱	地支	名稱	地支	—	—
7	4	晡時	申	東南	巳	4	2 800
8	8	日出	卯	正南	午	9	6 000
9	10	食時	辰	東南	巳	9	1 800
10	11	吴(午?)中	巳	正南	午	9	6 000
11	11	日入	酉	正西	酉	9	6 000
12	2	黄昏	戌	正東	卯	30	300 000

在此首先考察該禮拜法的禮拜時間。

禮拜時間分月日、時辰兩個方面。

就月而言，上述禮拜法規定每年禮拜十二次，這十二次平均分配在每個月，每月禮拜一次，就日而言，與我們熟知的四齋日（每月之一日、八日、十五日、二十三日）、六齋日（每月之八日、十四日、十五日、二十三日、二十九日、三十日）、十齋日（每月之一日、八日、十四日、十五日、十八日、二十三日、二十四日、二十八日、二十九日、三十日）均不同。四齋日爲朔、上弦、望、下弦，亦即每月齋日的間隔時間平均分配。六齋日實際也安排在朔、上弦、望、下弦四個日期，祇是朔、望日各齋兩天。十齋日與前兩種齋日有不同，上半月齋四天，下半月齋六天。朔日齋期由六齋日的兩天增加爲四天，另增十八日、二十四日。[1]《劉師禮文》却將禮拜日安排爲二日、三日、四日、六日、七日、八日、九日、十日、十一日（二次）、二十四日、二十

① 關於四齋日、六齋日、十齋日的形成及齋日的安排，擬另文論述。

六日等十二天。八天在上旬,兩天在中旬初,兩天在下旬。如按半月計算,上半月十次,下半月兩次。比例爲五比一。既不同於四齋日、六齋日的平均分配,也不同於十齋日的重視下半月。

就時辰而言,在此先按照中國傳統的地支表時法,並按照《劉師禮文》的具體表述,配合傳統五更,加上現代時間,表列如下:

表二　十二時辰表

名　稱	地支	五　更	現代時間	禮拜次數
夜　半	子	三更(24點)	23～01	1
雞　鳴	丑	四更(2點)	01～03	1
平　旦	寅	五更(4點)	03～05	1
日　出	卯		05～07	1
食　時	辰		07～09	2
吴(午?)中	巳		09～11	1
	午		11～13	0
	未		13～15	0
晡　時	申		15～17	1
日　入	酉		17～19	1
黄　昏	戌	初更(20點)	19～21	2
人　定	亥	二更(22點)	21～23	1

對照《劉師禮文》,禮拜的時辰安排,除了食時(辰時)、黄昏(戌時)各兩次,午時、未時未安排外(合併計入"吴[午?]中"? 待考),其他時辰均平均安排,每個時辰各禮拜一次。其中上半天(子時到巳時)七次,下半天(午時到亥時)五次。

其次,考察禮拜方位。

中國傳統除將方位分作四方八隅之外,又按照十二支配比,可圖示如下：

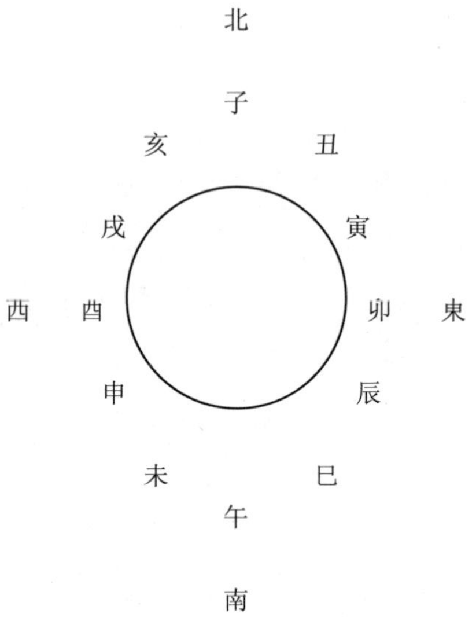

圖一　地支方點陣圖

按照《劉師禮文》的安排，十二個月的十二次禮拜，向正北子地一次、東北丑地一次、正東卯地一次、東南辰地一次、東南巳地兩次、正南午地四次、正西酉地一次、西北亥地一次。

表三　方位

名稱	地支	禮拜次數	名稱	地支	禮拜次數
正北	子	1	正南	午	4
東北	丑	1	西南	未	0
東北	寅	0	西南	申	0
正東	卯	1	正西	酉	1
東南	辰	1	西北	戌	0
東南	巳	2	西北	亥	1

再次，考察禮拜數與滅罪數。

從禮拜數看，《劉師禮文》要求信者每次所做的禮拜數並不多。少者每次祇需禮拜四下，一般每次禮拜不超過十下。最多一次雖達三十下，但僅一次而已。十二次禮拜總計爲一百零八下，平均每次九下。

從滅罪數看，最少二十一，最多三十萬。總計可滅罪 366 252，平均每次約可滅罪 3 391。但滅罪數無單位。滅罪最多的，每禮拜一次，可滅罪一萬。滅罪最少的，每禮拜一次，僅可滅罪 2.625。

表四　禮拜數與滅罪數

禮拜數	滅罪數	每下禮拜平均滅罪數	禮拜數	滅罪數	每下禮拜平均滅罪數
8	21	2.625	4	2 800	700
10	31	3.1	9	6 000	約 667
4	400	100	9	1 800	200
4	40 000	10 000	9	6 000	約 667
6	1 800	300	9	6 000	約 667
6	1 400	約 233	30	300 000	10 000

現對上述考察做一小結。

1. 印度傳入之四齋日與六齋日，齋期平均分配在一個月中。印度佛教之六時禮拜，也是將六次禮拜平均分配在一天的六時中。而中國傳統則認爲，上半月爲陽，下半月爲陰；上午爲陽，下午爲陰。陽象徵增長，陰象徵收斂。修持配陽，功效較配陰爲大。《劉師禮文》十二次禮拜的日期，十次都安排在屬陽的上半月；十二次禮拜的時辰，七次安排在屬陽的上午。從這種安排，我們可以窺見中國傳統文化對《劉師禮文》的影響。

不僅時辰之安排大體配陽，方位之安排也是如此。中國傳統認爲，南方爲陽，北方爲陰。《劉師禮文》之十二次禮拜的方位，八次屬陽。

那麽，同樣産生於中國的十齋日，爲何又有六次齋期配陰呢？我想這是因爲十齋日屬地藏菩薩齋法。地藏菩薩是幽冥教主，屬地獄，配陰的齋日自然應該多於配陽的齋日。

2. 無論是配陽的齋法，還是配陰的齋法，如單純從日期、時辰、方位三個方面考察，均無全陽、全陰的排列，而是陰陽雜糅，陽多陰少（參見表五）。我想這應該體現中國傳統文化的陰陽變和思想。

當然，如將日期、時辰、方位三者配比起來，會出現五次“陽陽陽”。我認爲，之所以會出現這種情況，是因爲日期、時辰、方位三個方面均爲陽大於陰，陽多陰少，在這種條件下將日期、時辰、方位相配，必然會出現三個連陽的情況。但五次三連陽中，日期之陽並無“十五日”，時辰之陽也無“正午”，所以日期、時辰之陽，並非純陽。這樣，雖然方位之陽有三個純陽“正南”，但與日期、時辰之非純陽之“陽”相配，所成的三連陽，也並非純陽，而是陽中有陰。

值得注意的還有 4 月 7 日、12 月 2 日這兩次禮拜。按照《劉師禮文》的説法，在這兩次禮拜中，每作一下禮拜，所得功德最大。從表五可知，這兩次日期、時辰、方位配比的結果，均屬陰陽和合，且爲二陽一陰。

表五　《劉師禮文》陰陽配比表

日　期		時　辰		方　位		每下禮拜	
月　日	陰陽	名稱	陰陽	方位	陰陽	陰陽配比	平均滅罪數
1 月 24 日	陰	平旦寅	陽	東北丑	陰	陰陽陰	2.625

續表

日期		時辰		方位		每下禮拜	
月　日	陰陽	名稱	陰陽	方位	陰陽	陰陽配比	平均滅罪數
2月9日	陽	雞鳴丑	陽	東南辰	陽	陽陽陽	3.1
3月26日	陰	人定亥	陰	正南午	陽	陰陰陽	100
4月7日	陽	夜半子	陽	正北子	陰	陽陽陰	10 000
5月6日	陽	黄昏戌	陰	西北亥	陰	陽陰陰	300
6月3日	陽	食時辰	陽	正南午	陽	陽陽陽	約233
7月4日	陽	晡時申	陰	東南巳	陽	陽陰陽	700
8月8日	陽	日出卯	陽	正南午	陽	陽陽陽	約667
9月10日	陽	食時辰	陽	東南巳	陽	陽陽陽	200
10月11日	陽	昊中巳	陽	正南午	陽	陽陽陽	約667
11月11日	陽	日入酉	陰	正西酉	陰	陽陰陰	約667
12月2日	陽	黄昏戌	陰	正東卯	陽	陽陰陽	10 000

3.《劉師禮文》强調的是在特定時辰,向特定方向禮拜,没有涉及禮拜的對象。這與由印度傳入中國的《佛名經》系統提倡的佛名禮拜全然不同,與南北朝中國佛教提倡的三寶崇拜也不相同。

4.《劉師禮文》認爲禮拜可以滅罪,並具體羅列了按照特定日期、時辰、方位、次數禮拜後可滅罪的數量,但没有單位。

綜上所述,《劉師禮文》雖然由佛教徒宣導、由佛教徒實施,夾雜在其他佛教文獻中一起流通,甚至可能被組織爲某佛教儀軌的一部分,但從它的表現形態看,它來源於中國傳統文化,與印度佛教並無淵源關係。

從上述考察,我們可以發現,《劉師禮文》提倡的上述禮拜法,與中國道教的早期禮懺思想與禮懺形式，有著密切的關係。關於這一問題，擬將來再作進一步研究。

［附記］

本文寫於2007年。發表於《世界宗教研究》2008年第1期。

本文對敦煌遺書《劉師禮文》中的禮拜法進行研究。文章認爲，《劉師禮文》提倡的禮拜方法，形態甚爲簡單。僅僅要求修持者在特定月份的某個特定日子的特定時辰，向某個特定的方向，禮拜特定的次數。認爲這樣特定的禮拜，可以減除特定的罪孽。這種禮拜法透露的信息值得我們注意。文章在分析這一禮拜法後指出，《劉師禮文》提倡的禮拜法，與中國道教的早期禮懺思想與禮懺形式、與儒家讖緯神學有著密切的關係。關於這一問題，值得進一步研究。

收入本書時略有修訂。

關於《劉師禮文》，筆者另有兩篇文章：一篇爲《試論佛教發展中的“文化匯流”——從〈劉師禮文〉談起》，2006年中印佛學會議（上海）論文，後發表在《華東師範大學學報》2007年第1期上。一篇爲《〈劉師禮文〉及其後代變種》，2006年第二届中日佛學會議（北京）論文，修訂後命名爲《談〈劉師禮文〉的後代變種》，發表在《華東師範大學學報》2016年第1期上。上述兩文此次均收入本書，可以參看。

2016年10月20日

談《劉師禮文》的後代變種

一、前　言

佛教作爲一種宗教,既有比較精細、高深的哲學形態,也有比較粗俗、普及的信仰形態。由此,它能夠適應不同層次人們的不同需要。我把前一種形態稱爲"佛教的義理層面",把後一種形態稱爲"佛教的信仰層面"。義理層面的佛教以探究諸法實相爲特徵,以收入大藏經的域外譯典及中國歷代高僧著述爲依據,以追求最終解脱爲目標;而信仰層面的佛教則以他力拯救與功德思想爲基礎,以漢譯佛典中的信仰性論述及中國人撰著乃至諸多疑僞經爲依據,以追求現世利益、來世福報乃至最終解脱爲目標。佛教的義理層面在我國佛教史上處於主導地位,它爲佛教提供了高水準的骨幹與活潑潑的靈魂,它的興衰决定了中國佛教的興衰,但佛教的信仰層面較義理層面影響更大、更深、更遠,爲中國佛教奠定了雄厚的群衆基礎,是中國佛教綿長生命力的基本保證。這兩種佛教雖然各有特點,有時看來截然不同,甚至尖鋭對立,但又相互滲透、互爲依存,絞纏在一起,相比較而存在。當兩者相對平衡,佛教的發展便相對順暢;當兩者的力量相對失衡,佛教的發展便出現危機。在中國佛教的研究中,兩者不可偏廢。

從中國佛教初傳期起，義理層面佛教與信仰層面佛教的分野已見端倪。如當時人們把佛教等同於“清虚無爲”的“黄老之學”，可歸入義理層面佛教的範疇；而把浮屠與老子一起祭祀，且把佛教視同“黄老之術”，認爲早期來華的安世高等僧人“七曜、五行、醫方、異術，乃至鳥獸之聲，無不綜達”①，流傳種種關於這些僧人的神異故事，實爲信仰層面佛教之濫觴。其後兩種形態的佛教交織在一起，共同發展，但到初傳期的末期，兩者的分野已經非常明顯，其標志有二：一是道安整理佛經，提出疑僞經問題；一是此時的義理層面佛教與信仰層面佛教都出現了自己的領袖人物——釋道安與劉薩訶。其後信仰層面佛教持續發展，並出現種種表現形態。其重要表現形態之一，就是出現組織化的儀軌。

關於佛教儀軌的形成、發展，前此已經有不少學者進行研究，此不贅述。在此想要指出的是，到了宋代，佛教儀軌已經高度組織化，並形成以水陸法會爲代表的各種類型與形態的佛教儀軌。以這些儀軌爲代表的信仰層面佛教與以禪淨合流爲特徵的義理層面佛教，成爲宋以下我國佛教的兩大主流。以往，佛教研究界對禪淨合流的佛教形態予以較多的關注，而對於儀軌化的信仰層面佛教則關注不夠。實際上，衹有矚目於這一儀軌佛教的形態，我們纔會明白何以明初朱元璋會采取禪、教、律分治的政策。衹有注意到這一儀軌佛教如何從早期的與義理相融通、與個人修持相結合，發展爲廣義的祈福避禍，進而逐漸偏重於單純的超度薦亡，也就明白何以到了清朝末年，它被佛教内部的改革派稱爲“死人佛教”，被佛教外部的先進知識分子視爲封建迷信的代表。由此，也就解釋了中國社會習俗的演變：在唐、宋時代，佛教僧人被知識分子看重，是知

① 《高僧傳》卷一，參見 CBETA(2016)(2014)，T50，no.2059，p.323，a26～27。

識分子樂於交遊的對象，而到了清末，有些民衆出門遇到僧人，會認爲晦氣，要向地上吐唾沫，以驅除晦氣。總之，衹有把儀軌佛教的研究放到應有的位置，纔能爲中國佛教研究中的宋、元、明、清佛教的研究打開新的局面。

在中國，儀軌佛教有一個發生、發展、壯大的過程。如果把宋代大規模組織化儀軌的出現，看作儀軌佛教正式成爲佛教主流之一的標志，則敦煌遺書中保存的大量反映佛教儀軌、齋祭、法事活動的遺書，爲我們研究儀軌佛教的發生、發展、演變提供了寶貴的資料。敦煌遺書斯 4494 號記載的《劉師禮文》就是其中的一個代表。本文擬就《劉師禮文》及其後代變種做一些探討。

二、《劉師禮文·原本》

斯 4494 號，首殘尾全，現存抄本上共有十六個文獻，其中第十四個文獻名爲《劉師禮文》，卷尾有題記："大統十一年乙丑歲(545)五月廿九日寫乞(訖)，平南寺道養許。"由此可知，該寫卷乃平南寺僧人道養個人所有[①]，抄寫於南北朝之西魏。

爲方便下文比較與叙述，本文將斯 4494 號所示的《劉師禮文》稱爲"原本"。在此先依據斯 4494 號，將《劉師禮文·原本》録文如下：

［録文］

劉師禮文

正月廿四日，平旦寅時，向東北丑地，禮八拜，除罪廿一。

① 除了尾題中的"道養許"外，文中另有兩處"養許"：一處在《請觀音咒》下，一處在《劉師禮文》下。"許"，在此即"所有"之意。

二月九日，雞鳴丑時，向東南辰地，禮十拜，除罪卅一。

三月廿六日，人定亥時，向正南午地，禮四拜，除罪四百。

四月七日，夜半子時，向正北子地，禮四拜，除罪四萬。

五月六日，黄婚(昏)戌時，向西北未(?)地，禮六拜，除罪一千八百。

六月三日，食時辰時，向南午地，禮六拜，除罪一千四百。

七月四日，甫(晡)時申時，向東南巳地，禮四拜，除罪二千八百。

八月八日，日出卯時，向正南午地，禮九拜，除罪六千。

九月十日，食[時]辰時，向東南巳地，禮九拜，除罪一千八百。

十月十一日，吴(午)中巳時，向正南仵(午)地，禮九拜，除罪六千。

十一月十一日，日入酉時，向正西酉地，禮九拜，除罪六千。

十二月二日，黄婚(昏)戌時，向正東卯地，禮卅拜，除罪卅萬。

玄始十一歲次己卯[①]，劉師唯法，教化後生，除罪禮拜。若有信者，能如不失時節，禮拜滿三年，即得道。所願隨意，不違心。欲生向處，隨意求願。欲生彌勒佛國，願人求畢，不違心意。住(往)生西方妙樂國土，亦得住(往)生。生卅三天上，亦得如是。禮敬禮盡，更如法界諸佛，並及得道沙門。

[録文完]

依據上述録文可知，《劉師禮文·原本》由三部分組成：首先是

① 玄始爲北涼年號，十一年爲 422 年，干支應爲壬戌，與"歲次己卯"不合。

首題，作"劉師禮文"；然後是正文，即禮拜法；最後是勸請功德文，即勸導人們受持這一禮拜法，宣揚持受這一禮拜法可以得到的功德。

筆者曾在《試論佛教發展中的"文化匯流"——從〈劉師禮文〉談起》[①]一文中對斯 4494 號有所介紹，文章指出，該"劉師"，應是早期中國信仰層面佛教的代表人物——劉薩訶。他所宣導的《劉師禮文》是一種修持禮拜法。這種禮拜法的形態很簡單，並無特定的禮拜對象，僅僅要求修持者在每年十二個月中的某個特定日子的特定時辰，向某個特定的方向，禮拜特定的次數。認爲這樣的禮拜，均可減除特定數量的罪孽，如能堅持三年，則能得道，所得遂願。但這種禮拜方法，完全不符合印度佛教的思想與傳統，而是來自中國的傳統文化。

其後，筆者在《〈劉師禮文〉中禮拜法初探》一文中著重探討了《劉師禮文》中禮拜法的特點與性質，指出：

> 綜上所述，《劉師禮文》雖然由佛教徒宣導、由佛教徒實施，夾雜在其他佛教文獻中一起流通，甚至可能被組織爲某佛教儀軌的一部分，但從它的表現形態看，它來源於中國傳統文化，與印度佛教並無淵源關係。
>
> 從上述考察，我們可以發現，《劉師禮文》提倡的上述禮拜法，與中國道教的早期禮懺思想與禮懺形式，有著密切的關係。[②]

本文則根據敦煌遺書及其他資料，介紹《劉師禮文》這一禮拜

① 方廣錩：《試論佛教發展中的"文化匯流"——從〈劉師禮文〉談起》，載《華東師範大學學報》2007 年第 1 期。已收入本書。

② 方廣錩：《〈劉師禮文〉中禮拜法初探》，載《世界宗教研究》2008 年第 1 期。已收入本書。

法,如何在中華文化這塊土壤上生生不息,不斷演變,甚至至今依然在民間流傳的若干資料。

三、《劉師禮文》的後代變種

除了斯 4494 號,敦煌遺書中又發現一批《劉師禮文》的後代變種。根據目前掌握的資料統計,共有:斯 2567 號背、北大 74 號、伯 2817 號、伯 3795 號、斯 2565 號、伯 3809 號、上圖 141 號、伯 3588 號、上博 48 號、斯 5541 號、伯 2566 號背、伯 2575 號,伯 2575 號背、斯 2143 號等十四號,大體均爲晚唐五代寫本,可分爲八個異本。此外,收集到現代民間流傳本《人生寶鑒·第七章》一種。這樣,加上斯 4494 號,共有資料十六號,可初步分爲十種不同文本。

從上述資料看,該《劉師禮文》從東晉産生以後,始終在民間流傳,直到現代,並在流傳中變换形態,衍生出多種異本。下面對該《劉師禮文》的後代變種略作介紹。

(一) 異本一

底本:斯 2567 號背。

説明:本遺書正反兩面抄寫。正面抄寫“大乘四齋日”“年三長齋月”“六齋日”“十齋日”“十齋日異本”共五個文獻。背面抄寫本文獻。矢吹慶輝最早著録本號,但僅依據正面首部文字,將正面文獻定名爲“大乘四齋日”,並在《鳴沙餘韵》中加以解説(第 233 頁)。對背面文獻,未予涉及。翟林奈將本號著録爲“6606,大乘四齋日。兩面書寫。普通書法。26 厘米×32 厘米。矢吹慶輝《鳴沙餘韵》第八十三卷(四)。S.2567”。亦即誤將背面文獻亦歸入正面的“大乘四齋日”。王重民《總目索引》定名爲“大乘四齋日”,下註“包括有三長齋日、六齋日、十齋日三種”,未涉及背面文獻。《敦煌寶藏》將本號正面標註爲"大乘四齋日",對背面未作著録。《新編總目索引》對本號正面的著録與《總目索引》相同,首次著録背面文獻,作"十二月齋日"。

甲本:北大74號。

説明:本遺書原抄《阿彌陀經》,又利用卷尾的空白紙抄寫《地藏菩薩十齋日》與《劉師禮文》。《北京大學藏敦煌文獻》將《劉師禮文》著録爲《十二月齋日》。該號卷尾左下殘缺,殘缺處不出校記。

[録文]

正月一日,平旦時,向東方,禮四拜,除罪一百四十①劫。

二月九日,雞鳴②時,向南③方,禮四拜,除罪二百四十④劫。

三月七日,人定⑤時,向西⑥方,禮四拜,除罪三百卌⑦劫。

四月八日,夜半⑧子時,向北方,禮四⑨拜,除罪一百四十劫。

五月六日,黄昏⑩時,向西⑪方,禮六拜,除罪三千八百劫。

六月三日,辰時,向東⑫方,禮九⑬拜,除罪四千八百劫。

---

① "四十",甲本作"卌"。
② "雞鳴",底本作"雞嗎",甲本作"丑",據文意改。
③ "南",甲本作"東"。
④ "二百四十",甲本作"一百卌"。
⑤ "人定",甲本作"亥"。
⑥ "西",甲本作"東"。
⑦ "三百卌",甲本作"二百卌"。
⑧ "夜半",底本作"夜伴",甲本無,據文意改。
⑨ "四",底本無,據甲本補。
⑩ "黄昏",甲本作"丑"。
⑪ "西",甲本作"南"。
⑫ "東",甲本作"南"。
⑬ "九",甲本作"六"。

七月六日，午時，向東方，禮九拜，除罪三萬四千[①]劫。

八月八日，午時，向東[②]方，禮九拜，除罪三萬五千劫。

九月九日，午時，向東[③]方，禮九拜，除罪三千劫。

十月七日，午時，向南方，禮九拜，除罪三萬劫。

十一月三[④]日，酉[⑤]時，向南方，禮卅[⑥]拜，除罪四千劫。

十二月三日[⑦]，戌時，向北[⑧]方，禮三十拜，除罪四千劫。

［録文完］

與《劉師禮文・原本》相比，異本一既無首題，也無勸請功德文，祇有禮拜法正文。異本一中的禮拜法同樣並無特定的禮拜對象，僅僅要求修持者在每年十二個月中的某個特定日子的特定時辰，向某個特定的方向，禮拜特定的次數。認爲這樣的禮拜，均可減除特定數量的罪孽。但每月的特定日子、特定時辰、特定方向、禮拜次數乃至除罪數量與《劉師禮文・原本》互有參差。

（二）異本二

底本：伯 2817 號。

説明：從照片看，本號應爲册頁裝中脱落的一葉。兩面顛倒抄寫，一面抄寫社司轉帖、辛巳年便物曆、諸人名録等，一面抄寫本文獻。

---

① “千”，底、甲本作“十”，據伯 3795 號改。

② “東”，甲本作“南”。

③ 同上。

④ “三”，甲本作“十三”。

⑤ “酉”，甲本作“戌”。

⑥ “卅”，甲本作“九”。

⑦ “三日”，底本無，據甲本補。

⑧ “北”，甲本作“南”。

［録文］

□之內禮曰：

正月一日，平旦時，向西方，禮四拜，除罪一百劫。

二月九日，雞鳴時，向北方，禮四拜，除罪一百劫。

三月七日，人定時，向西方，禮四拜，除罪三百劫。

四月八日，夜半時，向北方，禮四拜，除罪一百劫。

五月六日，黄昏時，向南方，禮四拜，除罪四百劫。

六月三日，食時，向東方，禮四拜，除罪五百劫。

七月六日，午時，向東方，禮九拜，除罪六千劫。

八月八日，午時，向東方，禮九拜，除罪三萬二千劫。

九月九日，午時，向南方，禮九拜，除罪三萬三千劫。

十月一日，午時，向南方，禮九拜，除罪二千劫。

十一月三日，黄昏時，向南方，禮四拜，除罪四千劫。

十二月十三日，黄昏時，向南方，禮三十拜，除罪四千劫。

［録文完］

異本二亦無首題與勸請功德文。與異本一相比，正文的形態基本相同，每月的特定日子、特定時辰、特定方向、禮拜次數乃至除罪數量的叙述雖有參差，但比較接近，而與《劉師禮文・原本》參差較大，故可將它與異本一歸爲一個系統。其卷首雖殘，却保留了"之內禮曰"云云，證明異本二原有一段小序，説明它在異本一的基礎上有所發展，或異本一在它的基礎上删掉小序，故另列爲異本二。

（三）異本三

底本：伯 3795 號。

［録文］

正月一日，平旦時，向東方，禮四拜，除罪一百卌劫。

二月九日，雞鳴時，向南方，禮四拜，除罪二百卌劫。

三月七日，入定時，向西方，禮四拜，除罪三百卌劫。

四月八日，夜半子時，向北方，禮四拜，除罪一百卌劫。

五月六日，黄昏時，向西方，禮六拜，除罪三千八百劫。

六月三日，辰時，向東方，禮九拜，除罪四千八百劫。

七月六日，午時，向東方，禮九拜，除罪三萬四千劫。

八月八日，午時，向東方，禮九拜，除罪[1]三萬五千劫。

九月九日，午時，向東方，禮九拜，除罪三千劫。

十月七日，午時，向南方，禮九拜，除罪三萬劫。

十一月三日，酉時，向南方，禮卅拜，除罪四千劫。

十二月八日，戌時，向北方，禮卌拜，除罪二千劫。

右上件齋月日，是玄奘法師在十二部經略出。若有人能滿三年，每依時持齋禮拜，所求如願。抄本流轉，除罪十方，六千六百劫。[2]

［録文完］

與《劉師禮文·原本》相比，異本三無首題，但有勸請功德文；與異本一相比，異本三多勸請功德文；與異本二相比，異本三缺小序。就禮拜法正文而言，異本三也近於異本一，但月日、時辰、方向、禮拜數、滅罪數依然略有參差。[3]從上述現象看，異本三與異

---

① "罪"，底本無，據文意補。

② 本號末抄寂和尚禪言："寂和尚：大力［盤］求法，不及看心。千種多知，不如禁口。三戒（界）中臭，唯有穢言。一切名香，無過善言。"看來該寂和尚爲禪宗北宗僧人。因與本文主題無關，故不録。

③ 就這種民間傳抄本而言，出現上述參差乃屬正常現象。爲避文繁，本文以下對其他諸異本中月日、時辰、方向、禮拜數、滅罪數的參差，不再説明。

本一、異本二屬於同一系統,但異本三的勸請功德文也提到"三年"云云,與《劉師禮文·原本》顯示出明顯的繼承關係。特別值得注意的是,在勸請功德文中,異本三竟稱這一禮拜法是著名的玄奘法師從十二部經中略出,從而將這一禮拜法的著作權,從劉薩訶名下,移到玄奘名下,從此開創了《劉師禮文》的流傳新階段。

(四) 異本四

底本:斯 2565 號。

甲本:伯 3809 號。

[録文]

西京龍興寺玄奘法師,於西國來大唐國①,有十二月禮佛日,每月祇在一日。

正月一日,平明時,向東方②,禮佛四拜,除罪二百三十劫。

二月八日,雞鳴③時,向西方,禮佛四拜,除罪一百二十劫④。

三月七日,亥時⑤,向西方,禮佛四拜,除罪一百四十劫。

四月八日,子時⑥,向北方,禮佛四拜,除罪一百二十劫。

五月五日,黄昏時,向東方,禮佛四拜,除罪一千八百劫。

六月六日,黄昏時,向東方,禮佛四拜,除罪一千八百劫。

七月七日,平明時,向東方,禮佛九拜,除罪一千八百劫。

---

① "國",底本作"國來",據甲本删。

② "方",底本無,據文意補。

③ "鳴",底、甲本作"明",據文意改。

④ "劫",甲本無。

⑤ "亥時",甲本無。

⑥ "子時",甲本無。

八月八日，卯時，向東方，禮佛①十拜，除罪三萬三千劫。

九月十日，寅時，向東方，禮佛②九拜，除罪一千八百劫。

十月一日，卯時，向南方，禮佛九拜，除罪一千劫。

十一月一日，黄昏時，向南方，禮佛九拜，除罪一千劫。

十二月十三日，黄昏時，向西方，禮佛九拜，除罪一千劫。③

右件禮佛月日之時，此是賢聖集會，勸諸大地衆生，一心於佛，月日不得失時，令諸衆生，所④求稱遂。若能抄⑤寫傳⑥流與⑦人，除罪三萬九千六百劫，若能教受一人受持，除罪恒河沙數劫。

玄奘法師於西國取經一千卷内，掠出此禮佛日月。若能有人受持讀誦者，獲福無量。用力最上，功德甚多。福高遷如須彌山王，深如巨海，大⑧如天地，廣積無邊功德。勸⑨諸善男子、善女人虔⑩心重意，普願合掌珍重，闔家禮敬經文讀誦贊⑪嘆，罪滅福生，信心奉行⑫。

[録文完]

異本四依然没有標題，但首部有一段説明文字，類似小序。明

① “佛”，底本無，據甲本補。

② “禮佛”，甲本無。

③ “十……劫”二十一字，底本無，據甲本補。

④ “所”，甲本作“不”。

⑤ “抄”，甲本作“傳”。

⑥ “傳”，底本不清，據甲本録文。

⑦ “與”，底本不清，據甲本録文。

⑧ “大”，底本作“無”，據文意改。

⑨ “勸”，底本作“歡”，據文意改。

⑩ “虔”，底本作“虎”，據文意改。

⑪ “誦贊”，底本無。

⑫ “玄……行”九十九字，甲本無。

確提出這一禮拜法的主創權屬於“西京龍興寺玄奘法師”,並出現“十二月禮佛日”這一提法。由於玄奘從來没有在“西京龍興寺”住錫,這説明傳抄異本四的人群缺乏相關的佛教歷史知識。

異本四文末有約兩百字的勸請功德文,稱“玄奘法師於西國取經一千卷内,掠出此禮佛日月”,從而明確了這種禮拜法的禮拜對象爲“佛”,改變了《劉師禮文》原本及異本一、異本二、異本三無明確禮拜對象的特徵。異本四的“勸請功德文”中並稱“右件禮佛月日之時,此是賢聖集會”,説明了選擇這一特定的日期、時辰禮拜的理由,這一理由與天神伺察異曲同工。勸請功德文還特別提到,若能抄寫、傳流,教人受持,除罪數量更多。

(五) 異本五

底本:上圖 141 號。

[録文]

行菩薩行,當得作佛

正月一日,平旦時,向南方,禮四拜,除罪八百二十劫。

二月九日,雞鳴時,向東北方,禮四拜,除罪一百四十劫。

三月七日,人定時,向西方,禮四拜,除罪一百四十劫。

四月八日,夜半時,向北方,禮四拜,除罪一百卌劫。

五月六日,黄昏時,向南方,禮六拜,除罪[1]四千八百劫。

六月三日,辰時,向西南方,禮六拜,除罪四千八百劫。

七月三日,午時,向西方,禮九拜,除罪[2]四千八百劫。

八月八日,午時,向南方,禮九拜,除罪六千劫。

---

① “罪”,底本無,據上下文行文補。

② 同上。

九月九日，午時，向西方，禮九拜，除罪三萬二千劫。

十月九日，午時，向南方，禮九拜，除罪二千劫。

十一月十二日，午時，向南方，禮九拜，除罪二千劫。

十二月十三日，黄昏時，南方，禮九拜，除罪二千劫。

敬白善男子等，玄藏法師從西方將經至崇福寺披尋，始知每月有十[1]齋日及每月禮拜佛之[2]，並是諸天賢聖集會之日，若能依此時齋及以禮拜，五百生常得安樂。寫一本在家，得善神助護。若寫一本轉施諸人，亦得福無量。

［録文完］

異本五亦無首題，但卷首有"行菩薩行，當得作佛"八字，實際也起到勸請的作用。這裏的"菩薩行"是否指《劉師禮文》中的禮拜法，尚需研究。

值得注意的是異本五文末的勸請功德文。

第一，異本五稱傳授這一禮拜法的僧人爲"玄藏"，但這個"玄藏"乃"從西方"云云，可見將此"玄藏"視爲赴西方求法僧，亦即實爲"玄奘"之誤。又，異本四稱玄奘爲"西京龍興寺"固然爲誤，異本五稱他"從西方將經至崇福寺"同樣錯誤。按照《續高僧傳》卷四記載："奘乃留諸經像送弘福寺。"[3]故異本五的"崇福寺"應爲"弘福寺"之誤。

第二，異本五的"勸請功德文"引進《地藏菩薩十齋日》，稱《地藏菩薩十齋日》也是玄藏引入，從而爲《地藏菩薩十齋日》做了正統性論證。這或許是不少抄本將《地藏菩薩十齋日》與《劉師禮文》合抄在一起的原因。

① "有十"，底本作"十有"，據文意改。

② 原文如此，此處疑有脱漏。

③ 《續高僧傳》卷四，參見 CBETA(2016)(2014)，T50，no. 2060，p.454，c1～2。

第三,異本五"勸請功德文"稱"若能依此時齋及以禮拜"云云,在《劉師禮文》禮拜法的基礎上增加了"齋"的内容。

第四,異本四稱抄寫、傳流,教人受持,除罪數目更多。異本五則稱"寫一本在家,得善神助護",加入善神護佑這一中國文化的元素。

(六)異本六

底本:伯3588號。

[録文]

上都弘福寺玄奘大師,於西天來,進上太宗皇帝《十二月禮佛文》。

正月一日,平旦時,向南方,禮佛四拜,滅罪一百卅劫。

二月九日,雞鳴時,向南方,禮佛四拜,滅罪一千劫。

三月七日,人定時,向南方,禮佛四拜,滅罪一百卅劫。

四月八日,夜半時,向南方,禮佛四拜,滅罪一百卅劫。

五月六日,黄昏時,向東方,禮佛四拜,滅罪一千劫。

六月七日,午時,向東方,禮佛四拜,滅罪四千八百劫。

七月六日,黄昏時,向東方,禮佛四拜,滅罪一千劫。

八月八日,午時,向南方,禮佛九拜,滅罪三百劫。

九月九日,午時,向南方,禮佛四拜,滅罪三百劫。

十月一日,午時,向南方,禮佛九拜,滅罪一千劫。

十一月二日,黄昏時,向南方,禮佛四拜,滅罪四千劫。

十二月三日,黄昏時,向西方,禮佛四拜,滅罪一千劫。

右件十二月禮佛日,並是諸天行賢聖集會日,勸諸衆生,於此日禮佛,不得失時。三五年①間,所求皆得。若寫本傳流

---

① "年",底本無,據文意補。

與人，滅罪恒河沙數，功德高於須彌，深於江海，極於大地。得阿耨多羅三藐三菩提果。各所抄本，永無災障。普勸衆生，於此教法受持，大獲利益，善爲妙果。

［録文完］

異本六無首題，但包括小序、正文、勸請功德文等三部分。與《劉師禮文・原本》及前此五個異本相比，其特點主要體現在小序中：

第一，異本六的小序明確將禮拜法的首創權賦予“於西天來”的“上都弘福寺玄奘大師”。

第二，在現有資料中，異本六最早提出玄奘將這一禮拜法“進上太宗皇帝”。

第三，異本六小序首次將這一文獻命名爲“十二月禮佛文”，進一步從名稱上明確了這一禮拜法的禮拜對象。

第四，異本六的“勸請功德文”文從字順，意義流暢，似經過某位較通翰墨的人物的潤色。

第五，“勸請功德文”中稱：“右件十二月禮佛日，並是諸天行賢聖集會日，勸諸衆生，於此日禮佛，不得失時。”其天神伺察思想，十分清楚。

（七）異本七

底本：上博 48 號。

甲本：斯 5541 號。

乙本：伯 2566 號背。

説明：伯 2566 號正、反兩面抄寫。正面爲《妙法蓮華經》錯抄兑廢稿。背面抄寫本文獻，但題記轉抄在正面。

丙本：伯 2575 號。

丁本：伯 2575 號背。

説明：伯 2575 號正面所抄之本文獻爲錯抄兑廢稿，其下接抄《施食》、大悲咒等，今酌取該錯抄兑廢稿爲丙本。背面又抄寫本文獻一遍，今作爲丁本。

［録文］

爾時玄藏法師將此《禮佛名》向京師①城内，入弘福寺。樹木相禪師共讀此《禮佛名》。出家之輩，多有犯罪。極要！極要！②木禪師及③玄藏法師將《禮④佛名》皇帝如聞。

爾時聖主解讀其文，舉手彈指，悲⑤啼啼哭，五體投地，敬謝禪師："朕當受持此禮，憶念供養，不令忘失。"

勑賜禪師⑥金銀千斤，糾⑦綵無數。抄此一本，頒下諸州⑧。五濁惡世，若有善男子、善女人能至心⑨受持，依⑩時節禮拜者，除罪無數恒河沙⑪劫。命終已後，托生極樂世界，坐寶蓮花，受諸快⑫樂。又，能教人抄寫，薦轉流行，説此功德因緣，使人受持此禮⑬，决定除罪二萬九千六百劫，真實不虚。

---

① "師"，甲本無。

② "極要極要"，甲本作"極極"。

③ "及"，丙、丁本作"共"。

④ "禮"，底、甲、乙、丙本無，據丁本補。

⑤ "悲"，丁本無。

⑥ "禪師"，丙、丁本無。

⑦ "糾"，底、乙、丙、丁本作"亂"，據甲本改。

⑧ "頒下諸州"，底、甲、乙本作"頌州"，據丙、丁本改。

⑨ "至心"，甲本無。

⑩ "依"，乙本無。

⑪ "河沙"，丙本作"沙河"。

⑫ "快"，丙、丁本作"决"。

⑬ "此禮"，丁本無。

正月一日，平旦①時，向西方，禮四拜，除罪一百劫。

二月九日，雞鳴②時，向北③方，禮四拜，除罪一④百劫。

三月七日，人定⑤時，向西方，禮四拜，除罪三百劫。

四月八日，夜半時，向北方，禮四拜，除罪一百劫。

五月六日，黄昏時，向南方，禮四拜，除罪四百劫。

六月三日，食時，向東方⑥，禮四拜⑦，除罪五百劫。

七月六日，午時，向東方，禮九⑧拜，除罪六千劫。

八月八日，午時，向東方，禮九拜，除罪三萬二千劫。

九月九日，午時，向南⑨方，禮九拜，除罪三萬三⑩千劫。

十月一日，午時，向南方，禮九拜，除罪二千劫。

十一月三日，黄昏時，向南方，禮四拜，除罪四千劫。

十二月十⑪三日，黄昏時⑫，向南方，禮卅拜，除罪四千劫。

爾時玄藏法師向西國翻經十二部尊經要略，略出《禮⑬佛名》，恐畏閻浮⑭衆生，多造罪業。五濁惡世，受罪衆生，王⑮官

---

① “旦”，甲本作“旦寅”。

② “鳴”，甲本作“明”。

③ “北”，丁本作“南”。

④ “一”，丁本作“二”。

⑤ “定”，甲本作“定亥”。

⑥ “方”，甲本無。

⑦ “拜”，丁本作“拜禮”。

⑧ “禮九”，甲本作“九禮”。

⑨ “南”，丁本作“東”。

⑩ “三”，底本作“二”，據甲、乙本改。丙、丁本作“九”。

⑪ “十”，丙、丁本無。

⑫ “時”，甲本無。

⑬ “禮”，甲本無。

⑭ “浮”，甲本作“浮提”。

⑮ “王”，甲本無。

逼迫,無有的容①。積罪極重,死墮地獄、餓鬼、畜牲,受大苦惱,無有閑客。入道場懺悔、禮拜亦不及。六時禮拜,供養諸佛。遂略出《十二月禮佛名》,取月月②時節,不③唱禮佛名。④

[録文完]

異本七無首題,卷首增加三百多字的緣起,敷衍出一段繪聲繪色的故事。要點爲:

第一,該禮拜法名“禮佛名”。

第二,該禮拜法由玄藏(玄奘)帶回,送入弘福寺。

第三,弘福寺的“樹木相禪師”,又稱“木禪師”與玄藏共讀《禮佛名》,認爲非常重要,共同將它獻給皇帝,即唐太宗。

第四,唐太宗大爲激動,以致“舉手彈指,悲啼啼哭,五體投地”。誓念受持、供養。

第五,唐太宗賜“禪師”(似應爲“法師”)財物,下令抄寫,頒賜諸州。

第六,卷尾的“勸請功德文”極度强調本禮拜法的重要。稱衆生積罪後,“入道場懺悔、禮拜亦不及”。祇有依據這一禮拜法,纔能消罪。

異本七依然將玄奘誤爲“玄藏”,似乎暗示我們異本七乃從異本五系統發展而來。亦即異本六改正異本五的錯誤以後,自成另

---

① “的容”,甲、丙、丁本作“閑客”。

② “月月”,丙、丁本作“丹丹”。

③ “不”,底、甲本同。疑爲衍字,或有錯抄。

④ “爾……名”一百零六字,乙本無。

乙本有題記:“開寶九年(976)正月十六日,抄寫《禮佛懺滅寂記》。書手白侍朗門下弟子押衙董文受記。便(須?)有人來,具莫怪也。”

一個系統。

異本七的伯 2566 號背有一條開寶九年(976)的題記,説明這一禮拜法在宋初依然在民間流傳。

所謂玄藏向唐太宗獻上此《禮佛名》的故事,本身荒謬無稽,無須再加考辨,但敦煌遺書目前所知保存類似抄本多達五號,是所有《劉師禮文》異本中保存最多者,説明這種感動帝王、賞賜財物、頒下諸州、勸請百姓的思維模式與故事結構,最受底層百姓的歡迎。

(八) 異本八

底本:斯 2143 號。

甲本:大正 2829 號。

説明:《大正藏》據斯 2143 號録文,收入第八十五卷,編號爲第 2829 號,定名作《持齋念佛懺悔禮文》[①],今作爲甲本參校。

斯 2143 號原卷殘缺,故録文時殘缺處用“□”表示。殘缺一字用一個“□”,殘缺字數不詳者用“□…□”表示,並加行號“/”。

[録文]

□禮佛名,恐畏□…□/□逼迫無有閑闕□罪極□…□/□百劫[②]千劫[③],無解脱時,亦無閒□…□/亦無閒時,禮拜供養諸佛慳惜□…□/之福遂略出。十二月禮多[④]記□…□/

正月一日,平旦時,向南方,禮四拜,除罪一百劫[⑤]。

二月九日,雞鳴時,/向北方,禮四拜,除罪一百劫。

① 《持齋念佛懺悔禮文》,CBETA(2016), T85, no.2829, p.1266, b17～c14。

② “劫”,底本作“却”,據甲本改。

③ 同上。

④ “多”,底、甲本同。疑爲“名”之誤。

⑤ “百劫”,底本作“伯却”,甲本作“伯劫”,據文意改。下同不註。

三月七日，人定時，向西方，禮四拜，除/罪三百劫。

四月八日，夜半時，向北方，禮四拜，除罪一百①卅②劫。/

五③月六日，黄昏時，向南方，禮四拜，除罪四百劫④。

六月三日，黄昏/時，向東方，禮六拜，除罪五百劫。

七月六日，午時，向東方，禮九/拜，除罪六百二千劫。

八月八日，午時，向東⑤方，禮九拜，除罪三百二/千劫。

九月九日，午時，向南⑥方，禮九拜，除罪三百三千劫。

十月七/日，黄昏時，向南方，禮拜，除罪四千劫。

十一月十三日，黄昏時，/向南方，禮四拜，除罪四千劫。

十二月十三日，黄昏時，向南方，禮卅⑦拜/除罪四□劫。

爾時玄藏法/勅抄此佛名，頒下諸州。五濁惡世，若有善女人能至心受持/此禮，依持劫禮⑧者，除罪無數恒河沙劫。命終之後，托生/□…□，坐寶蓮花，受諸快樂。思衣羅錦千重，念食/百味俱至。又能教人受持此禮者，獲定除罪八萬二千五百/□…□不虚。/

［録文完］

異本八卷首雖然殘缺，但從卷末殘存"勅抄此佛名，頒下諸州"等文字看，卷首應有類似異本六的故事，故異本八與異本七屬於同

---

① "百"，底、甲本作"伯"，據文意改。

② "卅"，甲本作"三十"。

③ "五"，底本缺，據甲本補。

④ "劫"，底本作"却"，據甲本改。下同不註。

⑤ "東"，甲本作"南"。

⑥ "南"，甲本作"東"。

⑦ "卅"，甲本作"三十"。

⑧ "禮依持劫禮"五字，底本不清，據甲本補。

一系統。

上述八個異本,反映出《劉師禮文》在晚唐、五代乃至直到宋初的流傳形態。此時該《劉師禮文》被歸到著名的西天取經僧人玄奘名下。在不同的異本中,該禮拜法被命名爲不同的名稱,諸如《十二月禮佛文》《禮佛名》《禮佛懺滅寂記》等。雖然崇信《劉師禮文》的人們對歷史人物玄奘並不熟悉,但不妨礙他們編造出一系列繪聲繪色的故事,描繪唐太宗如何爲這一禮拜法所折服,並下令在全國推廣這一禮拜法。

對照《劉師禮文》及其八個後代變種,有不少值得研究的課題,例如時辰的變化、方向的變化及其象徵意義等等,但我更感興趣的是,這樣一個爲義理層面佛教所不齒,從來未被我國歷代高僧大德記録,在歷代大藏經中絲毫不見踪迹的禮拜形態,爲什麽能夠一直在民間流傳?誰是它的載體?它是以什麽方式流傳?

(九)異本九

底本:《人生寶鑒》本。

説明:前些年,妙智法師從廣州給我寄來一本 2004 年在香港印刷的《玉曆寶鈔》,封面題作《人生寶鑒》。内容除了傳統的《玉曆寶鈔》外,還有種種靈驗故事,等等,這裏不加詳述。其中第七章有這樣一段文字:

[録文]

《救劫回生經》中録唐京都宏福寺元焚法師自西藏回,上表太宗皇帝,十二月禮懺悔發願日期:

正月初一日,平明時,向南方,四拜,發願行善,減罪一百劫。

二月初九日,雞鳴時,向南方,四拜,發願行善,減罪一百劫。

三月初七日,人定時,向西方,四拜,發願行善,減罪一百劫。

四月初八日,半夜時,向東方,四拜,發願行善,減罪一百劫。

五月初三日,黄昏時,向東方,四拜,發願行善,減罪一百劫。

六月初七日,半夜時,向南方,四拜,發願行善,減罪四百劫。

七月初六日,黄昏時,向東方,四拜,發願行善,減罪三百劫。

八月初八日,中午時,向南方,九拜,發願行善,減罪三百劫。

九月初九日,中午時,向南方,九拜,發願行善,減罪一千劫。

十月初一日,中午時,向南方,九拜,發願行善,減罪一千劫。

十一月初三日,黄昏時,向西方,九拜,發願行善,減罪一千劫。

十二月初三日,黄昏時,向西方,九拜,發願行善,減罪一千劫。

以上日辰,是聖賢、仙佛集會之期。若能依此禮拜懺悔,必終身順遂,後代子孫繁昌。

[録文完]

這段文字雖然出現在 2004 年的印刷本上,但從"唐京都宏福寺元焚法師”這一名稱,可知“元焚”實際應爲“玄奘”。其中“奘”寫作“焚”,顯然因字形相近而誤寫;“玄”改爲“元”,則應爲避康熙之諱,由此可知《救劫回生經》原本刻寫於清代。文中的“西藏”,疑爲“西域”之訛。也就是説,直到清代,依然有人受持、刻寫、流通這一禮拜法,乃至2004年被香港信徒收入印刷的《人生寶鑒》。值得注意的是,《人生寶鑒》本在卷尾的勸請功德文中,主張依此禮拜,可以“後代子孫繁昌”,這裏浸透了中國儒家的理念。

《人生寶鑒》本中的《劉師禮文》,抄於《救劫回生經》。《救劫回生經》是一部什麼經典,目前不清楚。從名稱看,很像是明清民間宗教流通的經典。也就是説,《劉師禮文》這一文獻,以及這一文獻代表的禮拜法或崇拜理念,從東晉南北朝起,始終以民間信仰的形態,在民間流傳,直到今天。

四、結　語

本文從《劉師禮文》這一個案出發,考察了早期中國佛教的信仰形態,指出這一禮拜法以佛教的面目出現,實際上根植於中國傳統文化。文化是一種複雜的社會現象,可以分爲不同的層次。用現代的語言來説,所謂《劉師禮文》屬於所謂“草根文化”。草根文化有别於精英文化,自成體系。類似的例子還有《地藏菩薩十齋日》《大藏經總目録》《新菩薩經》等。也許正因爲它屬於草根文化,這一禮拜法纔能在中國民間歷經千年,流傳不替。它充分説明信仰層面佛教爲中國佛教奠定了雄厚的群衆基礎,是中國佛教綿長生命力的基本保證這一論斷,也説明信仰層面佛教往往存在多種文化形態混雜的現象,提示我們應該認真加强對這種形態佛教的研究。

《劉師禮文》是一種禮拜法，所以屬於儀軌佛教，但它顯然不屬於中國儀軌佛教的主流。不過，《劉師禮文》那種與時俱進並演變爲種種形態的特徵，那種將自己裝飾爲民衆喜聞樂見形式的特徵，以及它所具有的多種文化混雜的特徵，却可以成爲我們研究儀軌佛教演化的觀察點。

2015年3月27日

［附記］

本文原爲2006年第二屆中日佛學會議（北京）論文，2015年修訂後載於《華東師範大學學報》2016年第1期。收入本書時，略有修訂。

本文寫作以後，筆者又發現若干《劉師禮文》後代變種的新文本，内容與本文已經介紹的諸本大同小異。爲避文繁，不一一介紹。

2016年10月20日

再論佛教發展中的“文化匯流”

一、導　言

前輩學者曾經宣導:做學問需要從不疑處生疑。什麼叫“不疑處”?我的理解,就是一般以爲“當然如此”的問題。因爲“當然如此”,無人去深究,人們自然對它“不疑”。不僅不疑,有時甚至像對待幾何公理那樣,把它當作推導、證明其他問題的基礎,但是,從學術發展史考察,很多問題都是從人們以爲“當然如此”的地方,也就是從不疑處生發出來的。

就佛教而言,曾長期存在這樣兩個人們以爲當然如此的問題:

第一,就中國佛教而言,古代很多人認爲,中國佛教徒應該學習純正、正統的印度佛教,並在傳播中努力保持印度佛教的純正性。按照這種思維方式,佛教傳入中國以後,以佛教爲代表的印度文化與以儒、道爲代表的中國文化的關係,不過是涇水、渭水的關係。涇水、渭水雖然合流,但依然涇渭分明。

第二,就印度佛教而言,人們把佛教在印度的産生與發展,完全看作是印度文化本身的自我邏輯演化。一旦發現在佛教典籍中有其他文化的因素,他們就主張:這些内容不屬於佛教,這些經典是僞經。

上述兩點,成爲很多人看待佛教的思維模式。在我接觸的范圍内,從來没有看到有人論證過上述兩個思維模式的合理性。但人們一直把它們作爲“當然如此”的事實,作爲思考其他問題的底層基礎。佛教内部是如此,佛教外部也是如此。

就上述前一個模式而言,佛教傳入中國,儒教、道教很多人攻擊它是夷教,反對以夷變夏。南北朝三教論衡,夷夏論是個大題目。唐代韓愈依然拿它做文章。直到宋代以下,我們有時還能從部分儒家知識分子、部分道教徒那裏聽到這種聲音,這説明了儒家思想的僵化。關於這一點,我在《佛教志》①一書中曾有簡要分析。同時,這也説明部分道教徒的昧於大勢,關於這一點,我還没有寫過文章。此不贅述。

近代以來,通過諸多學者的共同努力,人們發現佛教傳入中國以後,實際上始終在接收中國文化的影響,始終在應中國社會的變化而變化,乃至最終由印度佛教逐漸演化爲中國佛教,人們把這一過程稱爲“佛教的中國化”。二十世紀八十年代以來,有關佛教中國化的討論十分興盛,現在已經成爲中國學術界的共識。也就是説,上述兩個基本思維模式中的前一個模式實際上已經被打破,但後一個模式,即“佛教在印度的發展,完全是印度文化本身的自我邏輯演化”,至今還没有被動摇。“佛教發展中的‘文化匯流’”的提出,就是對後一個模式的挑戰。

所謂“佛教發展中的‘文化匯流’”,是指由於文化的交流從來是雙向的,因此佛教雖然産生於印度,但隨著佛教傳到整個亞洲,在影響亞洲文化面貌的同時,它本身也受到整個亞洲文化的滋養。因此,佛教的産生固然得益於印度文化的孕育,而佛教的發展則得

① 方廣錩:《佛教志》,載《中華文化通志》,第104頁。

益於印度文化、中國文化乃至亞洲其他地區文化的匯流。

佛教發展中的“文化匯流”現象是涉及佛教發展全局的大問題。對這個問題的思考，我從二十世紀九十年代中期已經開始，當時寫了《〈淨度三昧經〉的目録學考察》，做了一些資料的準備。2006 年正式寫了《試論佛教發展中的“文化匯流”》與《試論佛教發展中的“文化匯流”(附贅語)》，分別在海峽兩岸及日本發表。在上述文章中，我以《淨度三昧經》等經典爲例，説明在佛教發展中存在著“文化匯流”現象，並初步分析了“文化匯流”現象得以產生的原因與方式。在此擬拓展這一論題的背景，提出新的證據，以做進一步的探討。我相信，隨著研究的逐步深入，我們將能更加清楚地描繪出古代佛教是怎樣在亞洲各地文化的共同作用下，不斷演化發展的。

二、從文化傳播看佛典翻譯

佛教起源於印度，約於兩漢之際傳入中國，佛典也隨之傳入。[①]

宗教是一種社會文化形態，宗教的傳播從本質上説是一種文

---

① 在中國，長期以來，人們將東漢永平年間(58—75 年)漢明帝感夢求法作爲佛教傳入中國的開端。與此相應，將傳爲攝摩騰翻譯的《四十二章經》作爲中國第一部漢譯佛經。其實，“感夢求法説”理或有之，惜無實證；且因後代佛教徒踵事增華，搞得面目模糊，自相矛盾。如無新的材料面世，現在很難做出進一步的證實或證僞。各種材料證明，即使感夢求法確有其事，也並非佛教傳入之始。由此，所謂《四十二章經》自然也不是中國的第一部漢譯佛經(關於漢明帝感夢求法及《四十二章經》問題，前賢考訂甚詳，此不贅述。可參見湯用彤《漢魏兩晋南北朝佛教史》、任繼愈主編《中國佛教史》的有關章節，以及二十世紀討論這些問題的相關文章)。相對而言，《三國志・魏書・西戎傳》註引之西漢哀帝元壽元年(公元前 2 年)大月氏使臣伊存向中國的博士弟子景盧口授《浮屠經》的記載較爲可信。伊存雖依西域習慣口授，景盧却照中國方式筆録。因此，《浮屠經》纔是中國第一部漢譯佛經(參見方廣锠《〈浮屠經〉考》，載《法音》1998 年第 6 期)。待到東漢末年，佛典已經大量傳到中國，並被翻譯出來。

化的傳播。用這一觀點來考察,則佛教向中國的傳播實際上是佛教這一特定的宗教體系,從它的原產地南亞印度文化圈向東亞中國文化圈傳播的過程。①宗教是一種依託於某一特定人群的思想文化形態,它與絲綢、瓷器之類有形的器物文明有很大的不同。絲綢、瓷器等器物能夠從中國向外傳播,主要是它們具備了某些能夠滿足人們實際生活所需的具體功用。當然,中國的絲綢、瓷器也凝結了中國文化的元素,也起到傳播中華文明的作用,但那些文化元素是具象的,依託在絲綢、瓷器等具體的器物上。宗教的功用則主要表現在精神層面②,其構成則表現爲一系列特有的範疇與獨特的範疇組合,由此形成該宗教的理論與踐行。這些理論與踐行具有三個特點:第一,在某一特定文化圈中形成的某一宗教,它的各種範疇具有濃厚的特定文化圈的色彩;第二,這些範疇的組合方式,服從於該特定文化圈人們的思維模式;第三,宗教理論與踐行的傳播,需要依託特定的人群,一般情況下,這一人群就是該宗教所依

① 本文在此采用"印度文化圈""中國文化圈"這兩個概念,主要理由如下:

第一,古代南亞次大陸乃至東南亞、中亞很多地區都深受印度文化影響,但這些地區與現實的政治實體印度並不完全等同,故稱之爲"印度文化圈"。同理,古代深受中國文化影響的"中國文化圈"與今天的政治實體中國也不完全等同。故"文化圈"與作爲現實政治實體的國家是兩個概念,不可混淆。

第二,印度文化圈與中國文化圈並非兩個互不相交的區域。恰恰相反,兩個區域相互有很大的重合。比如東南亞、中亞,古代既深受印度文化的影響,也深受中國文化的影響。其中一些地區甚至受到中國文化支配性的影響,乃至從屬中國中央政府統治。因此,就文化分布而言,這一帶既屬於印度文化圈,也屬於中國文化圈。當然還有本土文化因素,這也是不容忽略的。

第三,很多佛教經典是通過中亞(大月氏、大夏、康居等),特別是通過狹義西域(亦即今天的新疆)傳入中國內地,而不是從印度本土(即天竺)直接傳入的。不少經典就是在上述地區產生的,而這些地區,特別是狹義西域,自古深受漢文化影響。

理解上述三點,對理解本文的主旨"文化匯流"具有重要意義。

② 一定的宗教也創造出從屬於自己的一定的器物文化,但這些器物文化,在整個宗教中,處於表層或下層。

託的人群。

由此，佛教傳入中國，首先面臨的任務就是要把在印度文化圈產生的組成佛教的理論與踐行的特有範疇及範疇組合轉變成中國文化圈能夠接受的形態。這一任務由來華的佛教徒承擔，轉變的具體方式就是翻譯。

三、格義——兩種文化交流的規律之一

初期來華的外國佛教徒，我想也許可以分爲兩類。

一類人對中國文化較爲隔膜，對他們來説，由於不通華語，不瞭解中國文化，無法獨立完成翻譯佛教典籍的任務，衹能通過擔任傳譯的中國人來翻譯佛典、傳播佛教，但初期那些擔任傳譯的中國人剛剛接觸佛教，不可能真正瞭解佛教。在這種近乎雙盲的情況下，佛教大概衹能以依附或攀緣中國的某種相近學説的面貌出現。

另一類人對中國文化較爲瞭解，雖然他們瞭解佛教與中國文化的差異，但在當時的大背景下，爲了能夠讓佛教更加順利地楔入中國社會，他們不得不采取一些變通的手法，主動地向中國傳統文化靠近。康僧會就是後一類人的代表。

正由於此，於是産生了所謂“格義”。

上面是從佛教初傳時佛教方面所擁有的客觀生存環境來分析格義産生的原因。我們還可以從主客位文化的角度，從中國文化的立場來思考格義産生的原因。

當時，就中國這塊土地而言，土生土長的中國文化是主體（主位文化），外域傳入的佛教文化是客體（客位文化）。佛教文化在中國能否爲人們所接受，很大程度上取決於中國文化這一主位元文

化如何認識佛教這一客位元文化。我們知道，主體閲讀客體時，往往會出現堅持本位立場，强不知以爲知，自以爲是，爲我所用的現象。這也是佛教初傳時産生格義的原因之一。

由此，格義實際是兩種文化形態相互交流中必然出現的現象。

根據目前資料，“格義”這個名詞是東晋竺法雅提出來的，據《高僧傳》卷四：

> 竺法雅，河間人。凝正有器度。少善外學，長通佛義。衣冠士子，咸附諮禀。時雅門徒並世典有功，未善佛理。雅乃與康法朗等以經中事數擬配外書，爲生解之例，謂之“格義”。[①]

竺法雅的“格義”，指“以經中事數擬配外書”。所謂“經中事數”，即佛經中的法數，如五陰、十二入、十八界之類；所謂“擬配外書”，就是用中國傳統典籍中的概念匹配比擬佛教法數。比如，用仁、義、禮、智、信來比擬佛教的五戒。竺法雅企圖用“格義”這種方法幫助初學者增進對佛經的理解。

竺法雅的格義攝意較窄，衹是“以經中事數擬配外書”，但用中國傳統概念比附印度佛教範疇這種方法，從佛教初傳起，便一直活躍在佛典的翻譯與學習中。比如，《高僧傳》卷二“鳩摩羅什傳”説：“自大法東被，始於漢明。涉歷魏晋，經論漸多。而支、竺所出，多滯文格義。”[②]這是批評三國支謙、西晋竺法護等前代佛教翻譯家的翻譯著作多有格義現象。《高僧傳》卷五稱道安説：“先舊格義，於

---

① 《高僧傳》卷四，CBETA(2016)，T50，no. 2059，p.347，a18～22。引用時依據校記訂正原文。以下據校記訂正原文者不一一出註。

② 《高僧傳》卷二，CBETA(2016)，T50，no. 2059，p.332，a27～28。

理多違。”[①]這是批評前此的佛教徒在學習中因采用格義而誤解佛典原意。也就是説，“格義”可以分爲狹義的格義與廣義的格義。狹義的格義一詞由竺法雅提出，具有特定的含義，即“以經中事數擬配外書”，但廣義的格義，即“用中國傳統概念比附印度佛教範疇”則早就産生，廣泛使用，且一直延續到後代。陳寅恪指出：

> 自北宋以後，援儒入釋的理學，皆格義之流。華嚴宗如圭峰大師宗密的疏《盂蘭盆經》，以闡揚行孝之義；作《原人論》而兼采儒道兩家之説，恐又格義的變相。然則格義之爲物，其名雖罕見於舊籍，其實則盛行於後世。它是我民族與他民族二種不同思想的初次混合品，在我國哲學史上尤不可不作記叙。[②]

陳寅恪的這段話既指出格義是“我民族與他民族二種不同思想的初次混合品”，又談到後人如何利用格義發展理論。也就是説，廣義格義的運用在兩個不同民族思想的交流中已經遠遠超出“初次混合品”這一初級階段，有著更深、更廣的意義。

雖然“格義”是個佛教命題，雖然陳寅恪也是在論述佛教時把格義稱爲“我民族與他民族二種不同思想的初次混合品”，但我認爲，任何特殊事物中都藴含著一般規律。實際上，直到近現代，在中外文化交流中，我們依然經常可以看到作爲“初次混合品”的格義的影子。因此，廣義的格義是兩種文化交流時必然出現的現象，是文化交流的規律之一。

---

① 《高僧傳》卷五，CBETA（2016），T50，no.2059，p.355，a25。

② 陳寅恪：《魏晋南北朝史講演録》，貴州人民出版社，2008年9月，第54頁。

全面論述廣義的格義在文化交流中的作用,涉及的問題很多、很大,非本文所能。即使在中國佛教史上,廣義格義的産生與發展也可以分成幾個不同的階段,每個階段具有不同的表現形態,發揮著不同的作用。故以下僅擬談談格義在古代佛典翻譯中的表現,諸如無意的誤解、有意的附會、特意的曲解等,作爲論述佛教發展中的文化匯流的背景描述。

四、格義與佛典翻譯

佛典翻譯是把佛教理論體系從印度文化圈搬移到中國文化圈的主要方式。佛典翻譯不僅要解决不同文化的語言文字、表述習慣的差異,更重要的是要解决不同文化的概念範疇、思維模式的差異。解决兩種不同文化的語言文字及表述習慣的差異,已經是一個十分困難的任務,所以道安有翻譯佛典“五失本”之嘆。①但是,相對於不同的概念範疇、思維模式而言,解决語言文字及表述習慣的差異就衹是一個技術性問題而已。

如前所述,佛教的理論體系由各種範疇有機構成,這些範疇往往有濃重的地域文化色彩。如果考察這些範疇與中國文化圈中有關範疇的關係,可以簡單歸納爲如下三種情况②:

---

① 道安曾經總結翻譯經驗,提出“五失本”:“譯胡爲秦,有五失本也。一者,胡語盡倒,而使從秦。一失本也。二者,胡經尚質,秦人好文。傳可衆心,非文不合。斯二失本也。三者,胡經委悉,至於嘆咏,叮寧反復,或三或四,不嫌其煩。而今裁斥。三失本也。四者,胡有義説,正似亂辭。尋説向語,文無以異。或千五百,刈而不存。四失本也。五者,事已全成,將更傍及。反騰前辭,已乃後説。而悉除此。五失本也。”參見《出三藏記集》卷八,CBETA (2016), T55, no.2145, p.52, b23～c2。“五失本”所述,均爲翻譯中遇到的兩種文化的語言文字、表述習慣等技術性問題。

② 本文在此僅爲簡單區分與列舉,未作深入探討。如果深入探討,則問題要複雜得多。

第一,中國文化圈中也有完全相同的範疇,比如"人"。

第二,中國文化圈有大體相近的範疇,但意義有差異,甚至有很大差異,比如"地獄""天"。

第三,中國文化圈中根本没有這種範疇,比如"輪回轉世""泥洹"。

翻譯時,如果遇到第一種情況,相對比較簡單。如果遇到第三種情況,我相信雖然翻譯者會感到非常困難,但還是可以找到解決的辦法——人們終於創造出一系列新的名詞,諸如意譯名詞"輪回轉世""解脱",音譯名詞"佛""泥洹",音譯、意譯相結合的名詞"舍利子"來對譯這些中國文化圈原本没有的範疇。而恰恰在第二種情況下,最容易望文生義,亦即產生格義,從而引起似是而非的理解。也恰恰在這種情況下,人們可能很難發現自己的翻譯與印度文化圈的原意已經發生偏移,用自己的翻譯名詞去理解佛教,甚至以爲"當然如此"。

五、"翻譯中的文化反浸"現象

我在閱讀佛經的時候,往往發現漢譯佛經中會出現一些中國文化特有的範疇。佛經原本在印度文化圈中產生,不應該出現這些中國文化特有的範疇。那麽,爲什麽這些中國文化特有的範疇會進入漢譯佛經?我以爲這是佛經翻譯過程中,遇到上述第二種情況,翻譯者采用中國文化特有的範疇對譯與該範疇意義相近的印度文化圈範疇,從而產生上述現象。這裏舉一個例子。

《中阿含經》卷三五記載摩揭陀國未生怨鞞陀提子(即阿闍世王)想要攻打跋耆國,派大臣前往鷲巖山(即靈鷲山)諮詢釋迦牟尼。釋迦牟尼説:衹要跋耆國人堅持執行"七不衰法",那麽跋耆國就是不可戰勝的。所謂“七不衰法”,實際是七條行爲規則或道德規範。在《長阿含經》卷二中,也記載了同樣的故事,翻譯的文字比《中阿含經》順暢文雅,對“七不衰法”的翻譯也有不同。這裏將兩者的不同羅列如下。[①]爲便於比較,表中對《長阿含經》卷二中“七不衰法”的先後次序有所變動,可參見筆者所加的序號:

《中阿含經》卷三五	《長阿含經》卷二
1. 跋耆數數集會,多聚集。	1. 跋祇國人數相集會,講議正事。
2. 跋耆共俱集會,俱作跋耆事,共俱起。	2. 跋祇國人君臣和順,上下相敬。
3. 跋耆未施設者不更施設,本所施設而不改易,舊跋耆法善奉行。	3. 跋祇國人奉法曉忌,不違禮度。
4. 跋耆不以力勢而犯他婦、他童女。	6. 跋祇國人閨門真正,潔淨無穢。至於戲笑,言不及邪。
5. 跋耆有名德尊重者,跋耆悉共宗敬、恭奉、供養,於彼聞教則受。	4. 跋祇國人孝事父母,敬順師長。
6. 跋耆所有舊寺,跋耆悉共修飾,遵奉、供養、禮事,本之所施常作不廢,本之所爲不減損。	5. 跋祇國人恭於宗廟,致敬鬼神。
7. 跋耆悉共擁護諸阿羅訶,極大愛敬,常願未來阿羅訶者而欲令來,既已來者樂恒久住,常使不乏衣被、飲食、床榻、湯藥諸生活具。	7. 跋祇國人宗事沙門,敬持戒者,瞻視護養,未嘗懈惓。

從《中阿含經》第一條、第二條可以看出,這個跋耆國與釋迦牟尼的祖國迦毗羅衛國一樣,都處在原始社會的晚期,若有大事,部落成員集體開會,商議決定,但《長阿含經》的翻譯却把印度原始社會

① 《中阿含經》卷三五引文,參見 CBETA(2016), T01, no.0026, pp.648b25～649a24。《長阿含經》卷二引文,參見 CBETA(2016), T01, no.0001, p.11, a24～b15。

的平等會商制度，表述爲中國封建社會的"君臣和順，上下相敬"。

《中阿含經》第三條講的是跋耆國人堅持傳統，不加變動，但《長阿含經》卷二翻譯爲"不違禮度"。"禮"是中國古代社會的行爲法則。

《中阿含經》第四條講的是不强暴婦女，這是對男人的道德要求，但《長阿含經》相應的條目翻譯爲"閨門真正，潔淨無穢。至於戲笑，言不及邪"，變成對女人的貞潔指標。要求婦女守貞，正是中國封建社會儒家道德的主要特徵之一。

《中阿含經》第五條講的是尊重、供養賢人，聽從他們的教導，但《長阿含經》相應的條目翻譯爲"孝事父母，敬順師長"，這一翻譯，與原意相差甚遠。

《中阿含經》第六條講修寺供神，但《長阿含經》卷二相應的條目加入了"宗廟"這一中國宗法社會的元素。

第七條評述從略。

日本中村元曾經將上述兩種翻譯與南傳巴利語佛典進行比較，指出《中阿含經》卷三五的翻譯比較忠實原意，而《長阿含經》卷二則大幅度偏離了原典。很顯然，這是翻譯者站在中國傳統文化的立場上，用中國傳統文化去理解印度佛典，從而有意無意地曲解了印度佛典的原意。①這樣翻譯出來的印度佛教經典，已經滲進了中國傳統文化的元素。我把翻譯中的這種現象，稱爲"佛典翻譯中的文化反浸"。

六、略談漢譯佛典中的"孝"

孝是中國文化的一個基本道德綱目。佛教初傳時，中國正屬兩

① 中村元著、方廣錩譯：《論中國文化在亞洲的意義》，載《南亞研究》1981年第2期。

漢、西晋。當時,孝在所有道德綱目中最爲重要,有所謂“以孝治天下”的説法。中國的這一現實環境,不能不影響當時的漢譯佛典。

佛教講報“四恩”,具體是哪“四恩”,不同典籍説法不同,但均有“父母恩”。我曾經指出:“印度佛教根本没有‘孝’這一詞彙,而采用‘報恩’這一説法。佛教認爲,釋迦牟尼在無始以來的輪回轉世中,曾無數次地當過各個衆生的父母,也曾無數次地當過各個衆生的子女。因此,釋迦牟尼並不以某個特定的衆生爲對象而報恩。他要普度衆生,這也就是最大的報恩。也就是説,佛教是聯繫輪回來看待親子關係的,這就使它的‘報恩觀’與中國的‘孝道觀’出現很大的差異。”①但佛教傳入中國,在中國的具體環境中,容不得它不講孝。早期的三教論衡,“孝”爲儒、道兩教攻擊佛教的一大題目,佛教不得不做出回應。如廬山慧遠著文申明佛教與中國的孝道並無悖逆,相反,它不但符合孝道,而且是超越中國孝道的更大的孝,企圖以此消弭佛教與中國傳統文化的矛盾,實質則是以中國傳統文化改造佛教。正因爲如此,原本宣傳破除吝嗇,宣傳齋僧可以免除地獄之苦的《盂蘭盆經》,在中國發展爲宣傳孝道的經典,進而發展出以“目連救母”爲主題的變文及大本目連戲。這都是中國文化對外來佛教進行改造的具體表現。漢譯佛典中出現“孝”,同樣是中國文化對外來佛教進行改造的方式之一。印度佛教典籍中所謂報“七世父母恩”,其“七世父母”,指的是當事人在七次輪回中所遇到的父母。這“七世父母”,可能是人,也可能是六道中的任何一類有情,但中國人往往把“七世父母”理解爲血統上的七代祖先,諸如父親、祖父、曾祖、高祖之類。②

---

① 方廣錩:《佛教典籍百問》,今日中國出版社,1989 年 11 月,第 32 頁。

② 印度婆羅門教爲强調自己的血統純正高貴,有“七世父母真正”的説法。這裏的“七世父母”也是從血統上講的。

有研究者對我的上述觀點提出質疑。文章説：

方廣錩先生在《佛教典籍百問》中説，印度佛教没有"孝"這個詞彙，衹有"報恩"的説法，而且不以某個特定的衆生爲報恩對象。無獨有偶，耿敬在《佛教忠孝觀的儒家化演變》中也説，"原始印度佛教在忠孝觀上與中國儒家忠孝有著很大的差異。在印度，佛教並不特别注重孝順思想的宣揚，衹是從佛教的報恩思想出發，纔在一些後世佛經中引發出孝順親者的主張"。從他們的話來看，似乎佛教最初是没有"孝"這一詞彙的，衹是後世傳至中土時，爲了適應國情，纔從原有的報恩思想引申出"孝"這種理論。

對此，我是不敢苟同的。原始佛教由於受緣起和輪回思想的影響，對孝道不是很關注也許是事實，但要説没有"孝"這個詞彙，未免有失偏頗。其實，在最早傳入中國的《四十二章經説》中就有"人事天地鬼神，不如孝其親矣，二親最神也！"而在《佛説梵網經》中更明確出現了"孝道"這一詞語："若殺父母兄弟六親，不得加報，若國主爲他人殺者亦不得加報。殺生報生，不順孝道。"

……

佛教戒律更是針對這種不孝順的人專門制定了具體的戒條以示懲罰。

《五分律》卷二十説："從今聽諸比丘，盡心盡壽，供養父母。若不供養，得重罪。"《佛説梵網經》還規定了幾種關於不孝的"輕垢罪"：佛的弟子，應常發"孝順父母師僧"之願，若"一切菩薩不發是願者，犯輕垢罪"；"不向父母禮拜，六親不敬"，也犯輕垢罪……①

① 劉興恩：《論佛教孝道觀》，http://www.fjdh.com/wumin/HTML/117531.html。

文章引用漢譯佛經，企圖證明印度佛教也有“孝”這個詞彙。遺憾的是，作者没有做文獻學的溯源考察，不瞭解漢譯佛典中的這些“孝”，都是佛典翻譯中文化反浸的產物，立論也就無法成立。因此，説印度佛教有“孝”這個詞彙，不能從漢譯佛經中去尋找證據，而要到印度的原典中去尋找。其實，不僅印度佛教没有“孝”的觀點，整個印度文化都聯繫輪回轉世觀察親子關係，没有與中國的“孝”相同的倫理規範，也没有一個能夠與中國的“孝”完全對應的詞彙。

某些印度佛典，如《五分律》及其他印度律本確有“供養父母”一説，但是，“供養”與“孝順”是兩個不同的概念。這一點《論語·爲政》講得很清楚：

> 子游問孝。
>
> 子曰：“今之孝者，是謂能養。至於犬馬，皆能有養。不敬，何以别乎？”

如果僅僅是“供養”，養狗、養馬也是養，這不能算“孝”。孝要“恭敬”，核心是“無違”①，即以“禮”作爲行爲規範，遇事順從父母的意願。其極端的表現，就是所謂“父要子死，不得不死”。後代將“孝順”連用，説明了孝的精義。

我還可以舉出五戒、八戒等例子，説明“孝”是怎樣被强加到早期漢譯佛典中的。

按照正統的解釋，五戒指：一不殺生，二不偷盗，三不邪淫，四

① 《論語·爲政》：“孟懿子問孝。子曰：‘無違。’樊遲御，子告之曰：‘孟孫問孝於我，我對曰，“無違”。’樊遲曰：‘何謂也？’子曰：‘生，事之以禮；死，葬之以禮，祭之以禮。’”

不妄語，五不飲酒，但三國吴支謙翻譯的《梵摩渝經》稱五戒爲：

守仁不殺、知足不盜、貞潔不淫、執信不欺、盡孝不醉。[①]

前四條雖然加入“仁”“貞”“信”等中國的道德綱目，但與原文相比，大致不差。第五條加入的“盡孝”，則是原文中怎麽也找不出來的。

吴康僧會的《六度集經》卷八的《梵摩皇經》説轉輪聖王用“五教”治理天下，這“五教”實際就是五戒：

一者，慈仁不殺，恩及群生。二者，清讓不盜，損己濟衆。三者，貞潔不淫，不犯諸欲。四者，誠信不欺，言無華飾。五者，奉孝不醉，行無玷污。[②]

可見把“孝”塞入五戒不是個别的行爲。有意思的是，上文把“不飲酒”改爲“不醉”，看來中國的酒文化是很難改造的，所以那些翻譯家不得不做出妥協，衹要求飲酒有度，不要喝醉。

至於八戒，佛典中有幾種不同的説法，其中《受十善戒經》稱：

如來爲在家人制出家法：一者，不殺。二者，不盜。三者，不淫。四者，不妄語。五者，不飲酒。六者，不坐高廣大牀。七者，不作倡伎樂，故往觀聽，不著香熏衣。八者，不過中食。應如是受持。[③]

---

① 《梵摩渝經》，CBETA(2016)，T01，no.0076，p.886，a9～10。

② 《六度集經》卷八，CBETA(2016)，T03，no.0152，p.52，a17～20。

③ 《受十善戒經》，CBETA(2016)，T24，no.1486，pp.1023(c29)～1024(a4)。

但在《六度集經》卷八中，八戒被表述爲：

一當慈惻，愛活衆生。二慎無盜，富者濟貧。三當執貞，清淨守真。四當守信，言以佛教。五當盡孝，酒無歷口。六者無臥，高牀繡帳。七者晡冥，食無歷口。八者香華脂澤，慎無近身；淫歌邪樂，無以穢行。①

有趣的是，同樣是《六度集經》，對第五戒的表述一爲“奉孝不醉”，一爲“當盡孝，酒無歷口”。可見康僧會完全知道第五戒的正確表述應該是“不飲酒”，説明他對第五戒的曲解是有意爲之。也就是説，康僧會的行爲已經不能用“佛典翻譯中的文化反浸”來解釋，而要用下文的“佛典編譯中的文化加工”來詮釋。

七、佛典編譯中的文化加工

按照現代標準，翻譯活動可以分爲翻譯、編譯兩類。所謂翻譯，指作品完全忠實於原文。所謂編譯，則容許編譯者在作品基本内容依然忠實於原文的前提下，對原文進行增删潤飾，甚至撮略大意。

如果拿現代的標準去觀察古代，可以發現，中國古代的佛典翻譯情況非常複雜，很難用現代的標準去衡量。爲避文繁，此處不討論古代佛典翻譯的各種形態，僅對編譯做一個定義，以便下文的討論。我認爲，中國古代佛典的編譯指編譯者按照某一主題對原始資料進行剪裁、組織乃至加工，由此編纂而成的文獻。編譯佛典的

① 《六度集經》卷八，CBETA(2016)，T03，no.0152，pp.48(c28)～49(a4)。

原始資料應爲域外佛典，其具體來源可能是單一的，即來自同一部域外經典；也可能是多元的，即分别采擷自不同的域外經典。按照上述定義，諸如《六度集經》《賢愚經》《大智度論》都屬於編譯。

與翻譯相比，編譯者在進行編譯時，其創作的自由度更大。上文談到，早期來華的佛教徒可以分爲兩類，其中一類較爲瞭解佛教與中國文化的差異，爲了能夠讓佛教更加順利地楔入中國社會，主動地向中國傳統文化靠近。康僧會就是這一類人的代表。康僧會，僧史有傳。他祖籍康居，世居天竺。父親經商，移居交趾（今越南河内）。漢末三國，交趾漢文化昌盛，佛教亦較發達。康僧會自幼生長在這樣一種文化氛圍中，兼有中印文化的良好素養。在此看看康僧會在編譯《六度集經》時，如何用中國文化對印度佛教進行加工。

（一）孝等道德綱目

如前所述，漢末三國，中國標榜“以孝治天下”①。“孝”這一道德綱目，不存在於印度文化圈。然而在《六度集經》，共出現“孝”五十四次。我們可以看其中的一些表述：

《六度集經》卷一：“孝子喪其親，哀慟躃踴。”②

《六度集經》卷一：“違父之教，爲不孝矣。”③

《六度集經》卷三：“孝順父母，敬愛九親。”④

《六度集經》卷五：“父母年耆，兩目失明。睒爲悲楚，言之泣涕。夜常三興，消息寒温。至孝之行，德香熏幹。”⑤

---

① 三國中，曹魏爲寒族掌權，唯才是舉。孫吴爲大族秉政，以孝治國。詳見陳寅恪有關論述。交趾時屬孫吴。

② 《六度集經》卷一，CBETA(2016)，T03，no.152，p.5，b11～12。

③ 同上，p.5，c23。

④ 《六度集經》卷三，CBETA(2016)，T03，no.152，p.11，b16。

⑤ 《六度集經》卷五，CBETA(2016)，T03，no.152，p.24，b16～18。

《六度集經》卷六:“吾之本土,三尊化行,人懷十善。君仁臣忠,父義子孝,夫信婦貞,比門有賢。”①

康僧會如此推崇孝的目的,是爲了將“孝”這一當時最高的道德綱目與佛教的最高目的奉佛——信仰佛教——等同起來。在睒子故事中,他反復强調“奉佛至孝”,主張這種“奉佛至孝”之德可以感天動地,乃至使國豐民康,天下太平。

除了孝以外,“仁”出現一百三十次。此外,諸如“子孝臣忠”“君仁臣忠”等,均爲《六度集經》宣揚的正面形象。

(二) 魂靈

在中國人的傳統觀念中,人有魂靈。人死魂靈爲鬼爲神,模樣與生人無異。世界的本體是元氣,故魂靈的本質也是元氣。

印度佛教主張輪回。輪回思想乃印度的普遍觀念,屬於“當然如此”的問題。因此,初期佛教時期,凡與輪回有關的問題,都無人懷疑,無須討論。外道對輪回主體問題的討論,當時被釋迦牟尼視爲“戲論”。初期佛教已有“無我説”,但當時的“無我”意爲“非我”,即不要把“非我之物”執著爲“我”,目的是破除貪欲。②部派佛教時期理論開始細密,從不疑處生疑,用“諸行無常”理論統率並發展了“無我”理論。此時的“無我”指在現實世界中,一切有爲法都無常遷變,人的肉體中也不可能有常一不變的“我”。這樣,“無我”理論便與輪回轉世理論産生矛盾:既然没有常一不變的東西,人死輪回,靠什麽聯繫前生後世?各部派對此解釋不同,發展了自己的理論。最基本的解釋以變動不居的“識”擔任輪回主體。“識”的本質是一股不斷遷變的意識之流,五藴而成,因識偏盛,名之爲“識”。

① 《六度集經》卷六,CBETA(2016), T03, no.152, p.37, a24～25。

② 參見拙作《淵源與流變》(中國社會科學出版社,2004 年 5 月)的相關章節。

這樣便成功解釋了五蘊之體如何在三世輪轉，使諸行無常、諸法無我、涅槃寂静等"三法印"成爲一個圓滿而無矛盾的整體。

中國文化中的"魂靈"與印度佛教的"識"是兩個略微相交，但差距很大的範疇。康僧會爲了得到中國人的認同，采用中國文化中的"魂靈"來翻譯印度佛教的"識"，把它當作輪回主體。《六度集經》卷四："魂靈變化，輪轉無已。"[①]康僧會不承認魂靈是元氣，但爲了與中國文化妥協，便主張魂靈與元氣相合。《六度集經》卷八："於是群臣率土黎庶，始照魂靈與元氣相合，終而復始，輪轉無際，信有生死，殃福所趣。"[②]

（三）太山

在中國人的觀念中，人死以後，魂靈將歸太山。康僧會接過這一觀念，直接將中國的太山置换爲印度佛教的地獄。

《六度集經》卷一："命終魂靈入於太山地獄。"[③]

《六度集經》卷五："妄以手捶，虚以口謗。死入太山，太山之鬼拔出其舌，著於熱沙，以牛耕上。又以然釘，釘其五體。求死不得。"[④]

（四）天人感應、天神榮衛

天人感應是中國傳統神秘主義思想的核心。天神榮衛則是中國民間巫教的理論，其後被道教吸收。這些中國文化的元素都被康僧會吸收到《六度集經》中。

比如，卷一第三則故事，敘述釋迦牟尼前世爲一條大魚，爲救大旱而獻身肉供黎民。死後"魂靈即感爲王太子。生有上聖之明，

① 《六度集經》卷四，CBETA(2016)，T03，no.152，p.23，a25。
② 《六度集經》卷八，CBETA(2016)，T03，no.152，p.51，c24～26。
③ 《六度集經》卷一，CBETA(2016)，T03，no.152，p.1，a24～25。
④ 《六度集經》卷五，CBETA(2016)，T03，no.152，p.30，b23～26。

四恩弘慈,潤齊二儀。愍民困窮,言之哽咽。然國尚旱,靖心齋肅,退食絶獻,頓首悔過曰:‘民之不善,咎在我身,願喪吾命惠民雨澤。’日日哀慟,猶至孝之子遭聖父之喪矣。精誠達遠,即各有佛五百人來之其國界”[①]。故事中太子的表現完全是中國帝王在遭遇自然灾害時的形象:下罪己詔、齋戒、求告上天等等。

《六度集經》卷一:“王逮臣民,相率受戒。子孝臣忠,天神榮衛。”[②]則表述了天神榮衛的觀念。

《六度集經》中還有很多中國文化的元素,限於篇幅,在此無法一一羅列。總之,中國文化元素通過佛典編譯滲透到漢譯佛典中,這是一個值得我們注意的現象。

前述佛典翻譯中的文化反浸,主要指翻譯者不懂得印度佛典的真實含義,以格義的態度進行翻譯,故而産生誤差。而佛典編譯中的文化加工,則是編譯者完全明瞭中國文化與印度文化在有關問題上的差異。比如,康僧會完全知道中國的“魂靈”並非印度的“識”,故有時他也采用“識神”一詞;他知道“太山”衹是方便設教,有時明確用“地獄”;他知道不能用元氣來解釋“識”,故而含含糊糊地采用“魂靈與元氣相合”這一表述以調和印度與中國的靈魂觀。也就是説,康僧會完全明白他的這些説法並不符合正統的佛教教義,但爲了佛教能夠在中國順利傳播,他有意采取上述方法。《六度集經》卷四有一篇《之裸國經》,講兄弟兩人到裸人國的故事,可視爲康僧會對自己行爲的辯護。即他就像《之裸國經》中的弟弟那樣,不得不入鄉隨俗,用中國文化對印度佛教進行加工。

上面以《六度集經》爲例,説明佛典編譯中的文化加工。其實

---

① 《六度集經》卷一,CBETA(2016), T03, no.152, p.2, a13～19。

② 《六度集經》卷五,CBETA(2016), T03, no.152, p.4, a13～14。

在佛典翻譯中,也存在對部分經文進行加工的現象。比如,《仁王護國般若波羅蜜多經》卷二謂:“大王！未來世中,一切國王、王子、大臣,與我弟子機横立記籍,設官典主大小僧統,非理役使。當知爾時,佛法不久。”[①]由於印度社會根本没有建僧籍、立僧官的現象乃至出現這種現象的可能性,衹有中國這樣集權的國家纔産生這種現象,所以,近代以來一些研究者依據這一段經文,主張《仁王護國般若波羅蜜多經》是僞經。其實,該經的翻譯史是清楚的,我們没有任何理由懷疑它不是一部翻譯經典,但上述這一段經文,又的確不可能出自印度。所以邏輯的解釋衹有一個,即這段文字是翻譯者加進去的。翻譯者在翻譯佛典時按照自己的理解加入新的内容,這種現象在中國佛教翻譯史上屢見不鮮。如竺佛念翻譯《阿毗曇八犍度論》三十卷時,就加入不少自己撰寫的文字。後來被人發現,予以删除。據《出三藏記集》記載,竺佛念擅自所加内容,總計竟達四卷之多。而《仁王護國般若波羅蜜多經》的譯者恰恰是自許甚高的鳩摩羅什。鳩摩羅什自稱“吾若著筆作《大乘阿毗曇》,非迦旃延子比也”[②]。他翻譯《大智度論》翻譯到三分之一時,説:照這樣翻譯下去,全書要達到一千卷,中國人不喜歡這樣繁瑣的東西,於是開始改爲編譯。老實説,我一直懷疑,鳩摩羅什的編譯,到底有多少文字是他依據原著撮略的,又有多少文字是他自己應時應機改造的。希望將來能夠發現《大智度論》的梵本,解答我的上述疑問。總之,像鳩摩羅什這樣的佛學大家,如果他在譯本中加入若干適合中國人需要的應時應機的内容,毫不奇怪。在當時的條件下,也没有人會對鳩摩羅什的譯本提出質疑。所以本節開頭説,按照

① 《仁王護國般若波羅蜜多經》卷二,CBETA(2016),T08,no.246,p.844,c2～4。

② 《高僧傳》卷二,CBETA(2016),T50,no.2059,p.332,c4～5。迦旃延子,印度佛教説一切有部的著名理論家,《阿毗達磨發智論》的作者。

現代標準，翻譯活動可以分爲翻譯、編譯兩類，但中國古代的佛典翻譯情况非常複雜，很難用現代的標準去衡量，我們還需要具體情况具體分析。

八、佛教發展中的“文化匯流”

佛典翻譯中的文化反浸與佛典編譯中的文化加工，論述的都是在域外佛典譯爲漢文的過程中，中國文化元素反向介入印度佛典這一現象。嚴格地講，這種現象都發生在翻譯或編譯過程中。但是，漢譯佛典中還有一批經典，其經文中也包括不少中國文化元素，而這些元素却無法用文化反浸或文化加工來解釋。可以肯定地説，在譯爲中文之前，這些中國文化元素已經保存在這些典籍中。在此舉幾個例子，這些例子有些是前此已經廣爲人知的，有的是我發現的。

（一）《大方等大集經·虚空目分》中的十二生肖

這是一個經常爲人們援引的例子。

大家都知道，將十二種動物與十二支配置，成爲十二生肖，這是中國文化的元素。十二生肖最早産生在什麽時候，還可以研究。起碼在東漢王充的《論衡》中，已經有清晰的闡述。而印度没有十二生肖這一習俗，説明它並非産生在印度，但是，在北凉曇無讖譯的《大方等大集經·虚空目分》中，却出現十二個動物，依次爲：南方蛇、馬、羊，西方猴、雞、犬，北方猪、鼠、牛，東方獅、兔、龍。[①]除了將老虎改爲獅子外，《大方等大集經·虚空目分》這十二個動物的排列順序乃至方位，與中國的十二生肖完全相同。這種相同，當然不

① 《大方等大集經》卷二三，參見 CBETA(2016)，T13，no.397，pp.0167(b25)～0168(a25)。

可能是偶然的巧合。《大方等大集經・虚空目分》中的這些内容,也無法用佛典翻譯中的文化反浸或佛典編譯中的文化加工來解釋。

（二）《佛説四天王經》的諸多問題

《佛説四天王經》,南北朝劉宋時凉州沙門智嚴、寶雲譯。經典不長,今全文移録如下:

佛説四天王經

宋凉州沙門智嚴共寶雲譯

聞如是:一時佛在捨衛國祇樹給孤獨園。

佛告諸弟子:“慎爾心念,無受六欲。漱情去垢,無求爲首。内以清淨,外當盡孝。以四等心,奉養所生。晨入尊廟,稽首悔過。朝稟暮誦,思經妙義。以佛重戒,治心穢病。齋肅静處,數息禪定。反流盡源,以求道真。壽命猶電,恍惚即滅。

“齋日責心、慎身、守口,諸天齋日伺人善惡。須彌山上即第二忉利天,天帝名因,福德巍巍,典主四天。四天神王即因四鎮王也,各理一方。常以月八日遣使者下,案行天下,伺察帝王、臣民、龍鬼、蜎蜚、蚑行、蠕動之類,心念、口言、身行善惡。十四日遣太子下。十五日四天王自下。二十三日使者復下。二十九日太子復下。三十日四王復自下。

“四王下者,日、月、五星、二十八宿,其中諸天僉然俱下。四王命曰:‘勤伺衆生,施行吉凶。若於斯日有歸佛、歸法、歸比丘僧,清心守齋,布施貧乏,持戒、忍辱、精進、禪定,翫經散説,開化盲冥,孝順二親,奉事三尊,稽首受法,行四等心,慈育衆生者,具分别之,以啓帝釋。’若多修德,精進不怠,釋及輔臣三十三人,僉然俱喜。釋勅伺命,增壽益算。遣諸善神,營護其身,隨戒多少。若持一戒,令五神護之。五戒具者,令二十五神營衛門户,殃疫、衆邪、陰謀消滅。夜無噩夢。縣官、盗賊、水火、灾變終而不害。禳禍滅怪。唯斯四等、五戒、六齋,猶如大水而滅小火,豈有不滅者乎?臨其壽終,迎其魂神,上生天上七寶宫殿,無願不得。

“若有不濟衆生之命、穢濁盗竊、淫犯他妻、兩舌惡駡、妄言綺語、厭禱咒詛、嫉妬恚癡、逆道不孝、違佛違法、謗比丘僧、善惡反論,有斯行者,四王以聞,帝釋及諸天僉然不悦,善神不復營護之。即令日月無光,星宿失度,風雨違時,以現世人。欲其改往修來,洗心齋肅,首過三尊,四等養親,忠於帝王,慈心諫諍,至誠無欺,反前修來。捐穢濁之操,就清淨之道。

“若有改邪行就正真者,帝釋及四王靡不歡喜。日月即清明,星宿有常。風雨順時,毒氣消歇。天降甘露,地出澤泉。水穀滋味,食之少病。華色奕奕,壽命益長。生不更牢獄,死得上生天上。福德所願,自然飛行。存亡自在,項有日光。食自消化,無有便利之患。身中香潔,口氣苾芬。今日、月、星宿即諸天宫宅也!七寶殿堂,懸處虚空,在意所之。壽終下生侯王之家,顔容煒燁,見者心歡。逢佛值法、賢聖,相連力行,不與罪會,必得泥洹。斯皆五戒、十善、斂情攝欲、六齋使然!

“拘留秦佛時,人壽六萬歲,民性無爲,護彼猶養己,平等無二。彼佛去世,正教衰薄。民無正行,以漸爲惡。其壽日減,至於百歲。吾善逝後,民違佛教,無複孝子。伺命減算,壽日有減。天神不佑,凶疫、惡鬼日來侵害。灾怪首尾,願與意違,非禍縱横。生罹王法之囹圄,死入地獄、餓鬼、畜生。若出爲人,必爲下賤。善惡追身,猶如五穀,隨其所種,獲其果實。亦如夜書,火滅字存。身死名滅,殃福不朽。慎護爾心、攝身、守口，五戒、十善可從得道。吾今得佛，積行所致！"

諸比丘聞經，皆大歡喜，稽首禮佛而去。

佛説四天王經[①]

這部經中的諸天伺察、善神擁護、增壽益算、二十五戒神、天人感應、齋肅首過等等，都與中國文化的元素在在相合，也是後世疑僞經《地藏菩薩十齋日》的依據，難怪日本很多學者視這部經典爲中國人所撰僞經，但是，如果我們信從歷代經録的記載，則這部經典應該屬於翻譯經典。

其實，上面涉及的一系列中國文化元素，並非首見於《佛説四天王經》，三國兩晉譯出的不少經典均有這些内容。我們應該如何看待這一問題？

（三）《淨度三昧經》

同樣是智嚴、寶雲翻譯的《淨度三昧經》，也存在同樣的問題：

神明聽察，疏記罪福，不問尊卑。一月六奏，一歲四覆。四覆之日皆八王日。八王日者，天王案比諸天、人民、雜類之屬，考校功最。有福增壽，有罪減壽奪算。

天地浩浩，黎庶無數。諸天、地獄、五道大王、司命、都録、五官、都督、四鎮王使者、承天、大將軍等，春秋冬夏承天統攝，禁察非法。總持衆生名藉，制命長短，毛分不差。人民盲冥，了不知天地五官所記。不能自知生所從來，死至何所。不能自知命之長短。不知爲五官所收録。不知豫作善求安，不知豫作功德救罪。亦不曉依附三尊，求後世救。不曉求守戒明

① 《佛説四天王經》，CBETA(2016)，T15，no.590，p.118，a21～c26。

經道士,從求度世道。如牛老敗不中用,大家言:“此牛老敗不中用。煩勞牧養,久已無益我家。但當早殺。可得肉食之,亦可除煩勞。”人亦如是。不奉持戒禁,亦不作功德,如牛煩勞大家甚多。不益大家,又不能自活。人依道生,道氣養之。不肯奉道,亦不能自度。爲五官所收,死付地獄,盡屬三十王所治如是。①

《淨度三昧經》對“五官”解釋如下:

六事罪屬五官。一者行五逆罪,二者行十惡,三者不行五戒,四者不敬三尊,五者不畏天禁。何謂五官?一者仙官主禁殺,二者水官主禁盗,三者鐵官主禁淫,四者土官主禁兩舌,五者天官主禁飲酒。犯罪屬地獄。五官呼名,各自有時。好殺無慈,心口行惡,爲仙官所録,命在春。好盗貪求無厭劫人,爲水官所録,命在冬。好淫欲,爲鐵官所録,淫鬼食其不淨,並飲心血,病在心肝腎頭目,命在秋。好酒醉亂,仁義不行,禮教廢,爲天官所録,命在夏。好妄言、兩舌、惡口、傳舌讒人,誹謗聖道,爲土官所録,命在季月。五官主人根,人根從五事生,故有五官,乃自然之王也。五官及輔臣、小王、都録、監司、廷尉、郵公、伏夜將軍、五帝使者,收捕罪人録命收神。死者不同,皆依本罪,故令不同。②

上述文字,如果從内容考察,大概怎麼也不能承認它們屬於佛

① 《淨度三昧經》卷一,CBETA(2016),ZW07,no.63,pp.259(a11)~261(a4)。
② 《淨度三昧經》卷二,CBETA(2016),ZW07,no.63,pp.263(a9)~264(a11)。

教,但是,從南北朝該經譯出,直到智昇把它視作疑經,驅逐出藏經之前,它始終保存在大藏經中①,並被許多佛教典籍引用。

如何解釋這種現象?我認爲,這體現了佛教發展中的“文化匯流”。如前所説,宗教的傳播就其本質而言是文化的傳播,而文化的傳播從來是雙向的,其結果是相互影響的。在佛教從印度傳入中國,影響中國文化的同時,中國文化也向西傳播,影響了中亞與印度的佛教。以“文化匯流”的觀點來解釋,這些中國文化元素所以出現在翻譯佛典中,是因爲這些元素早就傳播到狹義的西域乃至廣義的西域,在當地産生了影響,被當地的佛經所吸收。其後又傳入中國,被翻譯爲漢文。簡而言之,這些中國文化元素經歷了一個“出口轉内銷”的過程。

九、 兩條新證據

這一“出口轉内銷”的具體過程究竟如何,由於資料的缺乏,特别由於保存在印度方面的資料的缺乏,我們現在難以描繪其細節。即使如此,我們也可以提出若干證據,證明在歷史上,這一過程確實存在。

(一)《灌頂拔除過罪生死得度經》

我指導的博士生伍小劼今年完成了他的博士論文《〈大灌頂經〉研究——以〈灌頂拔除過罪生死得度經〉爲中心》。②文中指出,從經文内容和經文來源上,都可以判定《大灌頂經》十二卷均爲中國人撰寫的僞經。該經的成分主要來自道教,也有來自民間巫道

① 參见方廣錩《〈淨度三昧經〉的目録學考察》,已收入本書。

② 原文尚未發表,要點已發表在《南亞研究》2010 年第 3 期。

的成分。經文多處抄襲此前翻譯的佛經和佛教其他僞經，作者爲劉宋鹿野寺沙門慧簡。

有意思的是，這部《灌頂拔除過罪生死得度經》其後在隋代由達摩笈多譯出，名爲《佛説藥師如來本願經》，一卷。到了唐代，先由玄奘譯爲《藥師琉璃光如來本願功德經》，一卷。又有義淨譯爲《藥師琉璃光七佛本願功德經》，兩卷。

最早出現的《灌頂拔除過罪生死得度經》，無論從經録記載，還是從内容考察，都説明它是一部僞經。梁僧祐也在《出三藏記集》中言之鑿鑿地記載該經爲慧簡所撰，但隋唐兩代居然可以依據該經的梵文本先後三次翻譯。三次翻譯的經文，行文雖然各有時代特點，但基本内容完全相同。我們對上述事實衹有一個解釋，就是《灌頂拔除過罪生死得度經》西傳到印度，被翻譯爲梵文，後又傳回中國，被譯爲漢文。該經在印度流傳時本身發生嬗演，所以不同時代傳入並譯出的漢文本的行文也就互有差異。

其實，如果仔細考察，我們可以發現，在主張“不生”的佛教體系中，出現一個追求“延壽”的藥師佛，本身就是一個異數。仔細考察佛典中藥師佛神格的形成過程，我們有理由相信，這實際是一個主要吸收中國文化的營養而産生的佛陀。這個問題比較大，值得研究者進一步研究。

(二)《示所犯者瑜伽法鏡經》

這也是一部貨真價實的僞經，妄稱三藏菩提流志、三藏寶思維等於崇福寺[①]同譯，實際由唐景龍元年(707)三階教僧人師利僞造。《開元釋教録》作者智昇即爲西崇福寺僧人，他在《開元釋教録》卷十八對此經有詳盡的著録。智昇稱：“余曾以此事親問流志三藏。

① 此處之“崇福寺”，實爲“西崇福寺”。參見《宋高僧傳》卷三、《開元釋教録》卷九。

三藏云：‘吾邊元無梵夾，不曾翻譯此經。’三藏弟子般若丘多，識量明敏，具委其事。恐時代綿遠，謬濫真詮。故此指明，以誡於後。其僧師利因少門訟，聖躬親慮，特令還俗。豈非上天不佑，降罰斯人？又臨終之時，腹大如甕。惡征遄及，可不懼歟？”①亦即智昇曾經親自調查知情人，掌握了第一手資料，證明《示所犯者瑜伽法鏡經》確爲僞經。

但根據日本學者矢吹慶輝的考訂，《示所犯者瑜伽法鏡經》第二品偈頌内容與不空所譯的《百千頌大集經地藏菩薩請問法身贊》内容基本相同。②僅《示所犯者瑜伽法鏡經》爲七言，而《百千頌大集經地藏菩薩請問法身贊》爲五言。爲避文繁，這裏截取最後一段，以作比較。

《示所犯者瑜伽法鏡經》		《百千頌大集經地藏菩薩請問法身贊》	
如餓鬼於海	普遍見枯竭	譬如餓鬼臨大海	盡見海水皆枯竭
如是少福者	無佛作分別	如是薄德惡衆生	口常説言無有佛
有情少福者	如來云何作	此等薄德有情類	諸佛如來不能救
如於生盲手	安以最勝寶	譬如生盲無目人	明珠對前而不見
云何而能見	無上之法身	誰能有力令觀彼	無垢清淨妙法身
俱胝日光形	光網以圍繞	譬如百億日光明	焰網相覆莫能見
諸天以少善	不能而得見	喻如少福諸天子	下界凡人猶不見
上次於大天	云何而得見	何況自在大天身	豈諸凡愚而得見
彼色不能見	諸仙離煩惱	於彼自在天色像	五通仙人尚不見
天修羅梵等	云何餘少慧	何況非天八部神	及惡衆生而能見

① 《開元釋教録》卷十八，CBETA(2016)，T55，no.2154，p.672，c12～14。

② 矢吹慶輝：《三階教の研究》第三部第二章，岩波書店，1926 年。

續表

《示所犯者瑜伽法鏡經》		《百千頌大集經地藏菩薩請問法身贊》	
然以佛威力	清淨自心故	要由承佛神力故	能與一切衆生樂
能見如是類	獲得一切盛	瑜伽觀者淨其心	彼人聰惠即能見
有情福端嚴	佛住彼人前	若有福德衆生者	常感諸佛在其前
光明照耀身	三十二勝相	圓光圍繞共莊嚴	復具三十二相好
彼如是大天	當見如大海	若知如是大精進	能見智惠深廣海
不經於多時	即得智如海	此等衆生當不久	功德廣大亦如海
世尊彼色身 能調可調利 廣壽大瑜伽 多人俱胝餘 無量俱胝劫 因緣皆無盡	安住於多劫 趣於戒種類 少壽何因故 示現增減壽 以命命增長 獲得無盡果		
若有相應顯此理	唯身以慧作分析	若能聽此妙伽他	自身修行及得見
彼人生於淨蓮花	聞法所説無量壽①	捨命生大蓮華中	諸佛説法而能聽②

《百千頌大集經地藏菩薩請問法身贊》爲不空依據梵文所譯，這在圓照的《貞元續開元釋教録》及《貞元新定釋教録》中均有明確記載，不容懷疑。《示所犯者瑜伽法鏡經》出現在前，《百千頌大集經地藏菩薩請問法身贊》翻譯在後。那麽，我們的結論依然衹有一個：《示所犯者瑜伽法鏡經》傳到西域，被譯爲梵文，又倒傳回中國，重新被譯爲漢文。

① 《示所犯者瑜伽法鏡經》，CBETA(2016)，T13，no.413，p.792，c6～29。

② 《百千頌大集經地藏菩薩請問法身贊》，CBETA(2016)，T85，no.2896，p.1416，b20～c8。

十、 暫短的結語

“文化匯流”可以説是文化交流的正常現象。這種現象不但産生在中印文化之間，也産生在中國與日本、中國與朝鮮半島之間。衆所周知，新羅元曉等高麗著名僧人，曾經對中國佛教有過重要的影響。又如我發現古代被視爲疑僞經的《佛説孝順子修行成佛經》後來傳到高麗，演化爲講唱文學《金犢太子經》，而《金犢太子經》中的一些情節，又出現在清代的《三俠五義》當中。[①]這裏到底是誰影響了誰，又是怎樣影響的，的確值得再做進一步的清理。

雖然問題還需要深入探討，但文章至此已經很長。在此以我在《〈蒙古文甘珠爾丹珠爾目録〉前言》中的一段話作爲暫短的結語：

> 佛教是在古代印度起源，然後傳遍南亞、東亞、中亞、東南亞等整個古代東方世界的。對於這一點，没有人有異議。但是，宗教的傳播，其實質既然是文化的傳播形式之一，那麽文化的傳播從來都不是單行道，都是雙向的。佛教雖然起源於印度，但佛教的發展並没有局限在印度一隅，而是遍布亞洲各國。在這個過程中，它受到各國文化的滋養，呈現種種形態，即如前所述，既影響了各國文化，也改變了自己。這種改變，不僅體現在佛教適應所在地文化的需要，與所在地文化相融合；也體現在佛教融攝各地的優秀文化與思想，營養自己，發展自己。舉例而言，《大方廣佛華嚴經》等相當一批大乘經典

① 方廣錩：《〈佛説孝順子修行成佛經〉的資料與研究》，已收入本書。

的產生地其實不是在印度，而是在我國的新疆；而新疆又是印度文化、伊朗文化與中國文化（包括漢文化與藏文化）交匯的地方。因此，這些大乘經典實際是上述諸種文化共同培育的結果。至於印度佛教密教受中國道教的影響，已經是人們公認的事實。由此，我們可以得出這樣一個結論：佛教的產生雖然得益於印度文化的孕育，而佛教的發展則得益於印度文化、中國文化乃至其他地區文化的匯流。也就是説，中國是佛教的第二故鄉，這不僅體現在現實的結果中，也體現在歷史的過程中。①

2010年7月20日於通州皇木廠初稿

2010年11月4日於臺北南港二稿

2010年12月31日於通州皇木廠三稿

［附記］

本文原載《敦煌研究》2011年第3期，比較詳盡地探討了“佛教發展中的‘文化匯流’”現象。收入本書時文字有修飾，末尾引文有删節。

本文最初發表時名爲《再談佛教發展中的“文化匯流”》，爲了與《試論佛教發展中的“文化匯流”（附贅語）》一文之名稱取得一致，此次特改名爲《再論佛教發展中的“文化匯流”》。

2016年10月21日

① 方廣錩：《〈蒙古文甘珠爾丹珠爾目録〉前言》，已收入本書。

《般若心經》
——佛教發展中的“文化匯流”之又一例證

一、序　　言

“佛教發展中的‘文化匯流’”是筆者歸納的一個命題。這一命題的基本内涵如下：

> 佛教起源於古代印度恒河中下游一帶，然後遍傳南亞、中亞、東亞、東南亞等古代東方世界。宗教是一種社會文化形態，宗教的傳播本質上屬於文化傳播，而文化的傳播從來都是雙向的，不可能是單行道。所以，起源於南亞的佛教在遍傳亞洲各地的過程中，也受到各地文化的滋養，呈現出種種形態，在影響各地文化的同時改變著自己。亦即佛教在影響所在地文化，爲所在地文化的發展增添新的文化資源，滋養出新的文化形態的同時，適應所在地文化的需要，與所在地文化相融合，融攝所在地的文化，營養自己，發展自己，衍生出新的形態。所以，佛教的産生雖然得益於印度文化的孕育，而佛教的發展則得益於印度文化、中國文化以及亞洲其他地區文化的匯流。

上述命題包括三層含義：

第一，從佛教發展的全局看，從古到今，佛教隨著傳播區域的擴大而不斷變幻其形態。因此，研究佛教，必須把所研究的對象放到特定的時間與空間中，用發展的眼光審察它與其他文化系統的關係，分析引導、推動它發展的内外動力，探討發展的結果，研究原因與結果之間的聯繫，研究這種發展對其他文化體系、對後代佛教的影響，纔能把握其歷史軌迹與真實面貌。

第二，就傳入某一地區的佛教而言，與所在地文化互融共存以實現“本地化”，是佛教能夠在所在地生存、發展的必然策略選擇。當然，任何宗教都會有基要主義的内在衝動。如果我們把這種基要主義的内在衝動稱爲“本色化”，則“本地化”與“本色化”成爲一對相互糾纏，共同促進佛教發展的内在動力。早年有人反對“佛教中國化”這一提法，現在學術界主流已經接受佛教中國化這一事實。目前，在漢傳佛教研究範圍内，研究佛教日本化的成果越來越多，研究佛教朝鮮半島化、越南化的成果相對較少。筆者相信，隨著時間的推移，這方面的成果也會不斷湧現。

第三，如前所述，文化的傳播從來是雙向的。當某地文化向外傳播時，它同時也受到外地文化的影響。任何一個地區的佛教除了受到傳播源頭佛教形態、受到本地文化的影響外，還會受到周邊文化的影響。①同樣，作爲佛教源頭的印度文化，在向周圍地區傳播印度佛教的同時，也受到周圍地區諸種文化的影響，從而對印度佛教本身的發展產生這樣、那樣的作用。

上述第一點，講的是“佛教發展中的‘文化匯流’”的理論基礎

① 在上述研究中，應注意如下情況：雖然文化傳播受“勢差規律”的影響，發展層次較高的文化、强勢的文化對發展層次較低的文化、弱勢的文化的影響會大一點，但不能否認發展層次較低一點的文化、弱勢的文化對前者同樣有著程度不等的影響。

與思想方法。上述第二點，現在已基本得到佛教研究界的認同。至於第三點，目前關注的人還比較少。比如在中國佛教研究領域，研究印度佛教傳入中國以後，如何適應中國文化，逐步改造爲中國佛教的論著比較多；而研究朝鮮半島佛教，日本佛教乃至越南佛教對中國佛教、中國文化影響的則幾乎未見。即使有些論著對此有所涉及，亦屬客觀事實的記載或個别事例的叙述，缺乏從“文化匯流”角度去進行研究的問題意識。比如在印度佛教研究領域，研究者往往把印度佛教視爲印度文化自我邏輯的演化，而忽視周邊文化，特别是中國文化對印度佛教的影響。中國與印度是兩大文明古國，文化的交流源遠流長。以佛教爲代表的印度文化固然對中國影響深遠，而以儒教、道教爲代表的中國文化對印度同樣有著深刻的影響。無視這一影響，顯然是非歷史主義的。實際上，如果用“文化匯流”的觀點考察印度佛教，特别是考察中國文化對印度佛教的影響，則以往的一些扞格不通之處，諸如“真常唯心系”是否真實存在、《大乘起信論》是否僞經之類的問題，都可以豁然貫通。

中國文化的基本特點之一是具有强烈的文明自覺，主張以史爲鑒，故産生了無可計量的各類典籍。雖經天災人禍，各類典籍損失慘重，但保存下來的古籍依然汗牛充棟。有人説印度没有歷史，這固然有點誇張，但印度的歷史大量隱没在宗教傳説中，印度的風土條件亦使它的典籍難以保存，却是事實。這一情況對研究者研究古代印度造成極大的障礙。凡此種種，與研究印度佛教對中國文化的影響相比，研究中國文化對印度佛教的影響，困難極大。且不説語言素養，僅就資料來源而言，除了發掘梵文原典、實地調查印度古迹之外，必須另闢蹊徑。筆者的辦法是尋找、考訂曾有哪些經典或文化元素原産於中國，其後流傳到印度，在印度被翻譯爲梵文或被組織進印度典籍，然後又回傳中國，重新被翻譯爲漢文。如

果歷史上的確曾經存在過這樣一批“出口轉內銷”的典籍或文化元素,則可以證明:

第一,中國文化曾以典籍的形式傳到印度,中國文化元素曾經進入印度典籍。

第二,中國文化的確影響了印度佛教——因爲這些梵文典籍自然是印度佛教僧人或其他印度人學習的對象。

中國文化曾經影響印度佛教這一結論如能成立,則解決《大乘起信論》等問題便有了新的方向。再通過資料的收集、文本的比對、思想的梳理、歷史的研究,則諸如“真常唯心系”等問題便有可能得到最終的解決。

從這一思路出發,筆者先後發表了《試論佛教發展中的“文化匯流”》《試論佛教發展中的“文化匯流”(附贅語)》《再談佛教發展中的“文化匯流”》等文章。[①]本文依然循著這一思路,論證《般若心經》的原本産生於中國,其後傳到印度,又以梵文的形式回傳到中國。

二、關於《般若心經》的兩個問題

《般若心經》,簡稱《心經》。因該經用最簡約的語言論述了印度大乘佛教般若性空的理論而聞名於世,屬於在中國,也是在世界流通最爲廣泛的佛教經典之一。林光明先生編纂的《心經集成》收入各種《心經》版本一百八十四種,包括漢語五十種,梵語三十九種,英語二十九種,日語三十九種,藏語六種,韓語七種,印尼語一種,越南語兩種,法語四種,德語四種,俄語三種,另附滿語和蒙古

① 《試論佛教發展中的“文化匯流”》《試論佛教發展中的“文化匯流”(附贅語)》《再談佛教發展中的“文化匯流”》等文章,均已收入本書。

語各一種。[①]紀贇指出："林先生没提及的尚有西班牙、葡萄牙和意大利語等語種的譯本。"[②]中國歷代對《心經》多次翻譯，至今流傳略本、廣本[③]等多種譯本。歷代對它的註疏也層出不窮。雖然自古以來對這部典籍的來源已有各種傳説，但從來没有人懷疑它屬於印度佛教經典這一身份。二十世紀以來，先後有陳寅恪、長田徹澄、孔澤、霍維茨、派依、魏曼、貝雷、蘭卡斯特、福井文雅、沈九成、馬克瑞、小唐納德・洛佩茲、那體慧、方廣錩、葛維鈞、林光明、萬金川、廖湘美、紀贇等人對它進行整理與研究。上述諸位的研究各有側重，觀點也各不相同。限於篇幅，本文難以對《般若心經》的研究史做詳細的叙述。好在紀贇的《〈心經〉疑僞問題再研究》[④]、萬金川的《敦煌石室〈心經〉音寫抄本校釋序説》[⑤]中已有較爲詳盡的介紹，可以參看。本文僅就下述兩個問題做一些總結與探討。擒賊要擒王，筆者以爲如果這兩個問題可以論定，則《般若心經》"出口轉内銷"的身份便能確定。

（一）關於鳩摩羅什所譯《摩訶般若波羅蜜大明咒經》

現各種版本大藏經均收有署名爲鳩摩羅什譯的《摩訶般若波羅蜜大明咒經》(以下簡稱《大明咒經》)，屬於略本《般若心經》。如果這一記載可靠，則該羅什本《大明咒經》是《般若心經》的最早譯本，由於羅什本與其後的玄奘本雖然文字有差異，但内容基本相同。所以，衹要該羅什本確爲羅什所譯，則玄奘本的真僞自然毫無懸念。

1987年，福井文雅在《〈般若心經〉之史學研究》中，對比羅什本

---

① 林光明：《心經集成》，臺北：嘉豐出版社，2000年1月。

② 紀贇：《〈心經〉疑僞問題再研究》，載《福嚴佛學研究》2012年第7期。

③ 傳統將《般若心經》譯本中僅有正宗分者稱爲略本，將序分、正宗分、流通分等三分俱足者稱爲廣本。

④ 紀贇：《〈心經〉疑僞問題再研究》，載《福嚴佛學研究》2012年第7期。

⑤ 萬金川：《敦煌石室〈心經〉音寫抄本校釋序説》，載《中華佛學學報》2004年第7期。

與玄奘本，主張羅什本確爲鳩摩羅什本人所譯。①

1988年，沈九成②撰文指出：《大明咒經》有無梵文原典，是一個需要研究的問題。他考察了《大明咒經》與鳩摩羅什所譯《摩訶般若波羅蜜經》的有關經文，比較了《大正藏》本六百卷《大般若經》卷末所附咒語與《般若心經》中的咒語，主張《大明咒經》的文字實際是鳩摩羅什從《摩訶般若波羅蜜經》的經文集録、簡約而成，本身並無梵文原典。③

1992年，那體慧發表《〈心經〉：一部中國的僞經？》④。那體慧對羅什本與玄奘本進行了詳盡的比較，在指出兩者存在若干不同的同時，指出《大明咒經》與鳩摩羅什譯《大智度論》的相關經文有著對應關係。那體慧不同意福井文雅主張的《大明咒經》爲鳩摩羅什所譯的觀點，認爲該《大明咒經》到底是誰的作品現在難以斷定。她提出，出現該《大明咒經》的時間上限，不會早於《大智度論》翻譯年代——406年⑤；至於下限，她介紹了馬克瑞在《禪宗的〈心經〉註：漢傳佛教蜕變的初步推理》⑥中表述的觀點，亦即《大明咒經》實際産生在玄奘本之後。⑦

我想，這個問題可以分爲幾個方面來探討：

---

① 福井文雅：《〈般若心經〉之史學研究》，東京：春秋社，1987年1月，第176頁。

② 沈九成（1915—1989），香港《内明》雜志主編。1988年出家，法名熙如。

③ 沈九成：《般若波羅蜜多心經疏義》，《内明》雜志1988年第195期、196期連載。

④ Jan Nattier. "*The Heart Sūtra*: A Chinese Apocryphal Text?" *The Journal of the International Association of Buddhist Studies*, Volume15(2), 1992, pp.153～223.

⑤ 同上。

⑥ John McRae. "Ch'an Commentaries on *the Heart Sūtra*: Preliminary Inferences on the Permutation of Chinese Buddhism," *Journal of the International Association of Buddhist Studies*, Volume 11(2), 1988, pp.87～115.

⑦ 本文所用那體慧《〈心經〉：一部中國的僞經？》爲紀贇中文譯本，該書2018年7月已由廣西師範大學出版社出版。

第一,《大明咒經》到底是翻譯,還是集録?

在這一問題上,沈九成,特别是那體慧已經做了非常綿密細緻的工作,證明該經是集録,而非翻譯,且無梵文原本。我贊同這一觀點。該經到底是從《摩訶般若波羅蜜經》中,還是從《大智度論》中集録,這個問題還可以進一步研究。因爲無論《摩訶般若波羅蜜經》,還是《大智度論》,都是鳩摩羅什所譯,且《大智度論》全文照抄了《摩訶般若波羅蜜經》。因此,要區别《大明咒經》究竟輯録哪一部典籍,還需要更精細地爬梳文本。此外,同爲鳩摩羅什譯的《小品般若波羅蜜經》中亦有與《大明度經》對應的文句,所以不排除《大明咒經》的構成,來源於多部典籍的可能。如下文所述,《大明咒經》文末咒語,爲鳩摩羅什所譯諸經論均無,另有出處。

第二,該《大明咒經》大約出現在什麽時候?

如前所述,沈九成主張《大明咒經》的集録工作由鳩摩羅什本人完成,則該經應出現在姚秦時期。那體慧雖然没有對這個問題做出明確回答,但介紹了馬克瑞的觀點,而馬克瑞主張該經可能出現於玄奘本之後。

紀贇從另一個方面來解決這個問題。他受沈九成文章的啓發,追索《大明咒經》末尾咒語[①]的出處。發現該咒語與唐阿地瞿多

---

① 沈九成考察了六百卷《大般若經》所附的《般若佛姆心咒》《般若佛姆親心咒》等兩條咒語,指出雖然形態、譯音略有區别,但其中的《般若佛姆心咒》正是羅什本乃至玄奘本《般若心經》文末的咒語。沈九成由此推測《摩訶般若波羅蜜經》的文末也應有相同的咒語,衹是鳩摩羅什没有譯出。但這一推斷目前看來不能成立。因爲在歷代大藏經中,現知僅《高麗藏》本、《磧砂藏》本《大般若經》第六百卷的末尾有這兩條咒語,其他諸種藏經均無。敦煌遺書中現存卷尾完整的《大般若經》第六百卷僅北敦 06390 號、杏雨 204 號等兩號,末尾也没有這兩條咒語。故玄奘所譯的《大般若經》末尾原無咒語,《高麗藏》本、《磧砂藏》本《大般若經》所附咒語乃後人所加。沈九成僅依據個别藏經的《大般若經》附有這兩條咒語,以爲玄奘譯《大般若經》一定附有這兩條咒語,進而推斷《摩訶般若波羅蜜經》之後也有這兩條咒語,顯然證據不足。其實,沈九成本人對這一推論也並不自信。因爲《大般若經》就是玄奘翻譯的,沈九成指出,既然玄奘“明知有二咒,而《心經》未加補録,殊難索解”。

譯《陀羅尼集經》卷三之"般若大心陀羅尼第十六"可以對應。故紀贇主張:羅什版《心經》"主體部分乃是抄自什譯《大經》(或《大智度論》中所引的《大經》),再加上阿地瞿多譯經中的咒語。羅什本最後定型的時間自然是在此時間之後,並且也晚於玄奘本"①。紀贇將《大明咒經》目前的形態視爲分階段形成的結果,這一思路具有啓發性。

第三,玄奘赴印前已經得到《心經》。

根據現有資料,在玄奘本以前確有一部《般若心經》在流通,玄奘赴印度求法前已經得到該本。據《大唐大慈恩寺三藏法師傳》卷一稱,玄奘西行求法,行走在沙漠戈壁,"顧影唯一,但念觀音菩薩及《般若心經》"②,並交待了玄奘一路念誦的這部《般若心經》的來歷:

> 初,法師在蜀。見一病人,身瘡臭穢,衣服破污。愍將向寺施與衣服、飲食之直。病者慚愧,乃授法師此經,因常誦習。至沙河間,逢諸惡鬼,奇狀異類,繞人前後,雖念觀音不能全去。及誦此經,發聲皆散。在危獲濟,實所憑焉。③

《大唐大慈恩寺三藏法師傳》,沙門慧立本,釋彦悰箋。慧立,永徽元年(650)敕任大慈恩寺翻經大德,參與玄奘譯場。因敬佩玄奘事迹,遂爲之修傳,撰《大慈恩寺三藏傳》五卷。據説慧立擔心該書有所不足,一直秘藏地窖,不以示人。直到命終前,纔令門徒掘出。此後該書流離分散。彦悰,貞觀末年(627—649)曾就學於玄

---

① 紀贇:《〈心經〉疑僞問題再研究》,載《福嚴佛學研究》2012 年第 7 期。

② 《大唐大慈恩寺三藏法師傳》卷一,CBETA(2016),T50,no.2053,p.224,b8~13。

③ 同上。文字據校記有修訂。

奘之門，乃搜購慧立舊稿，排列、補校、箋述，續成今《大唐大慈恩寺三藏法師傳》十卷。由於慧立、彦悰均曾親炙於玄奘，所以我們沒有理由否定《大唐大慈恩寺三藏法師傳》卷一的上述記述。且上述記載比較平實，没有像本文附録一《唐梵翻對字音般若波羅蜜多心經並序》那樣，出現把授經“病人”改爲“病僧”，並稱之爲觀音化身①，這增加了它的可信度。②

第四，《大明咒經》應爲玄奘本的祖本。

既然玄奘赴印之前，已經得到一部《般若心經》，且就現有文本看，玄奘本與《大明咒經》均屬略本，内容、文字亦爲近親，兩者有明顯的遞承關係。又，敦煌遺書伯 4577 號首題作“大明咒藏摩賀般若波羅蜜多心經”，内容爲兩行悉曇體梵文及一行漢文音譯，内容與玄奘本《般若心經》相符，首題的形態也説明玄奘本與《大明咒經》確有親緣關係。故從現有資料看，把《大明咒經》視爲玄奘本的祖本，當無大差。

查《出三藏記集》卷四“新集續撰失譯雜經録”，著録有“《摩訶般若波羅蜜神咒》，一卷。《般若波羅蜜神咒》，一卷（異本）”③。後代經録雖有參差，但大體沿襲了這一著録。那體慧主張這一著録與《大明咒經》無關，但筆者以爲目前没有資料可以證明這一著録與《大明咒經》無關。這裏又涉及兩個問題：（1）對“神咒”亦即“陀羅尼”的理解，對《大明咒經》這一名稱的理解。（2）對《大明咒經》

---

① 如《唐梵翻對字音般若波羅蜜多心經並序》所示，從此《般若心經》與觀音菩薩聯繫起來，並被納入觀音信仰的範疇。敦煌遺書中頗多《般若心經》《觀世音經》合抄的寫卷，就是這一信仰的反映，但這一點與本文主題無關，此不贅述。

② 與玄奘同時代的道宣在其《大唐内典録》中著録了玄奘的《般若心經》，但在他的《續高僧傳・玄奘傳》中，没有提到觀音傳授《般若心經》説，這説明當時還没有將此事神化。否則，特別注重三寶感應的道宣應會記録此事。

③ 《出三藏記集》卷四，CBETA(2016)，T55，no.2145，p.31，b9～11。

卷末真言來源的理解。

限於篇幅,本文難以展開詳盡論述。對上述兩個問題,筆者的基本觀點是:

(1)"咒",亦即"陀羅尼",原意爲"總持"。《大明咒經》的内容正是"總持"《摩訶般若波羅蜜經》,稱之爲"咒",當之無愧。

(2)紀贇提出《大明咒經》末尾的咒語可能來自《陀羅尼集經》,對《般若心經》的研究提供了新的進路。依據《開元釋教録》卷八記載,玄奘《般若心經》譯出於貞觀二十三年(649)五月二十四日。阿地瞿多的《陀羅尼集經》譯出於永徽四年(653)三月十四日至五年(654)四月十五日。由於兩條咒語基本相同,故更大的可能是《陀羅尼集經》采用了先出的玄奘《般若心經》中的咒語而加以改造。進而考慮到《大般若經》第六百卷所附的兩條咒語,則古代顯然存在著平行流傳的同類咒語。所以我們不能排除《大明咒經》末尾的咒語或許另有出處。而《大明咒經》現在的咒語形態,則顯然是受玄奘本影響的結果,這可以視爲《大明咒經》乃分階段形成的證明。

總之,玄奘在赴印之前得到一部《般若心經》,他一路持誦這部經典前往印度。這部經典應該就是目前收録在大藏經中,掛在鳩摩羅什名下的《摩訶般若波羅蜜大明咒經》。可能就是《出三藏記集》卷四著録的《摩訶般若波羅蜜神咒》或《般若波羅蜜神咒》。現已明瞭,該經並非鳩摩羅什所譯,而是依據鳩摩羅什所譯經典及其他資料抄集的一部抄經。其目前形態,存在一個分階段形成的過程。

第五,玄奘所得本與《大明咒經》的關係。

玄奘在四川所接受的《般若心經》的形態與大藏所收的《大明咒經》是否完全相同?我以爲頗可懷疑。在寫本時代,抄經在流傳過程中發生嬗衍是十分正常的。這解釋了爲什麼其後玄奘本《般若心經》與《大明咒經》的文字會有異同,也解釋了爲什麼道宣在其

《大唐内典録》中既著録玄奘譯本[①]，又著録了一部失譯的《般若心經》。[②]

第六，玄奘所得本的語種。

玄奘得到的這個本子是漢文還是梵文？《大唐大慈恩寺三藏法師傳》没有明確的記載。然而正因爲没有明確記載，筆者認爲它應該是漢文。因爲在一般情況下，如爲梵文本，會有明確記載。當然，任何事情都可能例外，則我們可以這樣考慮：如果該經是梵文本，那麽有如下兩種可能：

（1）這個梵本從印度傳入，還没有來得及翻譯爲漢文。

（2）這個梵本是從上述集録而成的《大明咒經》回譯爲梵文的。

如果是上述第一種可能，則沈九成、那體慧等關於上述《大明咒經》乃集録而成的觀點就要重新考慮，乃至完全不能成立。這與目前的研究成果矛盾，也與上文已經串成的從《出三藏記集》以下的證據鏈相矛盾。此外，如果那個病人[③]向玄奘傳授的是梵本《心經》，那自然要同時解釋這個梵本的漢文意思。也就是説，這個病人應該兼通梵、漢語文，有翻譯經典的能力。從《大唐大慈恩寺三藏法師傳》卷一上下文看，這個“病人”是一位俗人而非出家人。那麽，在當時條件下，他應該是一個入華的胡人、梵志。一個入華的外國人，將一部梵文典籍翻譯爲漢文，哪怕衹是口授，站在中國佛教的立場上看待此事，這就是譯經。如此重大的事情，理應記入經録，但在《大唐大慈恩寺三藏法師傳》中，没有任何一點綫索暗示這

---

① 《大唐内典録》卷五，CBETA(2016)，T55，no.2149，p.282，c6。

② 《大唐内典録》卷九，CBETA(2016)，T55，no.2149，p.320，a17。

③ 在敦煌遺書《唐梵翻對字音般若波羅蜜多心經並序》中，這個“病人”被改變爲病僧，但按照《大唐大慈恩寺三藏法師傳》的記叙，該人身份顯然是一個俗人，所以玄奘纔可憐他，“愍將向寺施與衣服、飲食之直”。

個病人是外國人，這一“病人授經”事件也没有被視爲“譯經”，僅僅被處理成玄奘施恩得報而已。顯而易見，該“病人”應爲中國人，玄奘所得本應爲漢文。

如果是上述第二種可能，玄奘所得到的是從《大明咒經》回譯爲梵文的經本，那麽，沈九成、那體慧的研究成果固然可以成立，但依然不能回避是誰回譯了這個梵本？是那個病人？他兼通梵文、漢文？其不合理處上文已經分析，此處不贅。

綜上所述，玄奘在四川所得，應爲漢文本。

（二）關於《般若心經》梵本的譯者

玄奘曾在四川得授漢文《般若心經》，其後出現梵文本《般若心經》。經我調查，敦煌遺書中存漢文音譯梵文六號，悉曇梵文附漢文音譯一號，《般若心經》咒語梵文習字一號。中國民間傳本漢文音譯梵文兩號。此外，《房山石經》、日本古寫經中均有保存，且均爲略本。[①]萬金川對敦煌《般若心經》之漢文音譯梵文本的語音問題有較爲深入的研究，可以參看。[②]

那體慧在《〈心經〉：一部中國的僞經？》中，對《般若心經》的漢文本與梵文本做了詳盡的對照與研究，指出該梵本乃從漢語翻譯，行文與梵文行文習慣有異，比較生硬，其觀點可以信從。現在的問題是將該《般若心經》從漢文翻譯爲梵文的譯者是誰。

現在我們掌握的資料是：

（1）玄奘最早接觸到的《般若心經》是他去印度之前在四川得

① 約二十年前，筆者曾將當時收集到的若干經本録文收入《般若心經譯注集成》（上海古籍出版社，1994 年），現在看來，該書觀點、校勘、標點均有可議之處。2011 年上海古籍出版社擬重印此書，起先曾提出修訂再版，但因出版社固請，且筆者一時無暇修訂，故因循重印。參見重印後記。

② 萬金川：《敦煌石室〈心經〉音寫抄本校釋序説》，載《中華佛學學報》2004 年第 7 期。

到的一個漢文本。該本是否即爲《大明咒經》,或爲《大明咒經》的某種流傳形態,可以進一步研究。

(2) 玄奘得到這個漢文本後,一路念誦前往印度。

(3) 玄奘留學印度十餘年,兼通漢文、梵文。

(4) 該《般若心經》其後出現梵文本,出現的時代在玄奘留學印度以後。該梵文本乃從漢文翻譯而成。

(5) 玄奘從印度回國後,將這個梵文本翻譯爲漢文。

上述種種資料彙集在一起,則從常理推測,將最早的《般若心經》從漢文翻譯爲梵文者,似乎應該就是玄奘,但從那體慧以下,諸多研究者對此均持謹慎態度,既不肯定,也不否定,不予表態。因爲我們的確找不到玄奘將《般若心經》從漢譯梵的直接證據。相反,《開元釋教録》卷八明確記載:

> 《般若波羅蜜多心經》,一卷。見《内典録》,第二出。與《摩訶般若大明咒經》等同本。貞觀二十三年(649)五月二十四日於終南山翠微宫譯。沙門知仁筆受。[①]

筆者原來曾經認爲,這條記載看來與至今爲止我們掌握的關於《心經》的資料有矛盾,與學術界對《心經》的研究成果有矛盾,但仔細考慮,上述記載與我們至今爲止的研究實際並不矛盾。因爲上述著録記載的是玄奘回國以後的翻譯活動,並没有涉及玄奘在赴印度路途及在印度生活近二十年的活動。我們或許可以從另一個角度去理解這一記載,亦即玄奘在粗通梵文時(或在赴印度的路途上,或在到印度以後不久)將漢文《心經》翻譯爲梵文。回國以

---

① 《開元釋教録》卷八,CBETA(2016),T55,no.2154,p.555,c3～5。

後，又把這個梵本譯爲漢文。先後兩次的翻譯，時間相差已久，玄奘的梵文水平乃至佛學水平也大不一樣，則所出文本自然會與在四川所得那個文本有所不同。這既可解釋玄奘本《心經》與《大明咒經》差異的原因，也解釋了其後流傳的《梵語心經》的來歷。

我們從敦煌遺書中的《梵語心經》來探討這一問題。

如前所述，敦煌遺書中存漢文音譯梵文《般若心經》六號，爲斯2464號、斯3178號、斯5627號、斯5648號、伯2322號、北大118號。在此將各號抄寫内容、首題、著譯者表列如下。首題、著譯者照録原文，不做修訂；文中敬空照樣保留；"/"表示换行。此外，日本京都大谷大學存有一個古寫本[①]，爲悉曇梵文，附漢文音譯、意譯。爲了便於對照，亦羅列於後。

編　號	慈恩序	不空蓮花部	玄奘《梵語心經》
斯2464號	唐梵翻對字音般若波羅蜜多心經並序/西京大興善寺石壁上録出慈恩和尚奉昭述序/	特進鴻臚卿開府議同三司封肅國公贈司空官食邑三千户/勅謚大辨正廣不空奉　詔譯/蓮花部普贊嘆三寶/	梵本般若波羅蜜多心經/觀自在菩薩與三藏法師玄奘親教授梵本不潤色/
斯3178號	無	蓮花部普贊嘆三寶/	梵語般若多心經觀自在菩薩與三藏法師玄奘/親教授梵本不潤色/
斯5627號	無	無	梵語般若波羅蜜多心經/觀自在菩薩與三藏法師玄奘親教授梵本不潤色/

① 承日本京都大谷大學人文所梶浦晋先生代爲複製，特致謝意。

續表

編　號	慈恩序	不空蓮花部	玄奘《梵語心經》
斯 5648 號	無	梵本般若多心經蓮花部/……/勑謚大辨正廣不空奉詔譯/	梵語般若波羅蜜/多心經　觀自在菩薩與三藏法師玄奘親教授梵/本不空潤色/
伯 2322 號	無	無	(有經文,無首題及署名)
北大 118 號	無	梵本般若波羅蜜多心經蓮花部等普贊嘆□…□	大唐三藏傳梵語般若波羅蜜多心經觀自在菩薩與三藏/法師親教授梵本不潤色/
大谷大學本	唐梵對翻字音般若波羅蜜多心經記/	無	唐梵對翻字音般若波羅蜜多心經/大唐三藏法師玄奘奉詔譯/

上述七號,顯示出四種抄寫形態:

(1) 同時抄寫慈恩序、不空蓮花部、玄奘《梵語心經》者,一號。

(2) 衹抄寫不空蓮花部、玄奘《梵語心經》者,三號。

(3) 衹抄寫玄奘《梵語心經》者,兩號。

(4) 衹抄寫慈恩序、玄奘《梵語心經》者,一號。

在衹抄寫玄奘《梵語心經》的两號中,因斯 5627 號首脱,前面抄寫什麼内容難以判定。因此,真正衹抄寫玄奘《梵語心經》的是一號——伯 2322 號,接續抄寫在其他文獻的後面。

上述四種形態的《梵語心經》提供給我們的研究信息非常多。例如,長田徹澄提出:玄奘認爲“觀音”“觀世音”等名詞翻譯錯誤,提出應該使用"觀自在"一詞。而上述慈恩序中却出現"觀音菩薩",由此它不可能是玄奘的嫡傳弟子慈恩窺基所寫。其實,現在固然没有確鑿證據證明該序言爲窺基所撰,但以是否使用"觀音"一詞,作爲判斷某作品是否爲窺基所作的標準,没有説服力。因爲窺基的多部著作,比如《妙法蓮華經玄贊》,大量使用"觀音""觀世音"等詞彙。何况現在的研究已經證明,玄奘當年的觀點並不準確。限於篇幅,本文難以一一羅列有關資料——儘管這些資料可供進一步開拓相關課題,在此僅討論一個問題:上述《梵語心經》的譯者是誰。

七號文獻中,除掉無首題一號、日本寫本一號,五號存有首題及著譯者。

就首題而言,除了"梵本""梵語","般若波羅蜜多心經""般若多心經"等表述的差别外,五號首題之最大差别在於北大 118 號的首題上明確有"大唐三藏傳"五個字,强調這一《梵語心經》乃由玄奘傳授。

就著譯者而言,上述五號的共同特點是均强調"觀自在菩薩與三藏法師玄奘親教授梵本"這一神聖性來源,並主張該《梵語心經》曾由不空予以潤色。[①]

如前所述,敦煌遺書中另存伯 4577 號,爲悉曇梵文附漢文音譯《般若心經》,首題作"大明咒藏摩賀般若波羅蜜多心經"。從書寫形態看,該文獻約爲七世紀末期、八世紀早期寫本。這説明在玄奘時代或玄奘逝世以後不久,各種形態的《梵語心經》開始在中國流傳,早期流傳形態還帶有從《大明咒經》衍出的痕迹,但隨著時間

---

① 著譯者行文中有"不潤色"與"不空潤色"等兩種表述。很顯然,"不潤色"在此文意滯礙;而聯繫前文之不空譯《蓮花部普贊嘆三寶》,則以"不空潤色"文意爲長。今取後者。

的推移,“觀自在菩薩與三藏法師玄奘親教授”之類的神話開始出現。無論傳播形態如何變化,但在人們觀念中,該《梵語心經》乃玄奘所傳,並無異議。

上文提到,從常識推論,既然《心經》是抄集,没有梵本。其漢文本是玄奘帶到印度的,則依然由玄奘從印度帶回來的《梵語心經》的譯者,衹能是玄奘。上面對敦煌本首題著譯者的討論,那體慧所述梵本《心經》實際爲漢文回譯、行文比較生硬的研究結論,均支持“《梵語心經》的譯者應爲玄奘”這一從常識推出的結論。

再討論不空潤色問題。

根據敦煌遺書的上述資料,不空曾經對玄奘所傳《梵語心經》進行潤色。由於資料有限,我們現在很難找到其他直接證據對所謂“不空潤色”進行證真或證僞,但我們可以依據間接證據來探討這一問題。所謂間接證據,就是不空曾經得到過玄奘遺留的梵夾。正因爲不空曾經得到過玄奘遺留的梵夾,所以他完全有可能對玄奘的作品有所潤色。當然,如果不空没有得到過玄奘遺留的梵夾,照樣不能排除不空潤色玄奘作品的可能,但畢竟有點勉强。

我曾在《般若心經譯注集成》的前言中提到不空曾經得到過玄奘遺留的梵夾,現在依然堅持這一結論。理由如下:

《代宗朝贈司空大辯正廣智三藏和上表制集》卷一保存了兩道文書的原文:不空的“奏表”與肅宗的“制許”,記録了如下一段史實:

唐肅宗乾元元年(758)三月十二日,不空上表,要求“天恩允許,請宣付所司”,將“中京慈恩、薦福等寺及東京聖善、長壽、福先等寺並諸州縣舍寺村坊,有舊大遍覺、義淨、善無畏、流支、寶勝等三藏所將梵夾”統統搜尋、撥交給自己,“其中有破壞缺漏,隨事補葺。有堪弘闡,助國揚化者,續譯奏聞。福資聖躬,最爲殊勝”[①]。五天以後,乾元元年三月十七日,肅宗制許之。

“奏表”與“制許”均提到慈恩寺與“大遍覺”。慈恩寺是唐高宗李治爲其母修建的寺院,在其中别造翻經院讓玄奘主持寺务,翻譯佛經,又建大雁塔以儲存梵夾。至於“大遍覺”,則爲唐王朝對玄奘的謚號。由此可以證明,不空的確得到玄奘遺留的梵夾。所以,如果没有有力反證,對敦煌遺書中“不空潤色”的記載不宜否定。

廖湘美從音韵入手對敦煌遺書《梵語心經》進行研究,認爲它們的音韵系統與玄奘的音韵系統不合,主張:“此一敦煌石室心經音寫抄本的年代應不早於不空時代,以爲‘出自奘師之手’說,顯然難以成立。”[②]筆者贊同上述結論的前部分。這幾個敦煌遺書的確抄寫於不空之後,無論從寫經形態還是從文獻内容都可以證明這一點,但對廖湘美結論的後部分不以爲然。因爲該《梵語心經》明確載録它已經是一個經過不空潤色的本子。既然經過不空潤色,自然不可能照舊保持玄奘本的原貌,也就失去用以探討玄奘音韵系統的價值。以此否定該本出自玄奘,邏輯上似乎值得斟酌。

相反,筆者認爲敦煌遺書不空潤色本的出現,補强了梵文原本爲玄奘所傳的結論。因爲不空與玄奘僅相距百餘年,均爲佛教大師、梵文大家,不空在得到玄奘遺留梵夾之後,不但有能力,也具備了對《梵語心經》是否玄奘所傳做出評判的條件。敦煌遺書《梵語心經》的譯著者名稱告訴我們:不空自承,或時人都認爲不空對這個“觀自在菩薩與三藏法師玄奘親教授梵本”進行了“潤色”,亦即不

---

① 《代宗朝贈司空大辯正廣智三藏和上表制集》卷一,CBETA(2016),T52,no.2120,p.828,a26～b6。

② 廖湘美:《敦煌石室〈心經〉音寫抄本所反映之聲母現象——兼論譯者歸屬問題》,載《中國學術年刊》(臺北·秋季號),2008年9月。

空或時人都認可“觀自在菩薩與三藏法師玄奘親教授梵本”這一觀點。所以,如果没有確鑿的證據,我們現在没有理由推翻這個觀點。站在那體慧成果的基礎上,我們甚至可以大膽推測,不空的潤色是否就是爲了消弭玄奘譯本中“回譯”的生硬呢?①但這個問題已經超出筆者的能力。好在諸種梵文本現均有留存,此一工作敬待能者。

總之,綜合各方面資料及現有研究成果,《梵語心經》的譯者均指向玄奘。現在的《梵語心經》有多種寫本,其中有的寫本應該曾經不空潤色。

唐代,玄奘與《般若心經》的故事深入人心。敦煌遺書有《贊〈梵本多心經〉》存世。今作爲附録二,以供欣賞。《贊〈梵本多心經〉》發展了《大唐大慈恩寺三藏法師傳》中“至沙河間,逢諸惡鬼,

---

① 紀贇先生在給筆者的信中提出疑問:“我對是否是玄奘法師回譯了《心經》,還是有一點舊的疑惑。即我們都知道他一生中花了很大的力氣不辭勞苦地譯了大部頭的《大般若經》,而且梵語經典有個衆所周知的怪毛病(從我們中國人好尚簡約的角度來看),即名相重複極多,很多用法都是顛三倒四地用。我們以前讀梵語般若經中的部分就有此感,但好處是什麽呢?就是你查了一兩遍字典之後,那些常用的術語和名相就滚瓜爛熟了。而現在《梵本心經》中的一大問題就是其中的術語不是梵本《大般若經》中的常用術語,那體慧也作過比較。再加上回譯的某些地方,有硬譯的痕迹,比如‘色不異空,空不異色’這一塊,完全是照漢語硬搬過去,而梵語的語法(主要是語序)其實是與漢語有别的,所以我當時就有個印象,覺得這個回譯者一是語法不是特别熟練(這個可能不太容易坐實,因爲古代確實缺乏現代人這樣標準化的語法知識);第二點我覺得很重要,就是這個回譯人,對《大般若經》梵本中的常用語(《般若心經》中討論的用語確實都是些最常見的問題,好多詞應該出現了數以千遍)感覺不是特别熟悉。還有就是般若經也是重複非常多的,而《梵語心經》則有很多華人尚簡的特點,玄奘對般若經典很熟悉,如果是他回譯,可能會譯得更有印度味道。所以我‘直覺’覺得不是玄奘,而是成千上萬中國去印度朝聖的人中的一位,而且梵語不算特别好,對《般若經》也不是特别熟悉。”“難道是因爲這部《心經》是出自玄奘譯大本般若之前?如果是這樣,倒是可以解釋得通。因爲那時一則玄奘梵語没那麽好,二則也没有譯《般若經》(如果我没有記錯,玄奘是在臨死前纔譯完這部,也就是最晚的譯作之一)。”

事實的確如此。根據《開元釋教録》卷八,玄奘本《心經》譯於貞觀二十三年(649)。而《大般若經》開譯於十多年以後的顯慶五年(660)正月一日,至龍朔三年(663)十月二十日完成。

奇狀異類,繞人前後,雖念觀音不能全去。及誦此經,發聲皆散。在危獲濟,實所憑焉"[1]的説法,渲染玄奘一路上憑藉此經"降邪魔,伏妖魅",看來這一類流傳在民間的贊頌,就是後來《大唐三藏取經詩話》乃至《西遊記》的源頭。

三、結　　論

玄奘以後,大本《般若心經》源源不斷從印度傳入。所謂"大本",是指在玄奘本《般若心經》的基礎上,加上傳統佛經必備的"序分""流通分",並將原玄奘本作爲"正宗分",從而使《般若心經》三分具足,外觀上成爲標準的佛經。唐代先後翻譯大本《般若心經》的有法月(先後兩譯)、般若共利言、法成、敦煌失譯、智慧輪。宋代則有施護。這已經是人所共知的事實,無須贅述。

可以想象,玄奘傳入印度的《般若心經》因其三分不具足,不符合印度佛經的一般形態,於是印度僧人對其進行改造,使之三分具足。這種三分具足的形態再次回流中國,使得中國佛教典籍又多了一個"出口轉内銷"的品種,也使我們研究"佛教發展中的'文化匯流'"增加了一個新的例證。

《般若心經》就其思想理論而言,無疑屬於印度文化系統,但該經在中國形成,流傳到印度,又回流中國的複雜過程對我們研究中印文化交流無疑具有標本意義。

2013 年 4 月 30 日於通州古運河北端

① 《大唐大慈恩寺三藏法師傳》卷一,CBETA(2016),T50,no.2053,p.224,b8～13。文字據校記有修訂。

附録一：

唐梵翻對字音般若波羅蜜多心經並序

説明：敦煌遺書中保存《唐梵翻對字音般若波羅蜜多心經》或《梵本般若心經》多號，但保存序言者僅斯 02464 號 1 一號。此外，日本大谷大學存有日本明德三年（1392）抄本，所抄亦爲本文獻。今以斯 02464 號 1 爲底本，以大谷大學本爲甲本，録文如下：

［録文］

唐梵翻對①字音般若波羅蜜多心經並序②

西京大興善寺石壁上録出，慈恩和尚奉詔③述序④

《梵本般若多⑤心經》者，大唐三藏之所譯也。

三藏志游天竺，路次益州，宿空惠⑥寺道場。内⑦遇一僧有疾。詢問行止，因話所之。乃嘆法師曰：“爲法亡⑧骸，甚爲

① “翻對”，甲本作“對翻”。
② “並序”，甲本作“記”。
③ “詔”，底本作“昭”，甲本無，據文意改。
④ “西……序”十九字，甲本無。
⑤ “多”，甲本無。
⑥ “惠”，甲本作“慧”。
⑦ “内”，甲本無。
⑧ “亡”，底本作“忘”，據甲本改。

稀有。然則五天迢遞[①],十萬餘程[②]。道涉流沙,波深弱水。胡風起處,動塞草以愁人;山鬼啼時,對荒丘[③]之落葉。朝行雪巘,暮宿冰崖。樹掛猿猱,境[④]多魑魅。層巒疊於蔥嶺,縈似帶雪之白雲;群木蔟於鷲峰,聳[⑤]參天之碧嶠。程[⑥]途多難,去也如何?我有三世諸佛心要法門,師若受持,可保來往。"遂乃[⑦]口授[⑧]與法師訖。至曉[⑨],失其僧焉。

三藏結束囊裝,漸離唐境。或途經厄難,或時闕齋饈[⑩],憶而念之,四十九遍,失路即化[⑪]人指引,思食則輒現珍蔬。但有誠祈,皆獲戩佑。

至中[⑫]天竺磨竭陀國[⑬]那爛陀寺,旋繞經藏次[⑭],忽見前僧而相謂曰:"逮涉艱嶮,喜達此方。賴我昔在支那國[⑮]所傳三世諸佛心要法門。由[⑯]斯經力[⑰],保爾[⑱]行途。取經早還,滿爾[⑲]

---

① "遞",甲本作"遍"。
② "程",底本作"逞",甲本作"裎",據文意改。
③ "丘",底本作"兵",據甲本改。
④ "境",甲本作"景"。
⑤ "聳",底、甲本同,下似脱一字,或爲"如"。待考。
⑥ "程",底本作"逞",甲本作"裎",據文意改。
⑦ "乃",甲本無。
⑧ "授",底本作"受",據甲本改。
⑨ "曉",甲本作"晚"。
⑩ "饈",甲本作"羞"。
⑪ "化",甲本作"他"。
⑫ "中",甲本無。
⑬ "磨竭陀國",甲本無。
⑭ "次",甲本無。
⑮ "國",甲本無。
⑯ "由",甲本作"猶"。
⑰ "力",底本作"曆",據甲本改。
⑱⑲ "爾",甲本作"汝"。

心願。我是觀音菩薩。”言訖沖①空。

既顯奇祥，爲斯經之至驗。信爲般若，實爲聖樞。如説而行，必超覺際。究如來旨，屢②歷③三祇；諷如來經，能銷④三障。若人虔誠受持者，體理斯而勤焉。

［録文完］

① “沖”，甲本作“沉”。

② “屢”，底本作“巨”，甲本作“［侶～亻］”，疑或爲“屢”字音誤。待考。

③ “歷”，底本作“曆”，據甲本改。

④ “銷”，甲本作“消”。

附録二:

《贊〈梵本多心經〉》

説明:據筆者目前掌握,敦煌遺書中的《贊〈梵本多心經〉》僅一號,爲伯 2704 號背,今據以録文,無校本。

[録文]

《贊〈梵本多心經〉》

此經實謂文深莫測,義廣難明。貫六百卷之幽言,顯萬千重之奥理。故疏云:若歷[①]事備陳,言過二十萬頌;撮其樞要,理盡一十四行。此是大唐三藏當離東土,欲往西天,沿路忽忽[②]。朝遇豺狼,夜逢龍鬼。或即口中焰出,或乃頭上烟生。有時笑似前頭,或即吟俄後面。跳擲自在,變化多般。一行行髮似朱砂[③],一隊隊身如雷[④]電。三藏睹之而莫測,一心憶念此經。聞題目而羅剎皈降,誦真言而鬼神自退。遂得聲傳此[⑤]

① “云:若歷”,底本作“云若歷云若歷”,據文意删改。

② “忽忽”,疑或爲“怱怱”之誤。

③ “砂”,底本作“沙”,據文意改。

④ “雷”,底本作“藍”,據《維摩詰經講經文》改。

⑤ “此”,底本似爲“化”,據文意改。

土,喻遍支那。使千山無限礙之[1]程,得萬水没難達之路。皆因緣力,儘自聖言。聞之則罪滅河沙,聽之者福臻雲霧。

般若題名觀自在,聖力威神無比對。危難之心諷念時,龍鬼妖精尋自退。

往西天,别東土,不倦驅驅與辛苦。朝看虎狼罕逢人,夜聽猿啼此伴侣。

繞經盤山,尋溪澗水。路僻[2]人稀[3],憑何所止。

降邪魔,伏妖魅,憶想如來情不異。爲重多心一卷經,諷念幽深清淨理。

佛贊此經世所稀[4],於中樞要甚珍奇。聽聞必使添新福,諷念終教[5]離苦危。

惡獸夜叉皆敬仰,毒龍蚖蝮盡收威。當時三藏憑經力,取得如來聖教歸。

行深般若狀雲雷,五藴皆空義似排。色即是空空莫喻,空即是色色難裁。

心無罣礙長安樂,意乃無明定没灾。真實不虚經裏説,能除罪障怯[6]三灾。

[録文完]

[附記]

本文原載《深圳大學學報》(人文社會科學版)2013 年第 4 期。

---

① "之",底本作"之之",據文意删。

② "僻",底本作"擗",據文意改。

③④ "稀",底本作"希",據文意改。

⑤ "教",底本作"交",據文意改。

⑥ "怯",底本作"佉",據文意改。

中國人民大學書報資料中心《宗教》2013 年第 5 期全文轉載。收入本書時,對原文的内容疏漏、語意窒礙之處有修訂。

本文以《心經》爲個案,主張該文獻最早從鳩摩羅什翻譯的般若部某一種或某幾種漢譯佛典中被抄録出來,作爲般若部佛典的"總持"或"精要"而流通。其後玄奘因爲一個偶然的機會得到該早期《心經》的某一寫本,携往印度,譯爲梵文。其後又携回中國,回譯爲中文。玄奘留在印度的梵文本,其後演變爲三分具足的形態,源源不斷地傳回中國。

本文吸收了沈九成、那體慧等前人的研究成果,依據筆者掌握的新資料進行論述。應該説,如此重大的問題,並不是這樣一篇文章可以解決的。問題的真正解決,有待新資料的發現與今後更加綿密細緻的研究。

2016 年 10 月 20 日

藥師佛探源

——對“藥師佛”的漢譯佛典文獻學考察

一、導　言

藥師佛是中國佛教的重要崇拜對象之一。按照傳統觀點，他在菩薩位時，曾發十二大願。這十二大願可以分爲兩類：一類偏重於自莊嚴，一類偏重於濟衆生。據説藥師菩薩最終成就大願，證悟成佛，建成東方淨琉璃①世界以接度衆生。傳統認爲，藥師佛座下有十二神將。藥師佛誓願不可思議，若有人身患重病，死衰相現，眷屬於此人臨命終時，晝夜盡心供養、禮拜藥師佛，讀誦《藥師經》四十九遍，燃四十九燈，造四十九天之五色彩幡，其人得以蘇生續命。所以至今在佛教法事中，藥師佛被稱爲“消灾延壽藥師佛”。也就是説，藥師佛的基本神格被定義爲“消灾延壽”。南懷瑾在所撰《藥師經的濟世觀》中宣導“藥師佛修法”，稱之爲“長壽佛法”。

我們知道，印度佛教的基本理論是衆生因無明業報，故而在三界輪回受苦。若要離苦得樂，必須證悟世界苦空，消除三世業報，從此不入三界，抵達“解脱”。“解脱”本意是“解除生死的羈絆”“超

① “琉璃”，佛典中或寫爲“瑠璃”。本文爲統一起見，一概寫爲“琉璃”，不出校記。

脱生死”。佛教按照因緣法分析，如果有生，必然有死。所以若要真正“超脱生死”，其前提必須“不生”，即不再投生到三界中。正所謂：要想“不死”，衹有“不生”；既然“不生”，自然“不死”。佛教追求的最高果位“涅槃”，正是一個不生不死的境界。

中國道教的修持理念與印度佛教的上述理論形成鮮明對照。中國道教追求“長生”，極而言之，有的人不僅祈求“長生”，永遠活在世界上，而且希望這個世界，亦即自己的生活環境最好什麽也不要改變，由此産生出諸如“長生不老”的理念、“雞犬升天”的故事。

考察佛教與道教的根本區别，我們可以做這樣簡單的歸納：佛教理論與修持的精髓在“不生”，由此超脱三界；道教理論與修持的精髓在“不死”，由此達致長生。記得朱光潛先生曾自號“無生居士”，確爲把握了佛教的精華。

然而，在主張“不生”的佛教體系中，却出現一個主張“延壽”“長壽”，也就是主張“長生”的藥師佛，這不能不説是一個值得關注的現象。本文主要依據漢譯佛教典籍，探索藥師佛神格的形成，由此論證藥師佛實際是中國人接受印度佛教理論，按照中國文化背景創造出來的帶有中國特色的“佛陀”，是中印文化相結合的産物，是中國文化對佛教的貢獻。

考察文獻可知，藥師佛神格的塑造，由南北朝劉宋大明元年(457)的《灌頂拔除過罪生死得度經》(以下簡稱《灌頂藥師經》)①完成。該經是所有藥師文獻中時代最早、最爲重要的佛教典籍，也是我們今天考察、研究藥師佛神格的關鍵。本文即以《灌頂藥師經》

---

① 按照傳統，《灌頂拔除過罪生死得度經》《佛説藥師如來本願經》《藥師琉璃光如來本願功德經》《藥師琉璃光七佛本願功德經》等四部經典，均可簡稱爲《藥師經》。本文爲方便起見，行文中有時亦用《藥師經》指代上述四部經典，但爲了清晰表述起見，特將《灌頂拔除過罪生死得度經》簡稱爲《灌頂藥師經》。

出現爲界,分前後兩個階段探討藥師佛的形成。

二、《灌頂藥師經》出現以前漢譯佛典考察

"藥師",梵文作"bhaiṣajya-guru"。其中"bhaiṣajya"意爲"藥","guru"意爲"師"。"bhaiṣajya-guru"(藥師)的本意就是治病的醫生。

"藥師佛",梵文作"bhaiṣajya-rāja",直譯爲"藥王",故經典中有時也把"藥師佛"稱爲"藥師王佛""藥師王如來"①。中國民間,信徒們往往直稱"藥王菩薩""藥王如來"。

所以,雖然在佛典中,在生活中,人們有時把"藥師佛"簡稱爲"藥師",但無論在漢文中,在梵文中,"藥師"與"藥師佛"原本都是意義不同的兩個詞。

本文主要通過考察漢譯佛典中"藥師""藥師佛"等词彙的表現形態,探討藥師佛神格的形成。需要說明的是,本文的文本依據爲中華佛典協會的《電子佛典集成》2016 版。《電子佛典集成》依照《大正藏》製備,而《大正藏》對諸多漢譯佛典的譯者缺乏嚴密考訂,往往有誤。《電子佛典集成》2016 版已經糾正了《大正藏》的若干錯誤,但還留存一些問題。有關情況,將隨文說明。

(一) 後漢漢譯佛典考察

全文檢索《電子佛典集成》中所有署爲後漢翻譯的佛典,均未發現"藥師"一詞——無論是作爲醫生的"藥師",還是作爲如來的"藥師佛"。

① "藥師王佛邊,持寶蓋供養。"見隋闍那崛多譯《佛本行集經》卷十四,CBETA(2016), T03, no.190, p.719, a28。

"南無藥師王如來。"見隋闍那崛多譯《五千五百佛名神咒除障滅罪經》卷五,CBETA(2016), T14, no.443, p.340, b19。

（二）三國漢譯佛典考察

全文檢索《電子佛典集成》，在署爲三國的漢譯佛典中，僅有兩部出現“藥師佛”。

一部是《佛説不思議功德諸佛所護念經》卷上，内有：“東方滿一切珍寶世界藥師具足王如來。”①

一部是《佛説八吉祥神咒經》，内有：“去是五恒沙，有佛名藥師具足王如來無所著最正覺，今現在説法，其世界名曰滿一切珍寶法。”②

《大正藏》據智昇《開元釋教録》，將《佛説不思議功德諸佛所護念經》署爲“曹魏代失譯人名”，將《佛説八吉祥神咒經》署爲“吴月氏優婆塞支謙譯”。這兩部經典中的“藥師具足王如來”雖然均僅出現一次，但所指顯然都是“藥師佛”。也就是説，如果譯者、譯時無誤，則在三國時的漢譯佛典中已經出現“藥師佛”。

下文分别予以考察。

對《佛説不思議功德諸佛所護念經》的考察：

從内容看，該經屬於“佛名經”系統，全經僅羅列佛名。值得注意的是，該經僅有正宗分，無序分、流通分，三分不具足。卷尾有“出《華手》等諸經”③，可見原本並非翻譯，而是從《華手經》等諸多經典中抄出，應屬抄經。

問題還在於，《佛説不思議功德諸佛所護念經》這部經典，最早由唐智昇著録，可見《開元釋教録》卷二，稱：“《不思議功德諸佛所護念經》，二卷。（出衆經。或云《不思議功德》，或直云《功德經》。）”④但智昇没有説明他把《佛説不思議功德諸佛所護念經》視同《不思

---

① 《佛説不思議功德諸佛所護念經》卷上，CBETA(2016)，T14，no.445，p.356，b8～9。

② 《佛説八吉祥神咒經》，CBETA(2016)，T14，no.427，p.72，b18～20。依據校記訂正文字。

③ 《佛説不思議功德諸佛所護念經》卷下，CBETA(2016)，T14，no.445，p.364，b25。

④ 《開元釋教録》卷二，CBETA(2016)，T55，no.2154，p.491，c1～3。依據校記訂正文字。

議功德》或《功德經》的理由。

在《開元釋教録》卷十二“有譯有本録”、卷十七“别録中補闕拾遺録”、卷十九“入藏録”中有著大體相同的記載。從智昇著録它“出衆經”,即“從諸多經典中抄出”來判斷,可見他認爲該經應屬“抄經”,但智昇又把它稱爲“曹魏代失譯”,即屬於“失譯經”。在佛教經録學中,“譯經”與“抄經”屬於兩類不同的佛典。智昇在此有點自亂體例,自相矛盾。

問題還在於,智昇稱它爲“曹魏代失譯”的依據何在。考察經録,梁僧祐撰《出三藏記集》卷四“新集續撰失譯雜經録第一”最早著録該經,作“《不思議功德經》,二卷。(或云《功德經》)”[①]《出三藏記集》在東晋釋道安的《綜理衆經目録》的基礎上編纂而成,《出三藏記集》所謂的“新集”,都是道安録未載而僧祐自己收集到的,由此可知該《不思議功德經》二卷很可能出現在道安以後,僧祐以前。如前所述,該經末尾有“出《華手》等諸經”云云。《華手》,即《華手經》,十三卷,姚秦鳩摩羅什譯。鳩摩羅什活動於道安之後、僧祐之前,與《出三藏記集》之所謂“新集”的時代相符。這也證明該經很可能出現在東晋釋道安之後梁僧祐之前。

既然如此,智昇爲何稱它爲“曹魏代失譯”呢?原來這一時代判定出於隋費長房《歷代三寶紀》,可參見《歷代三寶紀》卷五及拙作《關於江泌女子僧法誦出經》[②]關於費長房這一著録的分析。總之,學術界公認,費長房對《出三藏記集》中失譯經時代的判别問題很大,不足憑據。智昇自己曾批評《歷代三寶紀》的差違“不能繁叙”,但此處却不加考訂地接受了費長房的時代判定。

---

① 《出三藏記集》卷四,CBETA(2016),T55,no.2145,p.32,b1～2。

② 方廣錩:《關於江泌女子僧法誦出經》,已收入本書。

綜上所述,小結如下:

第一,《佛説不思議功德諸佛所護念經》是否如智昇所説,是《不思議功德經》或《功德經》的異名,還需要考訂,但智昇缺乏考訂。

第二,即使它確爲《不思議功德經》,從該經現存形態看,它是一部抄經,並非失譯經。

第三,該經的定型年代應該在鳩摩羅什之後,不可能在曹魏。

第四,還應該指出,由於該經屬於"佛名經"系統,其中的藥師佛祇是諸多佛名中的一個,故經典中並無關於藥師佛神格的具體介紹,僅顯示他是位於"東方滿一切珍寶世界"的一位佛陀。這與後來的位於"東方淨琉璃世界"的"藥師佛"略有差異。

對《佛説八吉祥神咒經》的考察:

《佛説八吉祥神咒經》與若干名稱、内容相似的經典相交涉,情況有點複雜。

最早著録《八吉祥神咒經》者爲梁僧祐《出三藏記集》。實際上,《出三藏記集》著録了兩部類似的經典:

(1)《八吉祥經》

著録在《出三藏記集》卷二,稱爲劉宋求那跋陀羅所譯:"《八吉祥經》,一卷。元嘉二十九年正月十三日於荆州譯出。"[①]《出三藏記集》卷九有求那跋陀羅翻譯此經的《譯經記》,卷十四"求那跋陀羅傳"中也提及此事。故這一著録可以信從。

(2)《八吉祥神咒經》

著録在《出三藏記集》卷四"新集續撰失譯雜經録第一",作:

---

① 《出三藏記集》卷二,CBETA(2016),T55,no.2145,p.12,c22～23。

"《八吉祥神咒》,一卷。(古録云《八吉祥經》)"①該經何時失譯,僧祐未作著録。在《出三藏記集》卷十二"齊太宰竟陵文宣王法集録序第二"的蕭子良抄經目録《自書經目録》中,有"《八吉祥神咒經》,一卷"②。可見蕭子良曾親手抄寫此經。

也就是説,僧祐看到過兩部名稱相似的經典,其中一部名爲《八吉祥神咒經》,是失譯經。

此後,隋《法經録》的著録與《出三藏記集》相同,此不贅述。

但隋費長房《歷代三寶紀》著録了三部名稱相似的經典:

(1)《八吉祥經》

《歷代三寶紀》卷五"支謙譯經録"著録:"《八吉祥經》,一卷。(見古録,亦有"咒"字。初出。)"③

很顯然,這就是著録在《出三藏記集》卷四的失譯經,不知費長房將它判定爲支謙翻譯的理由何在。

(2)《八吉祥經》

《歷代三寶紀》卷十"求那跋陀羅譯經録"著録:"《八吉祥經》,一卷。(元嘉二十九年,於荆州爲司空南譙王譯。是第二出。與吴世支謙出者小異。見僧祐及寶唱録。)"④

該著録的出處應是梁僧祐《出三藏記集》。

(3)《八吉祥經》

《歷代三寶紀》卷十一"僧伽婆羅譯經録"著録:"《八吉祥經》,一卷。(若人聞此八佛名號,不爲一切諸鬼神、衆難所侵。)"⑤

---

① 《出三藏記集》卷四,CBETA(2016), T55, no.2145, p.31, b17~18。

② 《出三藏記集》卷十二,CBETA(2016), T55, no.2145, p.86, b15~16。

③ 《歷代三寶紀》卷五,CBETA(2016), T49, no.2034, p.58, b8。

④ 《歷代三寶紀》卷十,CBETA(2016), T49, no.2034, p.91, b19~20。

⑤ 《歷代三寶紀》卷十一,CBETA(2016), T49, no.2034, p.98, b20。

很顯然，這是一部論述八佛名號的經典。

與梁《出三藏記集》、隋《法經録》相比，隋《歷代三寶紀》除了在代録中著録求那跋陀羅譯本、將原來的失譯經《八吉祥神咒經》改判爲吴支謙翻譯外，又增加了一部僧伽婆羅翻譯的《八吉祥經》。而《歷代三寶紀》卷十三"入藏録"僅收入《八吉祥經》《八吉祥神咒經》等兩部經典。這兩部經典與代録中的三部經典應如何對應，費長房未做交代，本文也不擬臆測。

隋《仁壽録》著録與《歷代三寶紀》相同，共著録三部。

唐《静泰録》卷一著録了一部失譯的《八吉祥神咒經》，卷二著録了求那跋陀羅翻譯的《八吉祥經》，還著録了隋開皇年間闍那崛多翻譯的《八佛名號經》，稱與求那跋陀羅的《八吉祥經》爲同本異譯。這樣，雖然《静泰録》也著録了三部，但與《歷代三寶紀》《仁壽録》相比，它少著録一部支謙譯本，多出一部闍那崛多譯本。顯然，《仁壽録》不贊同把失譯本判爲支謙翻譯，所以依然把它著録爲失譯。

唐道宣《内典録》卷一，沿襲隋《歷代三寶紀》著録了支謙譯本，文字與《歷代三寶紀》全同。《内典録》卷四的"求那跋陀羅譯經録""僧伽婆羅譯經録"各著録一部《八吉祥經》，文字亦與《歷代三寶紀》相同。《内典録》卷六的"大乘經單重翻本並譯有無録"除了著録求那跋陀羅譯本，還著録了一個失譯的《八吉祥神咒經》。此外，《内典録》還在卷九的"歷代衆經舉要轉讀録第四"著録了《静泰録》提到的闍那崛多本。這樣，《内典録》實際著録了支謙本、求那跋陀羅本、僧伽婆羅本、失譯本、闍那崛多本等五部《八吉祥經》。

考察《内典録》的著録可知，道宣並未見到全部五種同本異譯經，衹是把前人的著録不加分析地全部羅列而已。因爲在《内典録》卷八"入藏録"中，實際入藏的衹有《八吉祥神咒經》與《八吉祥經》兩部。道宣也没有説明入藏的這兩部是他著録的五部中的哪兩部。

下面我們略過《古今譯經圖紀》與《大周録》，看看唐智昇《開元釋教録》的著録。《開元釋教録》共著録五部《八吉祥經》，情况如下：

（1）支謙譯本

《開元釋教録》卷二著録：“《八吉詳[①]神咒經》，一卷。（初出。或無“神”字。或云《八吉祥經》。與《八陽神咒經》等同本。房云：見古録。）”[②]

（2）竺法護譯本

《開元釋教録》卷二著録：“《八陽神咒經》，一卷。（亦直云《八陽經》。第二出。與《八吉祥咒經》等同本。見《長房録》。）”[③]

（3）求那跋陀羅譯本

《開元釋教録》卷五著録：“《八吉祥經》，一卷。（第三出。與支謙《八吉祥咒》、法護《八陽神咒經》等同本。元嘉二十九年正月三日於荆州城内爲司空荆州刺史南譙王劉義宣出，六日訖。見僧祐、寶唱二録。）”[④]

（4）僧伽婆羅譯本

《開元釋教録》卷六著録：“《八吉祥經》，一卷。（若人聞此八佛名號，不爲一切諸鬼神、衆難所侵。第四出。與《八吉祥咒》及《八陽神咒經》等同本。）”[⑤]

---

① “詳”，原文如此。

② 《開元釋教録》卷二，CBETA(2016)，T55，no.2154，p.488，a15～16。

③ 同上，p.494，c1～2。

④ 《開元釋教録》卷五，CBETA(2016)，T55，no.2154，p.528，b21～23。

⑤ 《開元釋教録》卷六，CBETA(2016)，T55，no.2154，p.537，b21～23。

(5) 闍那崛多譯本

《開元釋教録》卷七著録:"《八佛名號經》,一卷。(第五出。與《八吉祥神咒》《八陽神咒經》等同本。開皇六年五月出,六月訖。沙門道邃等筆受。彦琮制序。見《長房録》)。"①

也就是説,智昇基本上承襲道宣的著録,僅將道宣録中的失譯本,判爲竺法護翻譯。限於篇幅,本文不擬對智昇的上述著録進行評議。總之,智昇主張《八吉祥經》先後五譯,但他整理經本時,實際衹收集到四部,它們爲:

> 《八吉祥神咒經》,一卷。(或無"神"字)
>
> 吴月支優婆塞支謙譯。(第一譯)
>
> 《八陽神咒經》,一卷。(亦直云《八陽經》。新勘爲重譯。)
>
> 西晋三藏竺法護譯。(第二譯)
>
> 《八吉祥經》,一卷。
>
> 梁扶南三藏僧伽婆羅譯。(第四譯)
>
> 《八佛名號經》,一卷。
>
> 隋天竺三藏闍那崛多等譯。(第五譯)
>
> 右四經,同本異譯。(緣起大同,佛名稍異。前後五譯,一譯闕本。)②

亦即智昇認爲五譯中的第三譯求那跋陀羅譯本已經亡佚,所以將下餘的四部收入大藏經。

從上述考察可以看出,從《出三藏記集》著録兩部,到《開元釋

---

① 《開元釋教録》卷七,CBETA(2016), T55, no.2154, p.548, c15～17。

② 《開元釋教録》卷十二,CBETA(2016), T55, no.2154, p.598, a23～b4。

教録》著録五部，資料不斷累積，在流傳過程中又不斷相互交涉；加上經録學家並未收集到全部經本，僅依據前人的著録進行判定，由此呈現出非常紛繁複雜的局面。爲避免問題複雜化，本文删繁就簡，僅集中考察現存四部經典中的藥師佛問題。

現存四部經典爲同本異譯，内容均爲宣説東方八佛名號。以下將四部經典中對該東方八佛的位置、名號表列如下：

	八吉祥神咒經	八陽神咒經	八吉祥經	八佛名號經
一恒沙	安隱囑累滿	快樂如來	善説吉	善説稱功德
二恒沙	紺琉璃	月英幢王	普光明	因陀羅相幢星王
三恒沙	勸助衆善	等遍明	戰鬥勝吉	普光明功德莊嚴
四恒沙	無憂德	分别過出清淨	自在幢王	善鬥戰難降伏超越
五恒沙	藥師	等功德明首	無邊功德光明吉	普功德明莊嚴
六恒沙	蓮華	本草樹首	無障礙業柱吉	無礙藥樹功德稱
七恒沙	算擇合會	過寶蓮華	妙華勇猛	步寶蓮華
八恒沙	解散一切縛	寶樂蓮華快住樹王	寶蓮華安住王	寶蓮花善住娑羅樹王

考察上表，除了《八吉祥神咒經》提到藥師佛，其餘三部經典中均無藥師佛的踪迹。

綜上所述，小結如下：

第一，梁僧祐最早著録《八吉祥神咒經》，但未做時代判定。隋費長房稱該經爲支謙所譯，但費長房未説明這一判定的依據，亦未做任何論證。

第二，《八吉祥神咒經》與其他三部經典確爲同本異譯，但其他三部經典均無藥師佛，唯《八吉祥神咒經》有藥師佛，這不能不啓人疑竇，看來雖爲同本異譯，却非一個系統。

第三,如前所述,《佛說不思議功德諸佛所護念經》爲抄經,時代遲於鳩摩羅什翻譯的《華手經》。今《八吉祥神咒經》中的藥師佛名號及所在東方世界名稱,與《佛說不思議功德諸佛所護念經》完全相同,則它的時代或與《佛說不思議功德諸佛所護念經》亦相近。

第四,論述東方八佛的這一批佛典,亦屬於"佛名經"系統,除了"東方"這一方位,某"恒沙"這一距離,没有具體闡述每個佛的神格。故該經中藥師佛的神格不清。

總之,在現有的三國的漢譯佛典中,没有出現相當於"醫生"的"藥師"。而所謂三國有兩部佛典出現"藥師佛",其判定缺乏論證。相反,有資料顯示它們的年代應該晚於鳩摩羅什。即使三國漢譯佛典中已經出現"藥師佛",除將它定位爲東方佛外,其神格模糊不清,也不是居住於"東方淨琉璃世界"的那位"藥師佛"。

(三) 西晉漢譯佛典考察

全文檢索《電子佛典集成》中所有署爲西晉翻譯的佛典,均未發現"藥師"一詞——無論是作爲醫生的"藥師",還是作爲如來的"藥師佛"。

如前所述,所謂竺法護翻譯、論述東方八佛的《八陽神咒經》中,亦無"藥師"一詞。

(四) 東晉漢譯佛典考察

1. 全文檢索《電子佛典集成》中所有署爲東晉翻譯的經典,頗多經典出現"藥師",今不分年代先後,羅列如下:

(1) 東晉天竺居士竺難提譯《大寶積經·大乘方便會》,出現"藥師"三處,意義均爲"醫生":

> 善男子!譬如大藥師,善能療治一切諸病。自無有病。見諸病人,而於其前自服苦藥。諸病人見是藥師服苦藥已,然

後效服，各得除病。①

後諸人輩當犯聖法，是以如來行方便故，從耆域藥師求優鉢羅花，嗅之令下。②

(2) 東晉平陽沙門法顯譯《佛説大般泥洹經》，出現"藥師"两處，其義均爲"醫生"：

譬如有王闇鈍少智。時有藥師亦不明了，欺誑天下，受王俸禄。③

善男子！譬如母人生子尚小而便得病，藥師方便，爲合良藥……④

(3) 姚秦三藏鳩摩羅什譯《坐禪三昧經》，出現"藥師"一處，其義爲"醫生"：

譬如藥師三種病，冷熱風病除滅故。

應病與藥佛如是，淫怒癡病隨藥滅。⑤

此例雖把佛比喻爲"藥師"，把佛法比喻爲"藥"，但"藥師"一詞本義依然是"醫生"。

(4) 失譯附秦録勘同編入《大寶積經·普明菩薩會》，出現"藥

① 《大寶積經》卷一〇八，CBETA(2016)，T11，no.310，p.604，b10～13。

② 《大寶積經》卷一〇八，CBETA(2016)，T11，no.310，p.605，b22～24。

③ 《佛説大般泥洹經》卷二，CBETA(2016)，T12，no.376，p.862，b25～27。依據校記訂正文字。

④ 《佛説大般泥洹經》卷五，CBETA(2016)，T12，no.376，p.883，b27～28。

⑤ 《坐禪三昧經》卷二，CBETA(2016)，T15，no.614，p.286，a10～11。

師”一處，其義爲“醫生”：

> 譬如藥師，持藥囊行。而自身病，不能療治。多聞之人，有煩惱病，亦復如是。雖有多聞，不止煩惱，不能自利。①

2. 全文檢索《電子佛典集成》，在署爲東晋翻譯的佛教戒律中，情况如下：

(1)《摩訶僧祇律》出現“藥師”三處，其義均爲“醫生”。恐文繁，不一一羅列。

(2)《十誦律》出現“藥師”二十二處，其義均爲“醫生”。恐文繁，不一一羅列。

3. 全文檢索《電子佛典集成》，在署爲東晋翻譯的佛教論典中，情况如下：

(1) 鳩摩羅什翻譯的《大智度論》，出現“藥師”十六處，其義均爲“醫生”。恐文繁，不一一羅列。

(2) 鳩摩羅什翻譯的《成實論》，出現“藥師”两處，其義均爲“醫生”。恐文繁，不一一羅列。

4. 全文檢索《電子佛典集成》，在署爲東晋翻譯的聖賢集傳中，失譯的《那先比丘經》，出現“藥師”一處，其義爲“醫生”。恐文繁，不一一羅列。

5. 全文檢索《電子佛典集成》，在所有署爲東晋的漢文譯典中，唯有一部經典出現“藥師佛”，即所謂鳩摩羅什譯《孔雀王咒經》。該經稱：

---

① 《大寶積經》卷一一二，CBETA(2016)，T11，no.310，p.636，c6～8。

南方定光佛，北方七寶堂，西方無量壽，東方藥師琉璃光。上有八菩薩，下有四天王。南方大自在天王及諸眷屬、夜叉大將、鬼神王等，聽我今欲説此咒章句，使我咒句如意成。告一切諸鬼神，上方、下方、東西南北、四維上下，皆悉來集，隨我使令。①

然而，這又是一部可疑的託名經典。由於該經又與一系列同本異譯經典相交涉，爲避文繁，本文不一一羅列諸經録對這些同本異譯經典的著録，僅將唐智昇《開元釋教録》的考訂結果轉録如下：

《大孔雀王神咒經》，一卷。

東晋西域三藏帛尸梨蜜多羅譯。（第一譯）

《孔雀王雜神咒經》，一卷。

東晋西域三藏帛尸梨蜜多羅譯。（第二譯）

《孔雀王咒經》，一卷。

東晋西域沙門竺曇無蘭譯。（第三譯）

右三經同本，前後八譯，五存三闕。（前六本略，後二本廣。其尸梨蜜再出《雜神咒經》應是異本。既未睹其經，難爲指定。）②

《孔雀王咒經》，一卷。（亦名《大金色孔雀王經》。並結界場法具。）

姚秦三藏鳩摩羅什譯。（第四譯）

《大金色孔雀王咒經》，一卷。

失譯。（今附秦録。拾遺編入。第五譯。）

《佛説大金色孔雀王咒經》，一卷。

---

① 《孔雀王咒經》卷一，CBETA(2016)，T19，no.988，p.482，c8～13。

② 《開元釋教録》卷十四，CBETA(2016)，T55，no.2154，p.630，c3～10。

失譯。(亦附秦録。拾遺編入。第六譯。)

《孔雀王咒經》,二卷。

梁扶南三藏僧伽婆羅譯。(第七譯)

《大孔雀王咒經》,三卷。

大唐三藏義淨於東都内道場譯。(新編入録。第八譯。)

右五經同本異譯。(新舊八譯,五存三闕。前六文略,後二稍廣。)[1]

對上述資料,需要注意如下事實:

第一,現存五部同本異譯的《孔雀王咒經》中,唯有所謂鳩摩羅什本提到"東方藥師琉璃光",其餘諸本,均無這一内容。爲避文繁,不仿照《八吉祥神咒經》列表羅列。

第二,現存最早、時代最接近鳩摩羅什的經録——梁僧祐撰《出三藏記集》之"鳩摩羅什譯經録"中,無關於鳩摩羅什翻譯《孔雀王咒經》的著録。《出三藏記集》僅在卷二、卷十三提到有帛尸梨蜜多羅譯本,此外提到有一部名叫《孔雀經》的本生故事,此外再也没有關於《孔雀王咒經》的記録。隋《法經録》也没有鳩摩羅什翻譯《孔雀王咒經》的著録。

所謂鳩摩羅什翻譯《孔雀王咒經》的著録,最早見於隋《歷代三寶紀》:

《大金色孔雀王經》,一卷。(在逍遥園出。並結界場法悉備具。)[2]

---

① 《開元釋教録》卷十二,CBETA(2016),T55,no.2154,p.599,a11~21。

② 《歷代三寶紀》卷八,CBETA(2016),T49,no.2034,p.78,b10。

對照文字可知,這就是《開元釋教録》著録的源頭。

但隋《仁壽録》、唐《静泰録》都不認可《歷代三寶紀》的上述説法。後代的唐道宣《大唐内典録》接受這一説法,從而影響到智昇《開元釋教録》的著録。

第三,在所有署名爲鳩摩羅什的譯經中,除了本經以外,均未出現過"東方藥師琉璃光"之類可解釋爲"藥師佛"的名詞。

第四,五代後晋可洪所撰《新集藏經音義隨函録》卷七,對該《孔雀王咒經》有這樣一段論述:

> 《孔雀王咒經》,一卷。
>
> 未詳撰者。初有七里結界文者是也。下方藏不入此經,以僞妄訛故耳。
>
> 右此經,月[①]録云"姚秦三藏鳩摩羅什譯"。洪詳閲此經,乃是無知庸輩,抄諸經鬼神、天龍八部、佛、菩薩、羅漢、諸天名號,亦略《孔雀經》及真言兼雜咒,撰成一卷。而妄引羅什爲譯主。其經實不是梵本正翻,亦不是佛所説也。
>
> 如經云:"東方檀殿軍,頭廣百步,口開谷山,十十五五合依呑。"此文有五行,出《廣弘明集·笑道論》。又云:"東方薄鳩深山沙羅佉,收汝百鬼,項著枷。"此文亦五行。又云,"清修菩薩入身求魔,淨藏菩薩折髓求魔,火光菩薩把火求魔,月光菩薩放光求魔,持地菩薩掘土求魔"云,自此已前,並是彼人胸襟亂道。自此後是《法華經·序品》内八部龍神名也。
>
> 又從此後云,"南方定光佛,北方七寶堂,西方無量壽,東方藥師琉璃光。上有八菩薩,下有四天王"云。又云,"韋提希

① "月",原文如此,疑或爲"有"字之誤。

子阿闍世王、山神王”乃至“仙人鬼、大幻持咒王等，皆當擁護某甲之身”云，如上凡鄙言詞，尚不出君子之口，豈況大覺聖人乎？且如“阿闍世王”是人王，彼乃略來鬼神部内置之，豈不謬乎？

蓋撰録者粗心太甚，點檢不精。但相丞[①]傳行，不察真僞矣。吁！去聖遥遠，將復呈誰？若不委述繁詞，何以顯其真贋也！延祚寺藏不入此本，但略彼經中文字於册内耳。[②]

可洪的這段文字，簡明扼要，切中要害，指出《孔雀王咒經》是一部假託鳩摩羅什的僞經。如果我們將該經“南方定光佛”云云經文，與《藏外佛教文獻》第一輯所載僞經《天公經》做一對照，可以發現它們的風格相當接近。上述種種，我贊同可洪的觀點，所謂鳩摩羅什翻譯的《孔雀王咒經》實爲後人僞託。

綜上所述，小結如下：

第一，在東晋的漢譯佛典中，“藥師”一詞開始大量出現，其意義是“醫生”。

第二，至於所謂鳩摩羅什翻譯《孔雀王咒經》，其著録依據是可疑的；與它的同本異譯相比較，其表述也是可疑的。它應該是一部依草附木的僞經。

（五）《灌頂藥師經》出現以前南北朝漢譯佛典考察

如前所述，宋孝武帝大明元年（457），秣陵鹿野寺比丘慧簡依經抄撰《灌頂藥師經》。故以此年爲界，將南北朝漢譯佛典分爲兩個階段，分別考察其中“藥師”“藥師佛”的用例。

---

① “丞”，原文如此，應爲“承”字之誤。

② 《新集藏經音義隨函録》卷七，CBETA（2016），K34，no.1257，p.878，b10～c8。

全文檢索《電子佛典集成》,在宋孝武帝大明元年(457)以前的漢譯佛典中,有兩部佛典出現“藥師”:

(1) 約元嘉二十二年(445),元魏凉州沙門慧覺等在高昌郡編譯的《賢愚經》出現“藥師”兩處,其義均爲“醫生”。

(2) 約劉宋文帝(424—453年在位)晚年,天竺三藏求那跋陀羅譯《雜阿含經》,出現“藥師”九處,均在卷八,表現方式相同,均爲“一時,佛住毗舍離耆婆拘摩羅藥師庵羅園”,亦即以某醫生命名的某地。

上述資料説明,在《灌頂藥師經》産生以前,南北朝漢譯佛典中出現的“藥師”依然衹是“醫生”之意。

(六) 小結

至此,本文利用《電子佛典集成》,全文檢索了所有《灌頂藥師經》出現以前的漢譯佛典,考察其中所有關於“藥師”“藥師佛”的用例,證明其中的“藥師”均指“醫生”。唯有傳爲“曹魏代失譯人名”的《佛説不思議功德諸佛所護念經》、傳爲“吴月氏優婆塞支謙譯”的《佛説八吉祥神咒經》、傳爲“鳩摩羅什譯”的《孔雀王咒經》等三部經典中出現“藥師佛”,但這三部經典或時代依據不明,或譯本不清,或爲疑僞經,均不可作爲《灌頂藥師經》出現以前漢譯佛典中已有“藥師佛”的證據。

總之,現有資料難以證明在《灌頂藥師經》出現以前,漢譯佛典中已經出現“藥師佛”。即使當時已經出現“藥師佛”,該“藥師佛”僅表現爲一個名稱,其神格是模糊的,或者説其神格尚未真正形成。

三、《灌頂藥師經》出現以後漢譯佛典考察

(一)《灌頂藥師經》的出現

梁僧祐《出三藏記集》卷五載:

《灌頂經》，一卷。（一名《藥師琉璃光經》。或名《灌頂拔除過罪生死得度經》。）

右一部，宋孝武帝大明元年(457)秣陵鹿野寺比丘慧簡依經抄撰。（此經後有"續命法"，所以遍行於世。）①

梁僧祐是中國古代一位傑出的經録學家，他所撰寫的《出三藏記集》至今是我們考察南北朝以前佛教典籍的基本依據。上述著録明確交待該《灌頂藥師經》爲慧簡"依經抄撰"，時間、地點、人物、事件，四要素具備，言之鑿鑿，且介紹了該經所以通行的原因是其中有"續命法"，亦即著録了部分内容。僧祐是一個比較嚴謹的經録學家，在《出三藏記集》中，類似這種時間、地點、人物、事件、内容都記録得清清楚楚的經典，著録得不多，因此，這一條著録的真實性無可懷疑。

該《灌頂藥師經》最初出現時爲單行本，其後與另兩卷經典一併整合編入九卷本《大灌頂經》，從而形成至今保存在各種版本大藏經中的十二卷本《大灌頂經》，《灌頂藥師經》本身被編爲第十二卷。在敦煌遺書中，《灌頂藥師經》既有單行本形態，也有作爲《灌頂經》第十二卷流行的形態。目前發現的該經南北朝寫本約十號上下，均爲單行本形態。這證明梁僧祐記載無誤，該經産生之初確以單行本流通，其後被編入十二卷本《大灌頂經》。

伍小劼博士的博士論文《〈大灌頂經〉研究——以〈灌頂拔除過罪生死得度經〉爲中心》，以及其後發表的一系列論文，對《大灌頂經》的形成及其背景，對《灌頂藥師經》的内容、藥師佛的神格及其

---

① 《出三藏記集》卷五，CBETA(2016)，T55，no.2145，p.39，a21～23。依據校記訂正文字。

形成原因均有研究，可以參看，此不贅述。①

總之，佛教僧人慧簡接受印度佛教的思想，又受到中國道教與民間巫道的影響，組織諸種元素，編纂了《灌頂藥師經》，完成了對藥師佛神格的塑造。

（二）《灌頂藥師經》出現以後南北朝漢譯佛典考察

全文檢索《電子佛典集成》中所有署爲《灌頂藥師經》出現以後南北朝時期的漢譯佛典，發現如下五部相關典籍：

（1）北魏永平二年（509）至東魏天平元年（534），北印度三藏菩提流支譯《大寶積經論》，出現"藥師"一處，其義爲"醫生"。

（2）北魏永平二年（509）至東魏天平元年（534），北印度三藏菩提流支又譯出《彌勒菩薩所問經論》，出現"藥師"一處，其義爲"醫生"。

（3）東魏婆羅門瞿曇般若流支於興和元年（539）譯《正法念處

---

① 參見：

伍小劼：《〈大灌頂經〉研究——以〈灌頂拔除過罪生死得度經〉爲中心》，上海師範大學博士論文，2010年。、

伍小劼：《〈灌頂拔除過罪生死得度經〉與"文化匯流"》，載《南亞研究》，2010年第2期。

伍小劼：《敦煌本〈藥師經〉研究述評》，載《藏外佛教文獻》，第十四輯，2010年。

伍小劼：《〈大灌頂經〉形成及其作者考》，載《華東師範大學學報》（哲學社會科學版），2011年第3期。

伍小劼：《〈大灌頂經〉的宗教理想》，載《史學月刊》，2012年第3期。

伍小劼：《"五方逐魔神幡"研究——以佛道交涉爲中心》，第六屆"人大—輔仁宗教學論壇"宗教學論壇發表論文，中國人民大學，2012年4月5日—4月6日。

伍小劼：《神咒與神王——〈大灌頂經〉中的"神咒"探析》，載《文史》，2012年第4期。

伍小劼：《道教終末論與中國佛教疑僞經之發展——以〈大灌頂經〉爲中心》，中國人民大學博士後報告，2012年9月。

伍小劼：《日本古寫經與〈大灌頂經〉研究》，載《深圳大學學報》（人文社會科學版），2013年第4期。

伍小劼：《但取人情——〈大灌頂經〉的出世及其對批評者的響應》，載《佛教文獻研究》第一輯，廣西師範大學出版社，2016年6月。

經》,出現“藥師”两處,其義均爲“醫生”。

(4) 失譯,今附梁(即南朝梁,502—557)録《現在賢劫千佛名經》(亦名《集諸佛大功德山》),2016 版《電子佛典集成》保存該經 A、B 兩本,每本出現“藥師佛”两處,分别作“南無藥師佛”“南無藥師上佛”。两本共有四處。

(5) 北齊(550—577)居士萬天懿譯《尊勝菩薩所問一切諸法入無量門陀羅尼經》,出現“藥師具足王如來”一處。

《現在賢劫千佛名經》屬於“佛名經”,其中的“南無藥師佛”“南無藥師上佛”僅爲諸多佛名中的兩個,既不知道兩個佛名指代的是否爲同一個佛,對這兩個佛名也没有任何神格的介紹。

《尊勝菩薩所問一切諸法入無量門陀羅尼經》主題在於宣揚“一切諸法入無量門陀羅尼”的威力與功德,“藥師具足王如來”是經中被付囑的八個如來之一。需要説明的是,《高麗藏》本、《房山石經》本、《思溪藏》本、《普寧藏》本、《嘉興藏》本該經的文字有所不同。“藥師具足王如來”這一段文字,僅見於《高麗藏》本與《思溪藏》本,不見於《普寧藏》本、《嘉興藏》本、《房山石經》本。又,該經與西秦沙門聖堅譯《佛説無崖際總持法門經》爲同本異譯,而《佛説無崖際總持法門經》的《高麗藏》本與《普寧藏》本、《嘉興藏》本、《房山石經》本《尊勝菩薩所問一切諸法入無量門陀羅尼經》文字大體相同,都没有“藥師具足王如來”一詞。

由此我們可以做出如下幾點小結:

第一,就傳統大藏經保存的資料看,《灌頂藥師經》出現以後,南北朝的漢譯佛典中出現的“藥師”,或爲“醫生”,或爲“藥師佛”。也就是説,如果説《灌頂藥師經》出現以前漢譯佛典中出現的“藥師佛”需要存疑的話,《灌頂藥師經》出現以後,漢譯佛典中確實出現了“藥師佛”,無可懷疑。

第二,此時漢譯佛典中出現的“藥師佛”,僅僅是一個名稱,其神格依然是模糊的。

第三,應該指出,《尊勝菩薩所問一切諸法入無量門陀羅尼經》將“藥師佛”稱爲“藥師具足王如來”,而這正是前此所謂三國譯經《佛説不思議功德諸佛所護念經》《佛説八吉祥神咒經》對藥師佛的稱呼。如果我們用“藥師具足王如來”在《電子佛典集成》中進行檢索,可以發現它僅出現五次。三次分别出現在《佛説不思議功德諸佛所護念經》《佛説八吉祥神咒經》與《尊勝菩薩所問一切諸法入無量門陀羅尼經》中,還有兩次出現在明太宗的《諸佛世尊如來菩薩尊者神僧名經》與《諸佛世尊如來菩薩尊者名稱歌曲》中。這一事實再次證明,所謂《佛説不思議功德諸佛所護念經》《佛説八吉祥神咒經》爲三國譯本是靠不住的傳言。就將“藥師佛”表述爲“藥師具足王如來”而言,上述三部典籍屬於同一系統,相互間應有一定的淵源。

第四,《灌頂藥師經》將“藥師佛”稱爲“藥師琉璃光如來”,其後的藥師佛也主要以這一名稱聞名於世。而《灌頂藥師經》出現以後,南北朝的漢譯佛典中出現的“藥師”無一稱爲“藥師琉璃光如來”,也未見對“藥師琉璃光如來”神格的敘述。從下文所引《佛説藥師如來本願經》的行矩序,可以知道《灌頂藥師經》出現以後,的確曾經“在世流行”。敦煌遺書中保存的南北朝寫本也證明了這一點。但大藏經中保存的南北朝佛典没有反映這一歷史事實。這説明當時正統的佛教僧人,對《灌頂藥師經》中的“藥師琉璃光如來”采取一種抵制與排斥的態度。很顯然,這是因爲梁僧祐的《出三藏記集》明確著録《灌頂藥師經》是一部僞經,所以正統的佛教僧人避之唯恐不及。

（三）隋代漢譯佛典考察

全文檢索《電子佛典集成》中所有署爲隋代的漢譯佛典，發現如下三部相關典籍：

(1) 隋天竺三藏闍那崛多譯《佛本行集經》，出現“藥師王佛”一處，稱：“藥師王佛邊，持寶蓋供養。”[①]

按照《歷代三寶紀》卷十二載：“《佛本行集經》，六十卷。開皇七年(587)七月起手，十二年(592)[②]二月訖功。沙門僧曇、學士費長房、劉憑等筆受。沙門彦琮制序。”[③]

(2) 同爲隋闍那崛多譯《五千五百佛名神咒除障滅罪經》，出現藥師佛三處。其中卷三出現一處，稱：“南無藥師琉璃光王如來，若稱彼佛如來名者，一切殃罪悉皆除滅。”[④]卷五出現两處，均作“南無藥師王如來”。

按照《歷代三寶紀》卷十二載：“《五千五百佛名經》，八卷。開皇十三年(593)八月起手翻，十四年(594)九月訖。沙門僧曇等筆受。”[⑤]

(3) 隋大業十二年(616)，達摩笈多等根據梵本翻出《佛説藥師如來本願經》。這是有明確記載的第一部從梵文翻譯爲漢文的《藥師經》。隨著這部經典的翻譯，“藥師佛”流傳的情況開始改觀。

《佛説藥師如來本願經》的《思溪藏》《普寧藏》《嘉興藏》本，保存有序言一篇，詳細介紹翻譯情況。今移録如下：

---

① 《佛本行集經》卷十四，CBETA(2016)，T03，no.190，p.719，a28～29。

② 根據校記，《思溪藏》《普寧藏》《嘉興藏》及日本宫内寮本作“開皇十一年”，則爲 591 年。

③ 《歷代三寶紀》卷十二，CBETA(2016)，T49，no.2034，p.103，b20～21。

④ 《五千五百佛名神咒除障滅罪經》卷三，CBETA(2016)，T14，no.443，p.328，c5～6。

⑤ 《歷代三寶紀》卷十二，CBETA(2016)，T49，no.2034，p.103，b27～28。依據校記訂正文字。

［録文］

藥師如來本願功德經序

翻經沙門釋行矩製

《藥師如來本願經》者，致福消災之要法也。曼殊以慈悲之力，請説尊號；如來以利物之心，盛陳功業。十二大願，彰因行之弘遠；七寶莊嚴，顯果德之純淨。憶念稱名，則衆苦咸脱；祈請供養，則諸願皆滿。至於病士求救，應死更生；王者禳災，轉禍爲福。信是消百怪之神符，除九横之妙術矣。

昔宋孝武之世，鹿野寺沙門慧簡已曾譯出，在世流行，但以梵、宋不融，文辭雜糅。致令轉讀之輩，多生疑惑。矩早學梵書，恒披葉典。思遇此經，驗其紕繆。開皇十七年(597)初獲一本，猶恐脱誤，未敢即翻。至大業十一年(615)，復得二本。更相讎比，方爲揩定。遂與三藏法師達摩笈多，並大隋翻經沙門法行、明則、長順、海馭等，於東都洛水南上林園翻經館重譯此本。深鑒前非，方懲後失。故一言出口，必三覆乃書。傳度幽旨，差無大過。其年十二月八日翻勘方了，仍爲一卷。

所願此經深義，人人共解；彼佛名號，處處遍聞。十二夜叉，念佛恩而護國；七千眷屬，承經力以利民。帝祚遐永，群生安樂。式貽來世，序云爾。①

［録文完］

該經經題下又謂：“新翻《藥師經》，大業十二年(616)十二月八

① 《佛説藥師如來本願經》，CBETA(2016)，T14，no.449，p.401，a3～24。依據校記訂正文字。

日，沙門慧矩等六人，於東都洛水南上林園譯出。此本最定，諸讀誦者願莫更疑，得罪不輕。”①

前此，《灌頂藥師經》已經在民間流傳，但不少人對它的真僞疑惑不定。在當時中國人的心目中，凡是從西方傳入、翻譯的經典，都是真經；中國人自己撰寫的，都是僞經。現在該經既然有梵本，則自然應該是真經無疑。於是，原來由僧祐所定的鐵案，徹底翻了過來。不僅如此，行矩在序言及經首題記中再三强調，這是一部真經，功德無量，“諸讀誦者願莫更疑，得罪不輕”。這些語言，自然是針對當時依然相信《出三藏記集》的著録的人們講的。

如果説，慧簡抄撰《灌頂藥師經》，完成了藥師佛神格的塑造，則達摩笈多等譯出《佛説藥師如來本願經》，爲藥師佛信仰的流傳取得了合法性。

（四）唐代漢譯佛典考察

全文檢索《電子佛典集成》中所有署爲唐代的漢譯佛典，“藥師”的出現已經非常普遍。爲避文繁，不一一羅列。大體上還是兩種形態：

第一種，“藥師”指代“醫生”。如唐玄奘譯《大寶積經·菩薩藏會第十》稱：“舍利子！當於爾時，有大疫病……以要言之，一切病苦，無不畢集。於時復有無量百千諸醫藥師，爲欲救療如是病苦，勤加功用，極致疲倦。而衆生病，無有愈者。”②

第二種，“藥師”指代“佛”。如唐玄奘詔譯《勝幢臂印陀羅尼經》卷一稱：“善男子！我念過去曾於藥師琉璃光、勝觀等諸佛所，聞此神咒，受持、讀誦，正爲他説。由此證得無上菩提。”③又如唐地

① 《佛説藥師如來本願經》，CBETA(2016)，T14，no.449，p.401，a26～29。

② 《大寶積經》卷四八，CBETA(2016)，T11，no.310，p.281，c1～6。

③ 《勝幢臂印陀羅尼經》卷一，CBETA(2016)，T21，no.1363，p.883，a18～20。

婆訶羅譯《方廣大莊嚴經》卷五:“奉上衆寶蓋,又見藥師佛。”[①]

特別需要交代的是:

(1) 唐永徽元年(650)五月五日,玄奘於大慈恩寺翻經院,依據梵本譯出《藥師琉璃光如來本願功德經》一卷,沙門慧立筆受。

(2) 唐神龍三年(707)夏,義淨於大内佛光殿,依據梵本譯出《藥師琉璃光七佛本願功德經》,唐中宗李顯“親御法筵,手自筆受”[②]。

既然《藥師經》一而再、再而三地從梵本翻譯出來,人們以前的懷疑自然冰消雪釋。從此,隋譯一種、唐譯兩種《藥師經》,連同最初出現的《灌頂藥師經》都被認爲是真經。

唐智昇《開元釋教録》卷十一這樣著録:

> [灌頂經]第十二卷,《灌頂拔除過罪生死得度經》。
>
> 即是舊《藥師經》“佛遊維耶離”者,此爲第一譯。
>
> 《藥師如來本願經》,一卷。
>
> 隋天竺三藏達摩笈多譯,出《内典録》。第二譯。
>
> 《藥師琉璃光如來本願功德經》,一卷。
>
> 大唐三藏玄奘譯,出《内典録》。第三譯。
>
> 《藥師琉璃光七佛本願功德經》,二卷。
>
> 大唐三藏義淨於大内佛光殿譯。新編入録。第四譯。
>
> 右三經,同本異譯。與前《灌頂》第十二卷《拔除過罪生死得度經》同本。其三藏義淨所譯二卷者,更加“六佛本願”及“咒”,餘文大同奘法師譯者。其舊《藥師經》,群録皆云“宋時

① 《方廣大莊嚴經》卷五,CBETA(2016),T03,no.187,p.567,a25～26。

② 《開元釋教録》卷九,CBETA(2016),T55,no.2154,p.567,a28。

鹿野寺沙門慧簡所譯”。尋檢其文,即是《灌頂》第十二卷析出別行,更無異本。①

智昇的上述著録,關於《灌頂藥師經》的部分有點含糊其辭。

第一,智昇稱,這部《灌頂藥師經》,以前大家都説是慧簡“譯”。智昇在此叙述有誤。因爲以前的經録明明説該經是慧簡“依經抄撰”,並非説是慧簡“譯”。“依經抄撰”與“譯”,在佛教文獻學中完全是兩個概念。智昇明明懂得這兩個概念的區别,但在此有意無意地混淆了這兩個概念。

第二,智昇稱,經過查證,《灌頂藥師經》就是《灌頂經》第十二卷,是從《大灌頂經》中“析出别行”的。言下之意是,既然《大灌頂經》没有問題,析出别行的《灌頂藥師經》自然也没有問題。且不講《大灌頂經》有没有問題,僅就《灌頂藥師經》而言,《出三藏記集》卷四交代得非常清楚:

從《七萬二千神王咒》至《召五方龍王咒》,凡九經,是舊集《灌頂》,總名《大灌頂經》。從《梵天神策》及《普廣經》《拔除過罪經》,凡三卷,是後人所集。足《大灌頂》爲十二卷。其《拔除過罪經》一卷,摘入“疑經録”中。②

智昇對這一段著録,不但視而不見,而且顛倒事實。他將《灌頂藥師經》係後來整合進入九卷本《大灌頂經》,説成《灌頂藥師經》乃從十二卷本《大灌頂經》中析出。

---

① 《開元釋教録》卷十一,CBETA(2016), T55, no.2154, pp.593(c22)~594(a6)。

② 《出三藏記集》卷四,CBETA(2016), T55, no.2145, p.31, b6~8。

智昇爲什麽要混淆概念、顛倒事實？理由很簡單，因爲《灌頂藥師經》這一《藥師經》雖然有疑問，但其後從梵本三次譯出《藥師經》。他無法否認後三次翻譯都是歷史事實，於是必須肯定最早出現的《灌頂藥師經》也是真經。然而《出三藏記集》中白紙黑字的著録又無法推翻，於是衹好或含含混混、或視而不見地打馬虎眼。

既然《藥師經》被判爲是西域傳入的真經，那藥師佛自然也就是一個地地道道的從西域傳入中國的佛陀了。從此，再也没有人對"藥師佛"的身份産生懷疑。

四、結　　語

第一，藥師佛並非印度佛教所固有。它是印度佛教傳到中國後，與中國文化相結合的産物，其中凝結了中國文化的元素，是中國文化對佛教的貢獻。

本文系統考察了漢譯佛典，特别是隋以前漢譯佛典中的"藥師""藥師佛"的用例，指出，《出三藏記集》所載《灌頂藥師經》爲劉宋慧簡"依經抄撰"的著録是可信的。在《灌頂藥師經》之前，漢譯佛典中是否已經出現"藥師佛"這一名詞還值得懷疑，即使已經出現這一名詞，其神格是模糊的。[①]但到南北朝時期，藥師佛神格開始

① 本文並不完全排除"藥師佛"這一名詞在《灌頂藥師經》産生之前已經出現的可能性。如本文所列《八吉祥經》諸異本對照表所示，《八陽神咒經》之第六恒沙佛名爲"本草樹首"，相對應的《八佛名號經》的第六恒沙佛名爲"無礙藥樹功德稱"。這裏都藴含有"藥"的元素，所以不排除從這個元素轉化爲"藥師佛"的可能性，但可能性並非現實性。在歷史上，這一轉化是否已經真實完成，需要進一步的論證。即使已經完成這一轉化，就目前資料而言，該"藥師佛"僅僅是東方的一個佛名，其神格依然是模糊的，與本文討論的"藥師琉璃光佛"不可等量齊觀。

清晰，我們發現其中有著大量的中國文化元素。[1]依據目前文獻，藥師佛的基本神格，由劉宋慧簡“抄撰”的《灌頂藥師經》塑造完成。所以說藥師佛是印度佛教與中國文化相結合的産物，是中國文化對佛教的貢獻。其後《佛説藥師如來本願經》《藥師琉璃光如來本願功德經》《藥師琉璃光七佛本願功德經》中的藥師佛形象，都是在《灌頂藥師經》，亦即《灌頂拔除過罪生死得度經》的基礎上進一步發展的結果。

限於篇幅，本文不擬對《灌頂藥師經》中藥師佛神格做詳盡研究，也不對其後藥師佛神格的變化做深入探討。如本文開篇所説，在主張“不生”的佛教體系中，却出現一個主張“延壽”“長壽”，也就是主張“長生”的藥師佛，這不能不説是一個值得關注的現象。

第二，在中國産生的藥師佛，其後西傳到印度，進而影響了印度佛教。這説明在古代，文化的交流是雙向的。

如前所述，梁僧祐對《灌頂藥師經》爲慧簡抄撰的結論可謂鐵證如山，但最終依然被後人推翻，其理由是該經有西域梵本，不應爲僞。這種推理方式背後的思維邏輯是，佛教産生在印度，從印度傳入中國，凡是具有梵本原本的中文經典，肯定都是真經。也就是説，把文化的傳播看作是單行道。在這種思維邏輯的驅動下，智昇不得不含含混混、顛倒事實地硬把《灌頂藥師經》説成是《藥師經》之第一譯。

實際上，天下的事情是複雜的，文化的傳播從來不是單行綫。《洛陽伽藍記》卷四載：

融覺寺，清河文獻王懌所立也。在閶闔門外御道南。有

① 參見前述伍小劼博士的論文。

五層浮圖一所。與冲覺寺齊等。佛殿、僧房,充溢一里。

比丘曇謨最,善於義學。講《涅槃》《華嚴》,僧徒千人。天竺國胡沙門菩提流支見而禮之,號爲“菩薩”。流支解佛義知名,西土諸夷,號爲“羅漢”,曉魏言及隸書。翻《十地》《楞伽》及諸經論二十三部。雖石室之寫金言,草堂之傳真教,不能過也。

流支讀曇謨最《大乘義章》,每彈指贊嘆,唱言“微妙”。即爲胡書寫之,傳之於西域。[西域][1]沙門常東向遥禮之,號曇謨最爲“東方聖人”。[2]

我們要看到,在古代,無論是中國僧人還是西域僧人,都具有極其强烈的傳播佛法的熱情。爲此,大批中國僧人西行,大批西域僧人東來。現存的行脚僧畫像顯示,他們行脚時往往隨身携帶不少經典。西行的中國僧人,有的取經回國,有的留在當地。東來的西域僧人,有的留在中國,有的返回西域。他們都是中印文化交流的橋梁。

我們還要看到,古代,中國與印度、中國與西域的交往非常密切。歷史記載與考古實物都證明,西域特别是所謂“狹義的西域”,亦即現在的新疆,既是中印文化交匯的地區,也是大批大乘經典産生的地區。此地産生的經典中如果含有中國文化元素,毫不足怪。

如《洛陽伽藍記》所載,菩提流支曾將曇謨最所撰《大乘義章》翻譯爲胡文,傳到西域。其實,漢文佛典譯爲西域文字者,史籍中頗多記載。所以,如果我們改换觀點,認識到文化的交流從來是雙

① “西域”,CBETA(2016)無,原文應涉重文號漏,據文意補。
② 《洛陽伽藍記》卷四,CBETA(2016),T51,no.2092,p.1017,b8～18。依據校記訂正文字。

向的，認識到漢文佛典會通過各種途徑傳到西域，翻譯爲西域文字，那藥師佛的問題也就迎刃而解。亦即劉宋大明元年(457)慧簡抄撰《灌頂藥師經》以後，該經一直在民間流傳(關於這一點，有敦煌遺書爲證)，且在其後輾轉傳到西域(敦煌爲中原到西域的門户)，且被翻譯爲西域文字，由此出現了該經的梵文傳本。這與敦煌遺書中發現的不少由漢文翻譯爲西域胡文的經典如出一轍。

《藥師經》這一事例告訴我們，某部佛教經典擁有梵文本，並非該經原典必然產生於西域的鐵證，具體情況需要具體分析。

第三，印度佛教影響中國文化，中國文化也影響印度佛教，這是我所謂的"佛教發展中的'文化匯流'"。《藥師經》的產生、西傳，乃至"出口轉内銷"，正是"佛教發展中的'文化匯流'"的具體例證。

如前所述，劉宋大明元年(457)慧簡抄撰《灌頂藥師經》。隋開皇十七年(597)，行矩得到一部《藥師經》的梵本，此時距慧簡抄撰此經已經一百四十年。到隋大業十一年(615)，他又得到一部《藥師經》的梵本，於是他組織力量，於大業十二年(616)將此經梵本譯爲漢文，即爲《佛説藥師如來本願經》。此時距慧簡抄撰此經已經一百五十九年。

唐永徽元年(650)，玄奘依據梵本第二次翻譯，即爲《藥師琉璃光如來本願功德經》。此時距慧簡抄撰此經已經一百九十三年。

唐神龍三年(707)，義淨依據梵本第三次翻譯，即爲《藥師琉璃光七佛本願功德經》，此時距慧簡抄撰此經已經二百五十年。

從《灌頂拔除過罪生死得度經》，到《佛説藥師如來本願經》，到《藥師琉璃光如來本願功德經》，再到《藥師琉璃光七佛本願功德經》，先後經歷了二百五十年。今天我們難以確認《灌頂拔除過罪生死得度經》何時傳到西域，被翻爲梵文，但從《佛説藥師如來本願經》到《藥師琉璃光七佛本願功德經》，該經以梵本的形式在西域至少流傳了一百一十年。在這一百一十年中，藥師佛的形象依然在不斷變化，特别在《藥師琉璃光七佛本願功德經》中，可以明顯看出藥師佛的密教化傾向，這與印度佛教七世紀的密教化密切相關。在唐阿地瞿多譯《陀羅尼集經》中，也可以看到密教化以後的藥師佛形象。凡此種種，説明中國産生的藥師佛及《藥師經》被西域民衆接受，影響了西域的佛教形態；也説明西域民衆又以自己的文化改造了中國的藥師佛、《藥師經》，並將改造過的藥師佛、《藥師經》輸回中國，爲中國佛教提供了新鮮養料。

總之，藥師佛的産生與發展充分説明，佛教發展並非印度文化自我邏輯的演化，而是印度文化、中國文化匯流的結果。佛教的産生雖然得益於印度文化的孕育，而佛教的發展則得益於印度文化、中國文化乃至其他地區文化的匯流。也就是説，中國是佛教的第二故鄉，這不僅體現在現實的結果中，也體現在歷史的過程中。

2014 年 4 月 19 日於古運河北端

［附記］

本文寫作於 2014 年 4 月，發表於《宗教學研究》2014 年第 4 期。收入本書時略有修訂、删節。

本文通過對歷代漢譯佛典的考察，論證藥師佛是中印文化交流的産物，並由此論證了“佛教發展中的‘文化匯流’”這一命題。

有人提出這樣的問題：藥師佛已經是中國佛教中一位受到普遍信仰的佛陀，你的這篇文章，是否會打擊佛教信衆的信仰？也確有藥師信仰者在網上發問：方廣錩説《藥師經》是中國人撰寫的，我該怎麽辦？

首先，中國佛教從來就是一個開放的、包容的宗教，具有博大的胸懷,能夠圓融各種不同的觀點,這也是中國佛教能夠保持綿長生命力的內在原因。本文論證“藥師佛是中印文化交流的產物”,並沒有否認藥師佛的印度文化淵源,但提出要注意由藥師佛體現出來的中國文化元素。佛教的一個主要觀點認爲,一切衆生皆有佛性,皆能成佛。誠如此,佛可以産生在印度,也可以出現於中國。如果認識到這一點,則藥師佛在中國出現就是一件很正常的事情,這不是中國文化對佛教、對藥師信仰的打擊,恰恰是中國文化對佛教的貢獻。從學術角度講,本文是從文獻學角度對《藥師經》的源流做一番清理,本身並不包含對藥師佛價值的判斷,僅僅是對這一文本的歷史發展進行事實認定。從宗教角度講,在中國這塊土地上,出現了一個適合中國人根機的藥師佛,藥師佛爲中國佛教信徒提供了一個人格的典范,一個學習的榜樣,一個努力的目標,中國的藥師信衆會因此感到自豪,增進信仰。

其次,我們說印度佛教傳入中國,與中國文化相結合,形成了“中國佛教”。嚴格地講,本文此處的“中國佛教”,特指“漢傳佛教”。那麽,什麽叫“漢傳佛教”?它的特點是什麽?漢傳佛教的“特點”云者,即爲漢傳佛教特有,而爲印度佛教、藏傳佛教、南傳佛教所没有的。比如漢傳佛教的天台宗、禪宗,其思想源頭均可追溯到印度,但其發展歷史與現狀無不是中華文化影響的結果。正因爲漢傳佛教受中國文化的影響而出現,所以生長在中國這塊土地上的漢傳佛教就有了不同於印度佛教的特點,有了自己的主體性。否定中國文化的影響,實際上就是否定漢傳佛教的主體性。近些年來,國內外學術界、佛教界都出現一些否定漢傳佛教主體性的現象,國內外呼應、教內外呼應,形成對中國佛教主體性的嚴重挑戰,值得我們認真關注。

什麽是漢傳佛教的主體性,如何認識漢傳佛教的主體性,這是一個大題目。藥師佛不過是其中的一個典型例證。可以提出的,還有諸如十殿閻王、地藏菩薩等等,這些都是印度佛教没有,漢傳佛教的創造,都是中國文化對佛教的貢獻。以後如有機會,筆者將一一闡述有關這些問題的觀點。

筆者認爲,在中國這塊土地上成長起來的漢傳佛教,衹有繼續堅持發揚與完善自己的主體性,纔能更加健康地向前發展。

2016年10月21日

關於漢、梵《藥師經》的若干問題

《藥師佛探源——對“藥師佛”的漢譯佛典文獻學考察》(以下簡稱《探源》)一文寫於 2014 年 4 月,發表於《宗教學研究》2014 年第 4 期。

本文發表時,《宗教學研究》編輯在文末加了一段“編輯説明”,向讀者介紹了吉爾吉特梵文《藥師經》寫本及有關研究情況,全文如下:

> 編輯説明:二十世紀三十年代,在巴基斯坦的吉爾吉特發現了一批五世紀末至七世紀之間的梵文寫本,其中包括至少有三個不同傳本的《藥師經》。此後,西方及日本學者參照漢藏譯本,對此進行了校釋和研究,基本否定了《藥師經》爲中國人僞造的説法。[①]

感謝《宗教學研究》編輯爲讀者提供了新資料。

二十世紀三十年代吉爾吉特梵本的出現,是佛教研究界的一

① 參見蔡耀明《吉爾吉特梵文佛典寫本的出土與佛教研究》,《正觀》2000 年第 13 期,第 45、92—94 頁。

件大事。從那時至今，對它的研究一直在進行。有關吉爾吉特寫本的情況，中文資料除了上述編輯説明中提到的蔡耀明先生的論文外，還可以參見王冀青先生的《斯坦因吉爾吉特寫本》（載《敦煌學輯刊》2001 年第 3 期）、宗玉媺先生《梵語 Gilgit 寫本兩萬五千頌〈波若波羅蜜經・第十四品〉之校勘及其相關問題》（載《“中央研究院”歷史語言研究所集刊》第七十九本第二分，2008 年）、劉震《禪定與苦修——關於佛傳原初梵本的發現與研究》（上海古籍出版社，2010 年 12 月）及伍小劼 2010 年的博士論文（《〈大灌頂經〉研究——以〈灌頂拔除過罪生死得度經〉爲中心》，上海師範大學博士論文，2010 年）有關論述，其他不少論著也有涉及，此不贅述。

坦率地説，由於發現了五世紀末至七世紀的梵文《藥師經》寫本，便主張“基本否定了《藥師經》爲中國人僞造的説法”，這在邏輯上説不通。因爲依據梁僧祐《出三藏記集》卷五載：《藥師經》爲“宋孝武帝大明元年（457）秣陵鹿野寺比丘慧簡依經抄撰”，亦即它的漢文本出現在五世紀中葉。誠如此，按照“文化匯流”的觀點，五世紀末至七世紀在吉爾吉特發現它的梵文本，就不是什麼奇怪的事情。這不但不能證明《藥師經》非中國人僞造，相反，倒成爲《藥師經》西傳，被翻譯成梵文的一條證據，成爲證成“佛教發展中的‘文化匯流’”的一條證據。我没有采用這一資料，是因爲如下所説，對這批寫本的斷代，還有不同的説法。如果我采用上述資料，未免有在處理研究資料時過於隨意，有“爲我所用”之嫌。但用五世紀末至七世紀左右的梵文寫本來否定五世紀中葉就出現的《藥師經》是中國人編撰，無非説明在有關研究者的思想中，“佛教是印度文化自我邏輯的演化”“中印文化交流是單行道”這種觀念是如此根深蒂固、理所當然，乃至祇要見到有梵文本，就認爲一定是印度佛教的真經，甚至没有想到去關注和區分漢、梵兩種文本各自的産生年代。

筆者注意到楊維中先生最近在《西南民族大學學報》(人文社會科學版)2014 年第 6 期發表的《〈藥師經〉翻譯新考》中也談到吉爾吉特梵本問題。該文分爲兩部分：第一部分詳細介紹了所謂《藥師經》五次漢譯的各種資料，第二部分介紹從《出三藏記集》起，古代經録對《灌頂經》的著録。應該説明，至此爲止，作者引用的資料均爲人所共知，没有提出新資料，提出新觀點。

文章然後介紹了我的觀點：

> 關於《灌頂拔除過罪生死得度經》(《藥師經》)的性質，本來在其梵本出現後，認爲其"僞"的説法一度銷聲匿迹。然而，方廣錩先生仍然堅持説："佛教藥師信仰起源於中國。最早的藥師經典爲南朝宋秣陵鹿野寺比丘慧簡所撰，梁僧祐判爲僞經……該經後流傳到印度，翻譯爲梵文。該梵本於隋代倒傳回中國，由天竺三藏達摩笈多譯出，名《藥師如來本願經》，一卷。自此，該僞經被佛教界承認爲真經，並正式入藏……本經典反映了佛教發展中的中印文化匯流，對佛教研究、藥師菩薩信仰研究有較大的價值。"①

文章接著提出：

> 具體到《藥師經》的真僞問題，一個無法回避的問題是，二十世紀初，斯坦因在今克什米爾吉爾吉特地區發現的一批梵

① 楊維中：《〈藥師經〉翻譯新考》，載《西南民族大學學報》(人文社會科學版)2014 年第 6 期。本文所引楊維中先生的文字，均出此文，爲避文繁，不一一出註。

文佛經中就有藥師經典。

這的確是一個無法回避的問題，下面我會談到這一問題。

文章稱"方先生的博士生伍小劼博士則從《大灌頂經》的判僞力圖夯實師説"。文章引用了伍小劼博士論文的相關文字"具體到《藥師經》，這些梵文殘片應是公元五至六世紀在吉爾吉特地區抄寫的（文繁不具引。——方按）"及具體結論"合理的解釋衹有一個，即'佛教發展中的"文化匯流"'，亦即《藥師經》在中國產生，然後傳播到印度，最後又傳回到中國"後，提出了反駁意見：

> 這樣的一種判定，沒有任何直接根據……仔細推究，支持其判定理路是堅信僧祐對於《拔除過罪經》爲慧簡"僞撰"的判定，而堅决認爲慧簡之前印度本土缺乏藥師信仰，也就不可能有《藥師經》。這一態度堅决到無視現存梵本的印度淵源，而堅决相信是從"中國回流"的結果。

作爲伍小劼的博士生導師，我想説明三點：

第一，伍小劼的博士論文題目的確是我給的。給這個題目之前，我的確已經提出"佛教發展中的'文化匯流'"這一命題，也已經改變對《藥師經》的看法，認爲它是僞經。[①]但我沒有把這一"《藥師經》確是僞經"的觀點告訴伍小劼，僅要求他自己從材料出發去進行研究。所以，當伍小劼獨立得出《藥師經》確爲中國人編纂的結論後，曾經問我："方老師，是否你從一開始就知道我會得出這個結

---

① 此前，我也接受傳統觀點，認爲既然《藥師經》有梵本，就不是僞經。參見《關於江泌女子僧法誦出經》，載《普門學報》2001 年第 2 期。又載《藏外佛教文獻》第九輯，宗教文化出版社，2003 年 7 月。已收入本書。

論?”我當時回答:“不! 我不知道你會得出什麼樣的結論。我準備著看到你從各個不同方面可能得出的各種不同結論。”我覺得老師指導學生,更主要的是讓學生按照通用的學術規範寫出合格的學術論文,要有學術創新,而不是要求學生繼承、服從、論證自己的觀點。而且老師指導學生需要因人而異,即所謂“因材施教”。對有的學生,我要求他論文方向一旦確定,以後不得變更;對伍小劼,我要求他的論文“因形就勢”寫起來看,衹要言之有理,觀點向哪個方向發展都可以。事先的確不知道他最終會得出什麼結論。所以,我的學生與我學術觀點不一致很正常,修訂我錯誤觀點的也常見。有的學生在我研究的基礎上繼續前進,但看到的資料比我多,自然會與我觀點不同,甚至修訂我的錯誤。有的學生的題目我自己没有做過,在相關領域,他們掌握的資料比我多,學養就會比我豐富。老師應該歡迎學生超過自己,青出於藍而胜於藍,學術由此不斷發展。

由於楊維中先生在不同場合數次説過類似伍小劼“力圖夯實師説”的話,所以在此我要鄭重聲明:伍小劼的博士論文是他自己獨立研究的成果。其中確有些部分贊同我的觀點,也是他獨立思考以後的自我抉擇,不存在“夯實師説”的問題。我一向反對在研究之前預設前提,並以此要求學生。就我而言,不會給伍小劼交代“夯實師説”的任務。就他而言,既没有接受我的這種任務,也不會自我賦予這種任務。

第二,楊維中先生評論伍小劼的博士論文,稱:“支持其判定理路是堅信僧祐對於《拔除過罪經》爲慧簡‘僞撰’的判定,而堅決認爲慧簡之前印度本土缺乏藥師信仰,也就不可能有《藥師經》。”應該説,僧祐的記載固然是伍小劼論證中的一條重要的證據,但那篇博士論文的辨僞並非僅僅依據僧祐的記載。正如楊維中先生文章中已經指出的,“博士論文的主要部分”是從内容上辨析《大灌頂經》中的大量中國文化元素。伍小劼正是由此判定該經確如僧祐所説,是慧簡“依經抄撰”。這裏有一個“内證”與“外證”的問題,有一個“主”與“次”的問題。既然如此,楊維中先生對伍小劼論文論證理路的指責,難免有無的放矢之嫌。

從楊維中先生的文章看,他並不否認《大灌頂經》中存在中國文化元素,那麼,剩下的問題就是這些中國文化元素是如何進入《大灌頂經》的。楊維中先生在文章中提出:

> [伍小劼]没有注意到這些内容進入文本的過程的漸變性,或者更可能存在一種由於主譯者不懂漢文而通過助譯的加工(在譯學中稱之爲“歸化”式翻譯)而呈現出道教化的形態之可能。

我認爲,脱離具體對象,一切抽象的論述都是没有意義的。落實到《大灌頂經》,如果楊維中先生能夠詳細考訂出那些中國文化元素進入這一“翻譯”文本的“漸變性”“過程”的具體情況,一定有助於問題的深入探討。至於所謂“助譯的加工”,則也希望看到楊維中先生對《大灌頂經》在翻譯過程中由哪些人擔任助譯、那些助譯是如何對該文本進行加工的,提出相對具體的論證。

在我看來,文獻研究需要實證。佛典中中國元素的進入,大體有三種情況:佛典翻譯中的“文化反浸”、佛典編譯中的“文化加工”以及佛教發展中“文化匯流”。有關論證請參見拙作《再談佛教發展中的“文化匯流”》,此不贅述。

第三,楊維中先生批評伍小劼的博士論文“堅決到無視現存梵本的印度淵源”。這一句話的表述方法值得吟味。因爲楊維中先生不是批評伍小劼“無視現存梵本”，而是批評他“無視現存梵本的印度淵源”。

假設批評的是“無視現存梵本”，則正如楊維中先生所說，“具體到《藥師經》的真僞問題，一個無法回避的問題是，二十世紀初，斯坦因在今克什米爾吉爾吉特地區發現的一批梵文佛經中就有藥師經典”。應該說，伍小劼並未“無視”這些吉爾吉特本，在他的論文裏對此有具體論述。由於楊維中先生的文章也部分引用了那些論述，所以看來他並不是批評伍小劼“無視現存梵本”。

那麼，楊維中先生這裏所説的“無視現存梵本的印度淵源”具體是什麼含義呢？我想或許可以包括兩種可能：一個是指文本本身，一個是指文本内容。如果是指文本本身，那麼，這一提法等同於“無視現存梵本”，如上文分析，這種可能應予排除。既然如此，似乎楊維中先生所謂的“無視現存梵本的印度淵源”批評的是伍小劼無視梵本《藥師經》中所包含的印度文化元素。不知道上述分析是否符合楊維中先生的原意。如果符合，則楊維中先生的批評不甚準確。因爲“佛教發展中的‘文化匯流’”的本意已經充分考慮到並高度評價印度文化在“文化匯流”中的作用。如果不符合，則希望看到楊維中先生對“現存梵本的印度淵源”的具體解釋。

坦率地説，“無視”吉爾吉特梵本的倒是我的《探源》，因爲文中没有采用吉爾吉特寫本這一材料，甚至一字未提吉爾吉特本。

我爲什麼没有在《探源》中采用吉爾吉特寫本這一材料，今説明如下：

第一，該文的副標題爲“對‘藥師佛’的漢譯佛典文獻學考察”，所以没有涉及非漢文資料。

第二，更重要的是，筆者多年從事敦煌遺書研究，深知寫本的斷代從來是寫本研究的一個難點,非專家無從置喙。因爲没有條件接觸這批吉爾吉特出土的梵文佛典,加之本人不通梵文,故衹能參考相關梵文研究者的成果。爲此,在伍小劼撰寫博士論文的過程中,我曾多次提醒他調查梵文學界關於這批吉爾吉特梵文寫本的年代,瞭解具體結果。他從各種資料,將梵文學界的斷代觀點歸結爲五至六世紀。此次《宗教學研究》的"編輯説明"稱,梵文學界把這批寫本的年代斷爲"五世紀末至七世紀"。兩種説法時代略有差異,應該是所用參考資料不同,也説明寫本斷代之難。一般人不太注意的是,這裏還存在鑒定者本身的表述方式問題。以筆者爲例,儘管我自我感覺可以把一件無年款的敦煌遺書年代斷定到一百年乃至五十年的範圍内,但著録時爲了謹慎起見,一般寫爲諸如"七至八世紀",即兩百年。

因爲筆者不是梵文研究者,没有親眼見到這批梵文寫經,也不太清楚梵文學界的斷代表述方式,所以對梵文學界的上述結論持謹慎態度,並特意就此請教了一位老朋友——國際著名的梵文學者。這位學者表示,這個問題牽動面很大,他也要謹慎,等他仔細研究以後再告訴我結論。由於他至今尚未告訴我最後的研究結論,所以《探源》没有采用這批資料,因此也就没有提及這批資料。

爲什麽不采用這批資料?還在於現在梵文學界對它們的斷代存在兩種觀點:五至六世紀、五世紀末至七世紀。如果這批梵本的年代全部都是"五世紀末至七世紀",如上所述,正好成爲"文化匯流"的依據,因爲邏輯的結論衹能是,五世紀中葉産生於中國的《藥師經》,其後西傳,於"五世紀末至七世紀"之間被翻譯爲梵文,並在流傳過程中出現不同異本,這也解釋了其後隋天竺三藏達摩笈多譯本、唐玄奘譯本、唐義淨譯本各有不同的原因。如果它們的年代是“五至六世紀”,則因爲這批吉爾吉特梵本内容豐富,包括多部經典,抄寫時代不同。所以必須考察其中《藥師經》寫本的具體年代,纔能對《藥師經》最初産生在哪里進行研究。也就是説,吉爾吉特《藥師經》梵文寫本的斷代成爲其後一切研究的基礎,在這一基礎工作没有完成之前,僅僅泛泛地從吉爾吉特出土的這一批梵本的總體年代去探討《藥師經》的産生,無論得出什麽結論,實際都建築在沙灘上。

在目前對這批寫本的斷代存在不同觀點,且難以確認哪一種觀點更加準確的情況下,我的辦法是老老實實地請教國際公認的梵文專家,請他給我一個答案。在没有得到他的答案之前,我寧可沉默。但我的確應該在《探源》的某個地方對吉爾吉特本做一個交代,不應該“無視”。所以感謝《宗教學研究》的編輯做了補救。

楊維中先生認爲:

> 457 年是五世紀末,假定吉爾吉特地區發現的《藥師經》真的是慧簡所造本的“回譯”,時間的銜接太過緊密,不合當時印度文化傳入中土有相當長時間的現實,而且這個時期正是中土僧人“西行取經”的熱情迸發期,“回譯”説更難令人置信。

上述觀點可以商榷。

第一,457 年是五世紀中葉,不是五世紀末。雖然差别衹有不到五十年,但對本課題而言却是至關重要的,特别是如果這批梵本的年代的確爲“五世紀末至七世紀”的話。

第二,楊維中先生一方面説“457 年是五世紀末,假定吉爾吉特地區發現的《藥師經》真的是慧簡所造本的‘回譯’,時間的銜接太過緊密,不合當時印度文化傳入中土有相當長時間的現實”,一方面又説“這個時期正是中土僧人‘西行取經’的熱情迸發期”，似乎有點自相矛盾。

首先，既然講回傳、“回譯”，考慮的應該是“中國文化傳入印度的時間”是否足夠，而不是“不合當時印度文化傳入中土有相當長時間的現實”的問題。

其次，印度文化傳入中國需要多長時間？這恐怕很難界定。我們衹能説某種理論、某種典籍從印度傳入中國需要多少時間。在此，理論的問題比較複雜，典籍的問題相對簡單。舉例而言，玄奘從印度帶回護法系的唯識理論，那麽，護法系唯識理論從印度傳入中國的時間到底有多長？這要看研究者怎樣計算。如從護法活動年代（約六世紀中期）算起，約有一百年；如從玄奘從中國啓程算起，約有二十年左右；如從玄奘從印度返程算起，不超過十年。長短相差約十倍。至於典籍，如玄奘於貞觀十九年（645）正月二十四日到達長安，貞觀二十一年（647）八月六日於弘福寺翻經院譯出《因明入正理論》，前後不足三年。當然，如果願意將問題導向複雜，我們還可以提出理論的傳習、典籍的註疏，諸如此類。任何一個事物的發展都是漸進的，但研究者應該從漸進發展的事物中清理出可顯示其階段性的標志物，這樣的研究纔能使研究者有章可循，不至於使人墮入五里霧中。就“佛教發展中的‘文化匯流’”而言，它的標志物是什麽？我想首先是一部一部具體的典籍（這自然包括了典籍承載的文化形態）、典籍本身的形成時間，再就是古人賦予它的“印度譯典”“中國編撰”“真經”“僞經”等身份標簽。

再次，正如楊維中先生已經指出的，“這個時期正是中土僧人‘西行取經’的熱情迸發期”，既然如此，在這一“熱情迸發期”中赴西域的大量中土僧人，不正好成爲中國文化乃至漢文佛典西傳的載體嗎？依然以玄奘爲例，玄奘一路西行，口誦《般若心經》，而他所誦的《般若心經》，恰恰是中國人編纂的。[①]現存不少古代僧人游方的圖像，那些圖像的標準畫面爲一個僧人背負經架，經架上放著一軸一軸的卷軸裝經典。有人説其中有一幅是玄奘像。是否有玄奘像且不論，這些畫像細部或有差異，但經架、經卷是必備元素，可稱爲是游方僧人、包括西行游方僧人的標準像。這些畫像説明當時的游方僧人均隨帶經典同行。從這些經典的裝幀是卷軸而非梵夾，大概誰也不能否定他們隨帶的主要是漢文佛典。既然這一"熱情迸發期"有大量僧人西行，又隨帶了漢文佛典，不正好成爲吉爾吉特地區發現的《藥師經》是慧簡所造本"回譯"的充要條件嗎？爲何又説"時間的銜接太過緊密"呢？

其實，造成楊維中先生的思路"自相矛盾"的原因，還是我評論過的文化傳播的"單行道"論，似乎西行的中國僧人一心祇求印度梵典，不可能同時將中國文化也帶到印度。絲綢之路上祇有向東傳播的印度文化，没有向西傳播的中國文化。即使有，也是絲綢、瓷器等器物文化，没有以儒、釋（中國佛教）、道乃至民間巫道爲表現形態的精神文化以及它們的載體——典籍。"佛教發展中的'文化匯流'"説想要打破的正是這樣一種思維定式。

古來流傳這樣一首詩：

> 晋、宋、齊、梁、唐代間，高僧求法别長安。
> 去人成百歸無十，後輩焉（焉）知前者難。
> 雪嶺崎嶇侵骨冷，流沙波浪徹心寒。

---

① 方廣錩：《〈般若心經〉——佛教發展中的"文化匯流"之又一例證》，載《深圳大學學報》（人文社會科學版）2013 年第 4 期。已收入本書。

後流不辯(辨)當時事，往往將經容易看。[①]

“去人成百歸無十”，其中固然有在路途死亡的，但也有不少留在印度，乃至在印度建立“支那寺”的。這些僧人對當地文化會不會産生影響？我們應該關注這一歷史現象。

最後想説的是，中國佛教研究離不開梵文及古代西域文字佛典的研究，而梵文及古代西域文字佛典研究恰恰是現代中國佛教研究界的弱項。我寄希望年輕一代能夠補上這一缺憾，但並不認爲我們這一代因此就無法有所作爲。前人留下的大量漢文佛典所包含的各種研究信息，同樣可以讓我們開闢出新的天地。應該説，在不斷逼近歷史真相的過程中，梵文、西域古文字、巴利語、漢文、藏文等各種佛典各有各的作用，不可偏廢。由於歷史的原因，漢文資料最多，因此可以發揮的作用也最大。在期待年輕一代出現熟諳諸種文字的大學問家的同時，我們這一代應該承擔自己的責任，把漢文佛典的整理與研究做得更好。這是一個大題目，在此衹能略略點題。

學術需要討論，討論可以開拓思路，可以促進學術發展，故寫此文，以求教於楊維中先生與諸位方家。

2015年3月30日於海口

---

① 該詩似是義淨所撰。見於民間流傳的《大藏經總目》。

另，村上精專《一切經之由來》亦載有此詩，語句略有不同，作：

晋、宋、齊、梁、唐代間，高僧求法離長安。

去人成百歸無十，後者安知前者難。

路遠碧天唯冷結，沙河遮日力疲殫。

後賢如未諳斯旨，往往將經容易看。

見《大正新修大藏經會員通訊》第16號，1961年11月。

［附記］

本文是對楊維中先生發表在《西南民族大學學報》(人文社會科學版)2014 年第 6 期的《〈藥師經〉翻譯新考》一文的回應。

其後知道楊維中先生《〈藥師經〉翻譯新考》一文曾在多處發表,但我當時所見僅爲《西南民族大學學報》(人文社會科學版)本,故本文的回應亦僅針對《西南民族大學學報》(人文社會科學版)本。其後也未能去一一查核其他文本,不知楊維中先生的其他發表本内容是否有所不同,特此説明。

本文發表在《宗教學研究》2015 年第 2 期,收入本書時略有修訂。

關於這一問題的後續回應,請參見《再談關於漢、梵〈藥師經〉的若干問題》(已收入本書)。

2016 年 10 月 21 日

再談關於漢、梵《藥師經》的若干問題①

《宗教學研究》2014年第4期發表筆者的《藥師佛探源——對“藥師佛”的漢譯佛典文獻學考察》(以下簡稱《探源》)。筆者在該文中利用“中華電子佛典”區别不同時代,全面檢索、考察了歷代漢譯佛典對“藥師”“藥師佛”兩個名詞的用例。指出,在宋孝武帝大明元年(457)慧簡“依經抄撰”的《灌頂藥師經》出現以前,漢譯佛典中的“藥師”大抵指醫生。現有資料難以證明在《灌頂藥師經》出現之前,漢譯佛典中已經出現“藥師佛”。即使當時已經出現“藥師佛”一詞,該“藥師佛”僅表現爲一個名稱,其神格是模糊的。或者説,其神格尚未真正形成。《探源》指出,藥師佛的神格形成於《灌頂藥師經》,而《灌頂藥師經》受到中國文化的影響。所以,藥師佛信仰是中印文化相結合的産物,是中國文化對佛教的貢獻。文章進而指出,藥師佛信仰在中國産生後,西傳印度,又回傳中國,從而説明古代文化交流的雙向性,進一步論證了在佛教發展中存在著“文化匯流”的現象。

文章發表後,楊維中先生在《西南民族大學學報》(人文社會科

① 原載《世界宗教研究》2016年第6期。

學版)發表《〈藥師經〉翻譯新考》[1],對拙文的觀點提出批評。該文在其他地方亦有發表,但筆者並未仔細核對差異。僅就《西南民族大學學報》(人文社會科學版)本而言,楊維中先生既没有提出新資料,也没有提出新觀點,所批評者僅爲探討漢文《藥師經》時,不應忽視在吉爾吉特所發現的梵本,由此否定筆者在《探源》中提出的觀點。

筆者其後撰寫《關於漢、梵〈藥師經〉的若干問題》,發表在《宗教學研究》2015 年第 2 期,對楊維中先生的批評做出回應,該文主要表述如下意見:

第一,筆者從自己的敦煌遺書鑒定實踐深知,梵文寫本的斷代是一件非常專業的事情。

第二,目前,梵文學界對這批吉爾吉特本的斷代尚有不同意見。有的認爲是“五世紀末至七世紀”,有的認爲是“五至六世紀”。這批吉爾吉特本内容複雜,僅《藥師經》就有三個寫本,它們的書寫年代也不相同。在這種情况下,研究者不能對資料采取“爲我所用”的態度,而應該認真聽取有關專家的意見。

第三,對吉爾吉特梵文,“我的辦法是老老實實請教國際公認的梵文專家,請他給我一個答案。在没有得到他的答案之前,我寧可沉默”。

在《關於漢、梵〈藥師經〉的若干問題》一文中,我没有提到那位梵文專家的名字,在此可以説明:我請教的專家是日本創價大學的辛嶋静志先生。關於辛嶋静志先生在梵文方面的學力、貢獻,我想不用再在這裏介紹。他目前是國際梵文學界公認的第一流的梵文專家。

---

① 楊維中:《〈藥師經〉翻譯新考》,載《西南民族大學學報》(人文社會科學版) 2014 年第 6 期。

如《關於漢、梵〈藥師經〉的若干問題》一文所說，當初我請教辛嶋先生時，他回答：這個問題牽動面很大，他也要謹慎，等他仔細研究以後再告訴我結論。但直到我决定寫作《探源》時，還没有得到他的回答，於是我把論文題目定爲"藥師佛探源——對'藥師佛'的漢譯佛典文獻學考察"，避開了吉爾吉特梵本問題。

楊維中先生的批評，促使我抓緊解决這一問題。很湊巧，辛嶋夫婦今年夏天到北京，我們見面時再次談起這一問題。辛嶋先生答應儘快考察與回答。

今年9月中旬，收到辛嶋先生從日本發來的電郵：

> 吉爾吉特梵本中有三種《藥師經》梵文不完整寫本，都没有年款。其中兩種寫本的字體、風格與吉爾吉特寫本中一種《摩訶般若經》寫本相同。那個般若經寫本有題記，寫到"篤信的 Nāśasiṃha 與吉爾吉特國王 Vikram ā dityanandin 一起奉獻這[個寫本]"。Vikram ā dityanandin 統治吉爾吉特[爲]605—625年。所以，這[個]寫本應該[是]這期間寫的。字體也支持這一年代(时期)。於是可以判定字體、風格相同的那兩種《藥師經》也抄寫於那個時候。另一種寫本的字體比較潦草，還需要研究，但大體上[是]七世紀後半到八世紀前葉的寫本。
>
> 我認爲，在于闐的出家人的梵文水平較高，估計能說能寫梵文。他們可能編寫了梵文佛經。……(辛嶋先生此處提到一部他認爲是于闐僧人編寫的梵文經典。由於辛嶋先生尚未正式發表這一成果，故此處從略。——方按)它們的讀法基本一致，而且[是]很不正規的梵文。
>
> 這[個]例子也許可以支持您的推論。

亦即按照辛嶋静志先生的觀點，吉爾吉特所存的三種梵文《藥師經》寫本，兩種約書寫於 605—625 年，爲七世紀初；一種約書寫於七世紀後半葉到八世紀前半葉。

衆所周知，依據梁僧祐《出三藏記集》的著録，《灌頂藥師經》乃“宋孝武帝大明元年(457 年)秣陵鹿野寺比丘慧簡依經抄撰(此經後有‘續命法’，所以遍行於世)”[1]。僧祐是中國古代一位傑出的經録學家，他所撰寫的《出三藏記集》至今是我們考察南北朝以前佛教典籍的基本依據。上述著録明確交代該《灌頂藥師經》爲慧簡“依經抄撰”，時間、地點、人物、事件，四要素具備，言之鑿鑿。且介紹了該經之所以通行的原因是其中有“續命法”，亦即著録了該經的部分内容。僧祐是一位比較嚴謹的經録學家，在《出三藏記集》中，類似這種時間、地點、人物、事件、内容都記録得清清楚楚的經典，著録得不多，因此，這一條著録的真實性無可懷疑。

既然《灌頂藥師經》出現在 457 年，亦即五世紀中葉，而吉爾吉特梵文《藥師經》的年代爲七世紀初，乃至七世紀後半葉到八世紀前半葉，兩者的時間差距至少爲一百五十年，則吉爾吉特本自然不可能成爲《灌頂藥師經》的源頭。相反，如《關於漢、梵〈藥師經〉的若干問題》提出的，我們必須考慮在中土僧人“西行取經”的熱情迸發期中，隨帶著中文經典西遊的中國僧人把該《灌頂藥師經》帶到西域的可能。

值得注意的是，辛嶋先生提到：“我認爲，在于闐的出家人的梵文水平較高，估計能説能寫梵文。他們可能編寫了梵文佛經。”正如我在《試論佛教發展中的“文化匯流”(附贅語)》一文提出的：“狹義的西域，亦即今天的中國新疆地區，這裏從來是多種文化薈萃的

---

① 《出三藏記集》卷五，CBETA(2016)，T55，no.2145，p.39，a22～23。依據校記訂正文字。

地方。自從張騫通西域以來,漢文化在這裏的影響越來越大。這裏又是一大批大乘經典産生、流傳、貯藏的地方。因此,這裏的佛教、這裏産生的佛教典籍,必然會受到中國文化的影響。”因此,如果《灌頂藥師經》由西行僧人傳播到這一帶,在這一帶被譯爲梵文,應該並不難理解。

自然,有人或許會有這樣的疑問:你怎麽就可以肯定在《灌頂藥師經》之前,印度一定没有藥師佛信仰呢?是的,“説有容易説無難”,我們自然不能説《灌頂藥師經》之前,印度絶對不會有藥師佛信仰,但學術研究要靠資料説話。至今爲止,所有的資料都指向一個方向:藥師佛的神格,通過《灌頂藥師經》纔真正確立,《灌頂藥師經》纔是藥師信仰的源頭。我們應該承認這一事實,而不應該拿想象中的東西來否定現有的事實。當然,如果將來新資料出現,證明在《灌頂藥師經》産生之前,印度佛教已經出現完備的藥師佛與藥師信仰,且該藥師佛的神格與《灌頂藥師經》相同或基本相同,那么,届時我一定會放棄現在的觀點,服從真理。

2016年10月21日

誰的“邊地情結”

此前，有人向我推薦一篇文章，是一位筆名叫“丁一”的先生寫的，文章名爲《〈藥師佛本願經〉是僞經嗎？》（以下簡稱“丁文”），發表在 2015 年 12 月 6 日的《東方早報》。讀後感到作者對資料的處理比較隨意，對一些問題的把握還有偏差，文風也有點浮滑，就把它放下了。這次編輯自己的《疑僞經研究與“文化匯流”》論文集，覺得應該對那篇文章提出的問題做一點回應，所以寫作了此文。

一、中印文化交流真是“單行道”嗎

“佛教發展中的‘文化匯流’”是我十年前提出的一個命題。它的基本含義是：

> 不同文化間的交流，特别在不同文化的發展水平或體量大體相當的情况下，其交流過程與結果是雙向的。佛教雖然産生於印度，但隨著佛教走出印度，在亞洲其他地區流傳、影響亞洲文化面貌的同時，它本身也受到亞洲其他地區文化的滋養。因此，佛教的産生固然得益於印度文化的孕育，而佛教

> 的發展則得益於印度文化、中國文化乃至亞洲其他地區文化的匯流。

這一命題的核心是反對在研究中外文化交流時采用“單行道”思維模式。這種“單行道”思維模式的表現形態之一，亦即我國學術界、佛教界部分研究者主張的：在古代中印文化交流的歷史中，祇有印度文化影響中國，而不存在中國文化影響印度。十年來，我寫了一系列論文，提出大量事實，努力論證“文化匯流”説。我認爲，探討這一問題，不僅對我們瞭解佛教史上的一系列現象具有重大意義，對當今地球村中更加波瀾壯闊的文化交流也有一定的借鑒作用。

丁文的基本觀點依然是“單行道”。丁文稱：“中印交流的整體圖景，絶非贊寧想象中的那樣像榕樹般雙向的伸展，而是一條艱難曲折的單行道。”[①]但丁文未對此説進行論證。

季羨林先生在《佛教的倒流》一文中曾舉出大量例子來證明中國文化“倒流”到印度，丁一先生挑出其中三個事例，予以駁斥，但對季先生文中一些證據確鑿的事例，諸如王玄策赴印度、玄奘翻譯《道德經》等則置之不顧，這不是正常的學術討論方法。其實，即使就丁文反駁季先生的三個事例來説，並沒有提出什麽有力的反證，足以把這三件事徹底否定掉。

不知丁一先生是否知道季羨林先生還有一部皇皇七十餘萬字的大作《糖史》，在那部著作中，季先生論證了印度最早製造出砂糖，傳到中國，也傳到埃及和西方。後來中國提高了製糖術，將紫砂糖淨化爲白糖，“色、味愈西域遠甚”。這樣，白糖又輸入印度。

---

① 對丁文的引文，均出自 2015 年 12 月 6 日的《東方早報》。爲避文繁，以下不一一註明。

因此,印地語稱白糖爲 cīnī(意思爲“中國的”)。這難道不是中印文化交互影響的一個典型例子嗎?

《大唐故三藏玄奘法師行狀》《大唐大慈恩寺三藏法師傳》《大唐西域記》等著作都記載印度戒日王見到玄奘時,曾向玄奘打聽《秦王破陣樂》,打聽秦王。如果不是事先已經知道有《秦王破陣樂》,戒日王怎麽會打聽此事?而戒日王所以能夠得知《秦王破陣樂》,是否也得益于中國文化的西傳呢?

或許丁一先生會説,上面所講都不是佛教。但我們很難想象,作爲器物文化的瓷器與絲綢已經西傳,作爲工藝的製糖術、造紙術也已經西傳,而中國的精神文化以及它的載體典籍却“春風不度玉門關”。事實上,流傳至今的游方僧人的圖像證明,那些西行的僧人的確隨身携帶漢文佛教經典,證明漢文佛教典籍也傳入西域。

丁文稱玄覺《證道歌》譯爲梵文之事乃屬後代的記叙,並不可信。那麽,北魏楊衒之所著《洛陽伽藍記》載,菩提流支曾將曇謨最所撰《大乘義章》“爲胡書寫之,傳於西域。西域沙門常東向遥禮之”[①],這是當代人記載當代事,是否可信?

又《續高僧傳》卷二載:“有王舍城沙門遠來謁帝,事如後傳。將還本國,請《舍利瑞圖經》及《國家祥瑞録》。勅又令琮(指隋代僧人彦琮。——方按)翻隋爲梵,合成十卷,賜諸西域。”[②]是否可信?

衆所周知,十二生肖是中國的土産,但在印度大乘經典《大方等大集經》中出現了十二生肖。除了“佛教的倒流”或“文化匯流”理論外,怎麽纔能解釋這個現象?

---

① 《洛陽伽藍記》卷四,CBETA(2016),T51, no.2092, p.1017, b10～18。據校記訂正文字。

② 《續高僧傳》卷二,CBETA(2016),T50, no.2060, p.437, c5～8。

玄奘在印度那爛陀寺撰寫《會宗論》二千頌，受到戒賢等印度僧人的稱道，這是否也體現了中印的“文化匯流”？

至於中國道教對印度密教的影響，國際學術界已有很多研究，甚至專攻自然科學史的李約瑟都有評論，丁一先生是否連這些也要一併否認？

中國、印度是亞洲大陸的兩大文明，自古以來就有交往。在兩個文明的交界處——中亞、東南亞，中印文化更是相互重疊。因此，説中印文化相互交往、相互影響，這應該是從正常的思維邏輯得出的正常結論。當然，對這個結論依然需要進一步爬梳歷史事實，深入研究。但丁文完全無視上述證據，堅持説中印之間的文化交往完全是印度文化輸向中國的“單行道”，不存在中國文化對印度的影響，則希望今後能夠看到丁一先生有理有據的論述。

二、《藥師經》真僞不存在問題嗎

丁一先生在文章的第一段開宗明義地提出，“令人吃驚的是……本來真僞不存在問題的《藥師佛經》居然被定作僞經”，並把自己的文章定名爲“《〈藥師佛本願經〉是僞經嗎？》”。

需要指出的是，在漢文大藏經中，先後出現的可稱爲“藥師經”的經典共有四部：第一部是署名東晋帛尸梨蜜多羅翻譯的十二卷本《大灌頂經》之第十二卷——《灌頂拔除過罪生死得度經》（以下簡稱《灌頂藥師經》），第二部是署名隋達摩笈多翻譯的《佛説藥師如來本願經》，第三部是署名唐玄奘翻譯的《藥師琉璃光如來本願功德經》，第四部是署名唐義淨翻譯的《藥師琉璃光七佛本願功德經》。上述四部經典，没有一部經的名稱可以與丁文標題中的“《藥師佛本願經》”相符。那麽，丁文標題中所謂的“《藥師佛本願經》”到底指的是哪一部？是丁文所説斯奎因藏寫本中的梵文《藥師佛經》？是中文三個經名中帶“本願”字樣的某部經？是通指所有帶“本願”字樣的三部經？還是指所有四部中文《藥師經》，乃至也包括各種梵文本？丁文在論述《藥師經》時，似乎並没有嚴格區分這些不同的傳本，而是揮灑自如地隨意使用諸如《藥師佛本願經》《藥師佛經》《佛説灌頂經》(《灌頂經》共十二卷，此處應指第十二卷《灌頂藥師經》。——方按）等不同名稱。但我認爲，在研究這一系列《藥師經》時，我們要分清它在不同時代、不同地區的傳本，這纔能真正把《藥師經》的演變與流傳講清楚，而不能不加分辨地把不同的傳本混爲一談。特别在討論《藥師經》真僞的時候，討論中印文化交流的時候，更不能“抓其一點，不及其餘”，亦即把某部《藥師經》從整個《藥師經》系列中割裂出來，而必須著眼整體，追溯源頭，厘清演變。所謂《藥師經》的“源頭”，亦即我們目前掌握的時代最早的第一個文本——《灌頂藥師經》。

所以，看到丁文稱“《藥師佛經》……本來真僞不存在問題”這一表述，倒真令我吃驚。難道丁一先生没有讀過梁僧祐的《出三藏記集》？也没有讀過隋達摩笈多譯《佛説藥師如來本願經》前的經序？

在《出三藏記集》中，僧祐言之鑿鑿：那部所謂《灌頂拔除過罪生死得度經》是“宋孝武帝大明元年(457)，秣陵鹿野寺比丘慧簡依經抄撰”[①]。所以僧祐把它列爲“疑經”，也就是我們今天所説的“僞經”。丁一先生指責我們“不像其他經書那樣一般先保守地被定爲

① 《出三藏記集》卷五，CBETA(2016)，T55，no.2145，p.39，a22～23。

'疑僞',藥師佛連交保待審的機會都没有沾著"。他實際上找錯了對象,應該去指責梁代的經録學家僧祐。

在《藥師如來本願功德經・序》中,也明確講:那部《灌頂拔除過罪生死得度經》"令轉讀之輩多生疑惑"①,《大正藏》本經序後更有"新翻《藥師經》……此本最定,諸讀誦者願莫更疑,得罪不輕"②云云。如果當時的人們認爲《藥師經》的"真僞不存在問題",有必要如此叮嚀嗎?

不知道丁一先生之"《藥師佛經》……本來真僞不存在問題"的立論依據何在,甚望示知。

三、漢文《藥師經》與梵文《藥師經》的年代問題

漢文《灌頂藥師經》與梵文《藥師經》的年代先後,是解決藥師佛問題的基石。

目前的情況是,漢文《灌頂藥師經》的産生年代有明確記載,爲公元457年;而梵文《藥師經》的産生年代,梵文學界有不同的意見。在《再談關於漢、梵〈藥師經〉的若干問題》③中,我介紹了國際梵文專家辛嶋静志先生對三個吉爾吉特梵文寫本年代的判定意見:兩個約書寫於605—625年,即七世紀初;一個約書寫於七世紀後半葉到八世紀前半葉。

丁文稱,現存五個《藥師經》梵文寫本的年代均爲"五世紀左右"。其中三個即爲上述吉爾吉特本,兩個爲斯奎因藏品。丁文還稱:"吉爾吉特寫本和斯奎因藏品寫本的雖然出土地不同,但却都

---

① 《佛説藥師如來本願經》,CBETA(2016),T14,no.449,p.401,a13。

② 同上,a26～29。

③ 方廣錩:《再談關於漢、梵〈藥師經〉的若干問題》,載《世界宗教研究》2016年第6期。

保存了兩個字句有差的寫本系統,其中兩個吉爾吉特寫本合於斯奎因藏品的一個寫本,而另一個吉爾吉特寫本合於斯奎因藏品的另一個寫本。”也就是説,對梵文寫本系統的分判,丁一先生與辛嶋静志先生的觀點大體一致,但在年代的判别上,兩者有較大的分歧。

我不通梵文,没有資格評判哪一種觀點更準確。但辛嶋静志先生的判定附有具體的理由,亦即他將梵本《藥師經》與其他有明確年代題記的梵文寫本進行比照,然後得出結論——這也正是我鑒定敦煌遺書年代時所用的方法。而丁一先生却没有給出任何理由,不僅如此,丁一先生甚至没有提到梵文學界對這批寫本年代有著不同的意見,諸如有人認爲是五到八世紀寫本、有人主張是七世紀寫本等等,便一口咬定五個寫本都是五世紀的。這不免讓人感到丁一先生在此采用了對季先生《佛教的倒流》一文同樣的態度,即對資料的使用有點“爲我所用”的傾向。

此外,由於我不通梵文,衹能按照外行的辦法來處理這一問題:亦即看哪一位研究者的學術成就被國際梵文學界所公認。辛嶋静志先生的梵文學養與貢獻已有國際定評,這一點我知道。可惜我不知道丁一先生的真實姓名,否則我倒可以向國内外梵文學界的其他朋友打聽一下他的梵文水平,看看相關的學者對丁一先生學養的評議,然後決定是否采信丁一先生的觀點。目前,我自然衹能采信辛嶋静志先生的意見。理由很簡單:我面對兩人,兩人在我不懂的領域所持觀點不同。其中一人不僅是國際公認的該領域的著名專家,而且是我多年的老朋友,我了解他的學風與爲人,另一人則是面目不清的匿名者。不僅如此,兩人論述自己的觀點時,一個講出了理由;另一個不但没有講出任何理由,還閉口不提學術界對此存在著不同的意見。在這種情況下,我會采信誰的觀點?

我想任何人面對這種情況，態度都會與我一樣。

當然，我完全没有批評丁一先生使用筆名的意思，那是任何一個作者固有的權利。

四、梵文本與漢文本的翻譯問題

丁文反復强調：“就筆者披閱存世梵本後的粗感，該經决不可能是從漢文翻譯到梵文的。”因爲《藥師經》的梵文本“没有絲毫是翻譯出來的味道”。丁文甚至説：“如果潛讀梵文《藥師佛經》的文字細節，那麽我們會發現没有一句梵文有可能是翻譯自漢文的《佛説灌頂經》。”

衹要涉及梵文，我依然没有發言權。特别對所謂的“文字細節”以及“味道”，更是自承無能。不過，作爲一個學了一點外語，也接觸過一點梵文的人來説，對一般的翻譯規律總還算知道一點。梵本《藥師經》中真的“没有一句梵文有可能是翻譯自漢文的《佛説灌頂經》”嗎？

下面我們比較一下《藥師經》的核心内容——藥師佛的十二大願。比較所用的兩個本子，一個是 457 年慧簡抄撰的《灌頂藥師經》，一個是達摩笈多等於 616 年根據梵本翻譯的《佛説藥師如來本願經》。所據文本均出自 CBETA(2016)，爲避文繁，不一一註明出處。達摩笈多本是最早從梵文譯出的漢文《藥師經》，與其他同樣從梵文譯出的漢文《藥師經》相比，它與《灌頂藥師經》相距的年代最近，最有可比性。讓我們看看它們是否真的没有一句話相同，以致丁一先生認爲梵本《藥師經》“没有一句梵文有可能是翻譯自漢文的《佛説灌頂經》”。

《灌頂藥師經》(457年)	《佛説藥師如來本願經》(616年)
第一願者:使我來世得作佛時,自身光明普照十方。三十二相、八十種好而自莊嚴。令一切衆生如我無異。	第一大願:願我來世於佛菩提得正覺時,自身光明熾然,照曜無量無數無邊世界。三十二丈夫大相及八十小好以爲莊嚴。我身既爾,令一切衆生如我無異。
第二願者:使我來世自身猶如琉璃,内外明徹,淨無瑕穢,妙色廣大。功德巍巍,安住十方,如日照世。幽冥衆生,悉蒙開曉。	第二大願:願我來世得菩提時,身如琉璃,内外清淨,無復瑕垢,光明曠大。威德熾然,身善安住,焰網莊嚴,過於日月。若有衆生生世界之間,或復人中昏暗及夜,莫知方所,以我光故,隨意所趣,作諸事業。
第三願者:使我來世智慧廣大,如海無窮,潤澤枯涸無量衆生,普使蒙益,悉令飽滿,無飢渴想。甘食美饍,悉持施與。	第三大願:願我來世得菩提時,以無邊無限智慧方便,令無量衆生界受用無盡,莫令一人有所少乏。
第四願者:使我來世佛道成就,巍巍堂堂如星中之月。消除生死之雲,令無有翳。明照世界,行者見道。熱得清凉,解除垢穢。	第四大願:願我來世得菩提時,諸有衆生行異道者,一切安立菩提道中。行聲聞道、行辟支佛道者,皆以大乘而安立之。
第五願者:使我來世發大精進,淨持戒地,令無濁穢。慎護所受,令無缺犯。亦令一切戒行具足,堅持不犯,至無爲道。	第五大願:願我來世得菩提時,若有衆生於我法中修行梵行,此諸衆生,無量無邊,一切皆得不缺減戒,具三聚戒,無有破戒趣惡道者。
第六願者:使我來世,若有衆生諸根毁敗,盲者使視,聾者能聽,啞者得語,僂者能申,跛者能行。如是不完具者,悉令具足。	第六大願:願我來世得菩提時,若有衆生,其身下劣,諸根不具,醜陋頑愚,聾盲跛躄,身攣背傴,白癩癲狂,若復有餘種種身病,聞我名已,一切皆得諸根具足,身分成滿。
第七願者:使我來世,十方世界若有苦惱無救護者,我爲此等攝大法藥,令諸疾病皆得除愈。無復苦患,至得佛道。	第七大願:願我來世得菩提時,若有衆生諸患逼切,無護無依,無有住處,遠離一切資生醫藥;又無親屬,貧窮可愍。此人若得聞我名號,衆患悉除。無諸痛惱,乃至究竟無上菩提。

續表

《灌頂藥師經》(457 年)	《佛説藥師如來本願經》(616 年)
第八願者:使我來世,以善業因緣爲諸愚冥無量衆生講宣妙法,令得度脱,入智慧門。普使明了,無諸疑惑。	第八大願:願我來世得菩提時,若有女人,爲婦人百惡所逼惱故,厭離女身,願捨女形。聞我名已,轉女人身成丈夫相,乃至究竟無上菩提。
第九願者:使我來世摧伏惡魔及諸外道,顯揚清淨無上道法。使入正真,無諸邪僻,迴向菩提八正覺路。	第九大願:願我來世得菩提時,令一切衆生解脱魔網。若墮種種異見稠林,悉當安立置於正見,次第示以菩薩行門。
第十願者:使我來世,若有衆生,王法所加,臨當刑戮,無量怖畏,愁憂苦惱;若復鞭撻、枷鎖其體,種種恐懼逼切其身。如是無量諸苦惱等,悉令解脱,無有衆難。	第十大願:願我來世得菩提時,若有衆生,種種王法,繫縛、鞭撻、牢獄、應死,無量灾難,悲憂煎迫,身心受苦,此等衆生,以我福力,皆得解脱一切苦惱。
第十一願者:使我來世,若有衆生飢火所惱,令得種種甘美飲食。天諸餚饍,種種無數。悉以賜與,令身充足。	十一大願:願我來世得菩提時,若有衆生,飢火燒身,爲求食故,作諸惡業。我於彼所,先以最妙色香味食,飽足其身。後以法味,畢竟安樂,而建立之。
第十二願者:使我來世,若有貧凍裸露衆生,即得衣服。窮乏之者,施以珍寶。倉庫盈溢,無所乏少。一切皆受無量快樂,乃至無有一人受苦。使諸衆生和顔悦色,形貌端嚴,人所憙見。琴瑟鼓吹,如是無量最上音聲,施與一切無量衆生。	十二大願:願我來世得菩提時,若有衆生貧無衣服,寒熱蚊虻,日夜逼惱,我當施彼,隨用衣服。種種雜色,如其所好。亦以一切寶莊嚴具,花鬘、塗香、鼓樂、衆伎,隨諸衆生所須之具,皆令滿足。

上表僅僅比較了部分十二大願。實際上,兩個文本相互類似的内容與文字所在多是,不勝枚舉。有興趣的讀者可以自己比對。

僅就上述十二大願而言,兩種文本大體顯示出三種情況:

(1)内容對應,文字基本相應:第一大願、第三大願、第六大願、第九大願、第十大願；

(2)内容對應，文字有差異：第二大願、第四大願、第五大願、第七大願、第十一大願、第十二大願；

(3)内容不對應：第八大願。

我想，任何一個不帶偏見的人看了上述比較，都會承認上述兩個文本有著密切的親緣關係。那麽，如果《灌頂藥師經》的年代的確比《藥師本願經》所依據的梵文底本的年代更早，結論應該是什麽，不是不言自明了嗎？當然，如果歷史的真相相反，事實證明現存梵本《藥師經》的年代早於《灌頂藥師經》，那麽我服從真理，修正我的觀點。我希望早日看到丁一先生能夠拿出對梵本《藥師經》年代早於《灌頂藥師經》的、能夠爲國際梵文學界多數學者認可的論證依據與論證過程。

現在丁一先生還没有拿出梵本年代更早的證據，所以我不采信丁一先生對梵本年代的判定，而采信辛嶋静志先生的意見，亦即漢文《灌頂藥師經》産生於 457 年，梵文本的年代晚於漢文本。由此，邏輯的結論衹能是，457 年由慧簡“依經抄撰”的《灌頂藥師經》其後由於某種因緣流傳到西域，在當地被翻譯爲梵文，其後又回傳中國，被翻譯爲漢文。由於寫本的流變性，也由於該經曾流傳地區的文化形態不同，該經在流傳過程中又經歷了不同文化的“洗禮”或稱“改造”，於是出現新的形態，就十二大願來説，出現上述内容對應而文字有差異的六個大願，乃至内容完全不同的第八大願。[①] 雖然由於資料不足，我們現在無法詳細論述到底是誰、在什麽時候、通過什麽途徑將《灌頂藥師經》傳入西域，又是由誰、在什麽時

① 其後的玄奘譯本、義淨譯本中，第八大願與《佛説藥師如來本願經》内容相應。此外，《灌頂藥師經》中無女人希求脱離女身的内容，而《佛説藥師如來本願經》則有該内容。這也是一個很有意思的文化現象，進一步的研究將另行進行。

候、怎樣將它譯爲梵文。但衹要《灌頂藥師經》的年代早於梵本《藥師經》，則《藥師經》乃由漢譯梵就是一個無法推翻的結論。

丁文提出：“即便没有五世紀前的該經寫本被幸運地在巴基斯坦等地挖出來，也不代表五世紀之前在印度就不存在該經的種種梵文寫本。”

的確，“説有容易説無難”，雖然《灌頂藥師經》中的大量中國文化元素，説明它衹能源自中國，但我們現在的確不能説五世紀以前印度一定不會有與藥師佛相關的其他經典。我要指出的是，考慮問題時固然必須兼顧種種可能，但學術研究應該遵循固有的學術規範。固有的學術規範要求研究者必須嚴守“一切靠材料説話”的立場，並把握“有幾分材料説幾分話”的分寸。一個嚴謹的研究者，衹能憑已經掌握的資料來推進自己的研究，並隨時準備根據新發現的資料來修正自己的觀點。既然目前的資料顯示梵本《藥師經》晚於漢文《灌頂藥師經》，那麽就應該依據現有的材料來説話。如果知道現有的梵本《藥師經》晚於漢文《灌頂藥師經》，却把希望寄託在尚未被發現的、可能存在但也可能並不存在的、也許時代會更早的梵本，並以它爲基礎去建立自己的觀點，那不是學術研究，而是賭博。

五、誰的“邊地情結”

丁文稱：如果“文化匯流”説可以成立，“這幅前所未聞的‘中國佛教征服印度’的景象，是否有些好得太難以讓人相信？……印度佛教向來認爲五天竺是佛教文化上的中心（佛經中謂之爲‘中國’），中國等天竺之外的地域，反而被視作‘邊地’，故而佛經上多有謂‘邊地人多頑鈍，無有根器，猶如啞羊’（陳金華：《東亞佛教中的邊地情結》，《佛學研究》2012 年）。……雖然我主觀上非常願意接受任何漢文化遠征天竺的華麗主題,但……如果我們在看待'文化匯流'時太過一厢情願,那麼到底我們是在彰顯中華文明的博大精深、胸懷廣大,還是在不意間透漏出我們自己潜意識中不能自拔的'邊地情結'?"

首先,作爲"文化匯流"説的倡導者,我必須聲明,我已經把"文化匯流"定義得非常清楚,其中絲毫不包括"中國佛教征服印度""漢文化遠征天竺"之類"華麗主題"。上述"華麗主題"僅僅是丁一先生的創造並强加給"文化匯流"的。荷兰許理和先生著有《佛教征服中國》,我並不贊同這種提法。我認爲,還是稱"化",亦即"影響"更爲確切。

其次,我想指出:丁一先生上文對"中國""邊地"的解説,説明他對這些佛經中常見的詞匯缺乏正確的把握。

在印度文化圈,什麼叫"中國"?不同的宗教有不同的詮釋。如拙作《淵源與流變》[①]所介紹:成書於公元前二世紀至公元二世紀的《摩奴法論》中有所謂"婆羅門中國",指的是婆羅門教的根據地,它的位置爲"位於喜瑪瓦特山與文底耶山之間的,維那舍那以東和鉢羅耶迦以西的地區"[②]。

那麼,佛教"中國"是什麼含義呢?

丁文主張"印度佛教向來認爲五天竺是佛教文化上的中心(佛經中謂之爲'中國')"。

否!按照《根本薩婆多部律攝》卷五的説法:

東至奔荼林,西二吐奴村,

① 方廣錩:《淵源與流變》,中國社會科學出版社,2004年5月。

② 《摩奴法論》,2.21,蔣忠新譯,中國社會科學出版社,2007年8月。

南邊伐底河，北嗢尸羅山。

此限域外名曰“邊國”，内名“中方”。[①]

這裏的“中方”，就是“中國”。雖然具體的地點還需考訂，但顯然不是指五天竺。

又，《善見律毗婆沙》卷一六載：“爾時佛過七日已，從禪定起……時賈客兄弟二人，從優加羅村來，車載財物，欲往中國。至菩提樹邊，車自然而住，不肯前進。”[②]這段佛典講了一個故事：釋迦牟尼在菩提伽耶的大菩提樹下剛成佛，尚未離開時，有兩兄弟要去“中國”，路過這裏。結果“車自然而住，不肯前進”。於是兩兄弟皈依釋迦牟尼，奉上麨蜜。釋迦牟尼則給他們一根頭髮，令他們“供養此髮以爲汝大師”[③]。按照這部佛典的記載，很顯然，當時連釋迦牟尼成道的“菩提伽耶”都不屬於“中國”。既然連菩提伽耶都不是“中國”，又何來“印度佛教向來認爲五天竺是佛教文化上的中心(佛經中謂之爲‘中國’)”？

實際上印度佛典中所謂的“中國”，有兩種含義：一種意爲富庶豐饒之地，一種意爲佛教發展較爲興盛的地區。前一種含義主要用於釋迦牟尼“八相成道”之“降兜率”以及宣稱信奉佛法者來世可以投胎到“中國”這樣的富庶之地，以與荒蠻落後的“邊地”相區别。後一種含義主要見於戒律，指佛教比較興盛的地區，以與佛教勢力較弱的“邊地”相區别。在經典中，兩種“中國”與兩種“邊地”有時相互涵通，蓋在經家看來，富庶之地佛法必然興盛，而荒蠻的“邊

---

① 《根本薩婆多部律攝》卷五，CBETA(2016)，T24，no.1458，p.554，a9～12。

② 《善見律毗婆沙》卷一六，CBETA(2016)，T24，no.1462，p.788，a21～25。

③ 同上，b7。

地"有時甚至"無佛無法"①。

爲避文繁,這裏不解釋第一種富庶"中國",僅談談第二種戒律"中國"。印度佛教爲何設置戒律"中國"與"邊地"? 因爲早期佛教僧人都是獨自修行,雨季纔集中舉行夏安居。但教團有些活動必須舉行"羯磨",而不同的"羯磨"都有人數的要求。比如授具足戒,按要求必須"三師七證",亦即現場需要有十位僧人。在佛教比較興盛的"中國",找十個僧人舉行授具足戒的儀式並不難,但在佛教不太興盛的"邊地",有時候就會有困難。在這種情況下,佛教戒律允許衹要有五位僧人在場,就可以授具足戒。這就是《根本説一切有部毗奈耶頌》卷一所謂的:"中國滿十人,邊方數充五。"②類似規定又可見《毗尼母經》卷六、《佛阿毗曇經出家相品》卷二等諸多佛典,文繁不具引。

《大智度論》卷九三專門討論了什麽叫"邊國"("邊地")。該文稱:

> "邊國"者,無三寶之名,不識七衆,但貴今世、現事,不貴福德、道法,故名"邊地"。不但生"邊國",故名爲"邊地"。
>
> 若識三寶,知罪福相續因緣,解諸法實相,是人雖生閻浮提外,不名爲"邊",何况生閻浮提中!③

也就是説,所謂"邊地",不僅指偏遠荒蠻之地,而且指佛教勢力較小的地方。在那裏,人們甚至不知道佛、法、僧三寶的名字,不

① 《放光般若經》卷九,CBETA(2016),T08, no.221, p.63, a23。
② 《根本説一切有部毗奈耶頌》卷一,CBETA(2016),T24, no.1459, p.618, b17。
③ 《大智度論》卷九三,CBETA(2016),T25, no.1509, p.714, b20～25。

認識佛教的“七衆”[①]。但是，衹要佛法興盛，即使生於“閻浮提”以外，都不算是生在“邊地”。言下之意，既然生在閻浮提，哪裏還能説是“邊地”呢！佛教傳統認爲“支那國”就在閻浮提洲，既然如此，“支那國”自然不是邊地。

但佛經很多，内容相互有差異，確有佛經主張閻浮提内既有“中國”，又有“邊地”者。所以，我們現在跳開上述抽象的討論，具體看看佛經到底把古代中國擺在什麽位置。《一切如來大秘密王未曾有最上微妙大曼拏羅經》卷二稱：

> 金剛手！彼弟子生處國土、方所，我今説之。若剎帝利或婆羅門等種姓之人，生舍衛國、摩伽陀國、支那國、三摩怛吒國、佉儞也國、囉荼國、儞鉢羅國、祖尼邪國、阿那多國、俱薩羅國、具尼迦國、摩羅邪國、捺囉尾拏國。如是諸國所生之者，皆可攝授。又若無如上中國人者，彼師子國人及一切國人亦可攝授。[②]

雖然該經出現的年代較晚，不能代表印度佛教早期的分判，但它明確把“支那國”，即古代中國列入佛教“中國”之中，位列第三。就佛教的宗教地位而言，甚至超過“師子國”，亦即現在的斯里蘭卡。

不僅後期的印度佛教經典没有把中國當“邊地”，中國佛教形成后，中國人自己也不自認是邊地。敦煌遺書中有一批五代的文

---

① “七衆”，指比丘、比丘尼、沙彌、沙彌尼、式叉摩那、優婆塞、優婆夷。

② 《一切如來大秘密王未曾有最上微妙大曼拏羅經》卷二，CBETA（2016），T18，no.889，p.546，a26～b3。

獻,被研究者稱爲"沙州乞經狀"。這些文獻的主題是沙州亦即敦煌僧人向内地佛教善信乞求補齊敦煌缺少的經典。衆所周知,沙州在絲綢之路的要衝,從來是西行求法僧人的必經之地。沙州缺少經典,既可以向東到内地去尋覓,也可以向西到西域(包括印度)去尋覓。但"乞經狀"反映,他們没有向西,而是向中原尋求。在幾份"乞經狀"的末尾,都有文字大體類似的疏告,今抄録其中之一:

> 上件所欠經、律、論本者,蓋爲邊方人衆,佛法難聞。中國諸賢能滿乞願,唯望十信檀越,一切好心,隨喜寫之。所欠教言,普使傳之。邊人轉讀,亦是受佛教勅,付囑傳授,令法久住世間矣。[①]

亦即敦煌僧人自稱爲"邊地",將中原稱爲"中國"。其實,當時的敦煌佛教興盛,有十多座大寺院,數百個僧人。所以,沙州僧人自稱"邊地",應該理解爲僅是謙稱。既然自己缺少佛教經典,去向佛典更多的地方求取,則自稱"邊地",確也順理成章。故凡求法僧人而自稱來自"邊地"者,大體均可作如是觀。

印度佛典中如何形容"邊地"?《大乘寶雲經》卷四有一段描述:

> 邊地衆生暗鈍、癡頑、瘖瘂,不了、不解言語,似於羺羊,不堪聽受。善、不善法甚深意趣,不識道理,而不堪爲甘露法器。不名沙門、不名信士。是故菩薩生於中國。[②]

---

① 方廣錩:《中國寫本大藏經研究》,上海古籍出版社,2006 年 12 月,373 頁。

② 《大乘寶雲經》卷四《陀羅尼品四》,CBETA(2016),T16, no.659, p.263, b20~23。

《佛説寶雨經》卷七則這樣説：

> 善男子！菩薩不生邊地。何以故？邊地之人頑嚚愚蠢，猶如啞羊。如是等類，於善惡言義不能了知，不孝父母，不敬沙門、婆羅門。是故菩薩常生中國，利根智慧，聰悟明達，於佛法中堪爲法器。①

類似論述不少，不一一具引。對照上述論述，再考慮印度僧人遠道前來禮拜五臺山文殊菩薩，則在古代印度人的心目中，“支那國”到底屬於佛教“中國”，還是佛教的“邊地”？

丁文稱：“很難想象會有一個精通佛教梵文如許的僧人，會願意將‘啞羊’的生澀難懂的‘僞經’當作‘真經’來翻成梵文！”但佛典中“啞羊”一般用來形容愚人。如“啞羊僧”，指愚癡之僧。《佛光大詞典》載：“啞羊僧。指愚癡之僧。四種僧之一。啞羊，即譬喻至愚之人。據《大智度論》卷三載：雖不破戒，鈍根無慧，無勇猛精進之力，不别好醜，不知輕重，不知有罪無罪，若有僧事，二人共諍，不能斷絶，默然無言。譬如白羊，乃至被人殺，不能作聲，故稱爲啞羊僧。又《根本薩婆多部律攝》卷七，謂啞羊僧即於三藏不能解者。”所以，丁文中的“啞羊”，似應爲“羺羊”之誤，不知丁一先生以爲然否？因爲在佛典中，“羺羊”含有“不解語言”的含義，“啞羊”則根本不會發聲。丁文既然在論述“生澀難懂的‘僞經’”，似應相應采用“羺羊”一詞。

“羺羊”也罷，“啞羊”也罷，這個問題與本文的主題關係不大。現在的問題是：

---

① 《佛説寶雨經》卷七，CBETA(2016)，T16，no.660，pp.312(c28)～313(a4)。

第一,“文化匯流”説僅僅對兩種文化交流時相互影響的現象進行研究,試圖由此總結某些規律性的東西,並不涉及對不同文化的價值評判,更不涉及什麼“中國”與“邊地”。如我文章中所説,“文化匯流”這種現象,我們同樣可以在中日、中國與朝鮮半島的交流中看到。

第二,如前所述,佛經中既無稱五天竺爲“中國”的記載,也無把“支那”當作“邊地”的論述。而事實恰恰相反,佛典中稱“支那”屬於佛法興盛、衆生“皆可攝授”的“中國”。文殊菩薩就在中國的五臺山,所以中國不可能是所謂“邊地”。

雖然我們並不認同古代中國屬於“邊地”,但丁文不僅將“中國佛教征服印度”“漢文化遠征天竺”這樣一個的“華麗主題”强加給我們,並稱主張“文化匯流”就是“在不意間透漏出我們自己潛意識中不能自拔的‘邊地情結’”,即又强加給我們一個“邊地情結”。

但從上文的分析可知,恰恰是丁一先生自己主張中國屬於“邊地”,是丁一先生非要把中國人視爲居於“邊地”的“啞羊”。那麼,到底是誰在“潛意識中”存在那種“不能自拔的‘邊地情結’”,並“在不意間透漏出”來呢?丁一先生的這種“邊地情結”又來自何處?

雖然我研究佛教是從學習印度佛教起步,但佛典浩瀚,人力終有不足。且俗話説:“雖閑大藏,遇事猶迷。”或許其他佛經中確有把五天竺看作是佛教“中國”,五天竺以外各地統統是“邊地”的論述,甚至有特指“支那”是“邊地”的論述,祇是我没見到而已。誠如是,不知丁一先生能否告知有關出處?

六、結　語

在《關於漢、梵〈藥師經〉的若干問題》中,我特意提出:

> 最後想説的是，中國佛教研究離不開梵文及古代西域文字佛典的研究，而梵文及古代西域文字佛典研究恰恰是現代中國佛教研究界的弱項。我寄希望年輕一代能夠補上這一缺憾……應該説，在不斷逼近歷史真相的過程中，梵文、西域古文字、巴利語、漢文、藏文等各種佛典各有各的作用，不可偏廢。①

應該指出，從二十世紀開始出現一種傾向，即把梵文當作鑒别中國佛教的是非標準，這未免把複雜的歷史現象簡單化了。這種風氣，在部分研究者中表現特别顯著，乃至如陳寅恪先生這樣的大師也受其影響。比如陳寅恪先生説："佛教，大乘經典，印度極少，新疆出土者亦零碎。及小乘律之類，與佛教史有關者多。中國所譯，又頗難解。我偶取《金剛經》對勘一過，其注解自晋唐起至俞曲園止，其間數十百家，誤解不知其數。我以爲除印度西域外國人外，中國人則晋朝、唐朝和尚能通梵文，當能得正確之解，其餘多是望文生義，不足道也。"並稱天台宗祖師智顗"解'悉檀'二字，錯得可笑"②。

"悉檀"，梵文作"Siddhānta"，意爲"成就""宗""理"等。智顗主張"悉檀"之"悉"乃意譯，即"遍"；"檀"則爲音譯，即"檀那"的簡稱。"檀那"，梵文作"dāna"，意爲"布施"。智顗並將"悉檀"與天台宗的藏、通、别、圓四教之四諦相配，成爲天台宗理論的重要組成部分。恐文繁，這裏不詳細解釋智顗的"四悉檀"理論。

我們應該如何看待智顗之解"悉檀"，是智顗"錯得可笑"？還

① 方廣錩：《關於漢、梵〈藥師經〉的若干問題》，載《宗教学研究》2015 年第 2 期。

② 陳寅恪：《與妹書》，載《金明館叢稿二編》，生活・讀書・新知三聯書店，2001 年，第 356 頁。

是智顗針對中國人的實際需要，借用印度佛教之名詞，構築天台宗的理論體系？這裏涉及印度佛教傳入中國，如何在中國這塊土地上，在中國文化的營養下，逐漸成長爲中國佛教的大問題。也是我多次談到的，佛教在中國遭遇到的生存環境與它的生存策略。

中國佛教源自印度佛教，這一點毫無疑義。但在中國這塊土地上活動的印度佛教，在中國文化的滋養下，最終演化爲中國佛教，成爲一個相對獨立於印度佛教的佛教系統。那麼，中國佛教是沿著怎樣的道路，建立起自己的主體性，成爲獨立於印度佛教的佛教系統，這是我們研究佛教時需要認真探討的問題。特別在中國佛教的主體性正在受到挑戰的今天，作爲佛教研究者，更應該關注這一問題。

最後談兩個小問題：

第一，丁文稱“歸根結底，如果論證梵文的真僞可以不讀梵文原文”云云，指斥我們不讀梵文原文就去“論證梵文的真僞”，這又是嚴重的曲解。我們知道自己的梵文水平，從來没有試圖去“論證梵文的真僞”。且我們探討的是《藥師經》的演變，又怎麽能夠扯到“梵文的真僞”？不知專精梵文的丁一先生是否可以向我們解釋一下“梵文的真僞”與《藥師經》的演變有何關係？

再次説明，我們所探討的，衹是中國人立足於中國文化，在印度佛教的影響下，抄撰了漢文《灌頂藥師經》，由此建立起明晰的藥師佛神格，這是中國文化對佛教的貢獻。我們主張：其後這一《灌頂藥師經》傳到西域，被譯爲梵文。這一梵文本經過不同文化的濡化，又發生演變，並先後多次回傳中國，被翻譯爲漢文。我們的論述絲毫没有涉及“梵文的真僞”問題。所以，丁一先生的上述指斥，不過是自畫空靶。無論他的槍法多準，打出的子彈衹能憑虚凌空，不知所終。

第二,丁文稱:我們這些主張“文化匯流”的研究者,“認爲它(指《灌頂藥師經》。——方按)在四世紀左右被某個印度僧人從漢文翻譯到了梵文”,這又在誤讀。

《灌頂藥師經》產生於457年,亦即五世紀中葉。無論我們的數學學得多差,也不至於把457年計算爲“公元四世紀”。不過,我奇怪的是,既然丁一先生認爲五種梵本《藥師經》都是五世紀的寫本,又反對這些梵本從漢文譯出之見,那爲什麼會把《灌頂藥師經》的年代誤爲四世紀呢?在丁一先生的“潛意識中”“不能自拔的”的,到底是什麼情結?

2017年1月1日晨5點半於天聖山

圖書在版編目(CIP)數據

疑僞經研究與"文化匯流"／方廣錩著. —桂林：廣西師範大學出版社，2018.10
(漢文佛教文獻研究系列)
ISBN 978－7－5598－1170－7

Ⅰ. ①疑… Ⅱ. ①方… Ⅲ. ①佛教－文集 Ⅳ. ①B94－53

中國版本圖書館 CIP 數據核字(2018)第 204866 號

出 品 人：劉廣漢
責任編輯：劉孝霞
裝幀設計：喃　風

廣西師範大學出版社出版發行
(廣西桂林市五里店路 9 號　　郵政編碼：541004
網址：http://www.bbtpress.com)
出版人：張藝兵
全國新華書店經銷
銷售熱綫：021－65200318　021－31260822－898
山東鴻君杰文化發展有限公司印刷
(山東省淄博市桓臺縣壽濟路 13188 號　郵政編碼：256401)
開本：890mm×1 240mm　1/32
印張：12.375　字數：299 千字
2018 年 10 月第 1 版　2018 年 10 月第 1 次印刷
定價：88.00 圓